Psychoanalyse im Exil

Psychoanalyse im Exil

Texte verfolgter Analytiker

herausgegeben von
Stephan Broser und Gerda Pagel

Königshausen + Neumann
1987

CIP-Kurztitelaufnahme der Deutschen Bibliothek

Psychoanalyse im Exil : Texte verfolgter Analytiker / hrsg. von Stephan Broser u. Gerda Pagel. — Würzburg : Königshausen und Neumann, 1987.
ISBN 3-88479-228-8

NE: Broser, Stephan [Hrsg.]

Umschlag: Hummel / Homeyer
Druck und Bindung: Difo-Druck, Bamberg
Printed in Germany
ISBN 3-88479-228-8

Inhalt

Gerda Pagel

Vorwort

„Die Schicksalsfrage der Menschenart scheint mir zu sein, ob und in welchem Maße es ihrer Kulturentwicklung gelingen wird, der Störung des Zusammenlebens durch den menschlichen Aggressions- und Selbstvernichtungstrieb Herr zu werden. In diesem Bezug verdient vielleicht gerade die gegenwärtige Zeit ein besonderes Interesse. Die Menschen haben es jetzt in der Beherrschung der Naturkräfte so weit gebracht, daß sie es mit deren Hilfe leicht haben, einander bis auf den letzten Mann auszurotten. Sie wissen das, daher ein gut Stück ihrer gegenwärtigen Unruhe, ihres Unglücks, ihrer Angststimmung. Und nun ist zu erwarten, daß die andere der beiden ‚himmlischen Mächte', der ewige Eros, eine Anstrengung machen wird, um sich im Kampf mit seinem ebenso unsterblichen Gegner zu behaupten." Diese Sätze finden wir in *Freuds* Schlußwort seiner 1929 erschienenen Arbeit *Das Unbehagen in der Kultur*. Das Werk, die Seelenlage jener Zeit spiegelnd, ist geprägt von kulturpessimistischem Denken einerseits, zeigt sich dem scharfsichtigen Analytiker *Freud* doch klar, daß die Errungenschaften von zivilisatorischem Fortschritt, Wissenschaft und Herrschaftsformen menschliche Triebstrukturen in intensivem Maße unterdrücken. Doch mit der ‚Aufklärung' über das ‚Unbehagen' bejaht es andererseits zugleich die Kultur als solche und zweifelt nicht an ihrer Notwendigkeit, liegt in ihr ja die Möglichkeit, eine auf der Grundlage gleicher Rechte und Pflichten basierende Verantwortung gegenüber sich selbst und dem anderen erreichen zu können.

Freuds Schrift: Ein immer wieder erneut unternommener Versuch, die Antinomie der Kultur — als Entfremdung des natürlich-triebhaft Menschlichen und als Erfüllung des eigentlichen Menschseins — zu erkennen und zu hinterfragen und die damit gesetzte innere Ambivalenz des Einzelnen aufzuzeigen. Zwischen Wunsch und Realität, Freiheit und Zwang, Lust und Leid — eine Ambivalenz, die sich letztendlich als diejenige zwischen Eros und Thanatos abspielt. Hatte *Freud* in der Erstauflage dieser Schrift noch von einem Kampf der ‚himmlischen Mächte' gesprochen, so fügt er 1931 angesichts des bedrohlichen Aufstiegs der nationalsozialistischen Herrrschaft den Satz hinzu: „Aber wer kann den Erfolg und Ausgang vorraussehen?"

Freud rückt diese kritische Frage an den Schluß seiner Ausführungen — wirft sie hinein in den Aufschwung einer Ära, in der jener von ihm beschriebene Schmerzensweg kultureller Entwicklung sich soeben als zentrales Ereignis seiner Zeit anbahnte: Die gewaltige Inflation menschlicher Massenerlebnisse, in der sich das ‚Herrnvolk' unter der Obhut des Führers in triumphaler Lust darin weidet, am Gipfel kultureller Entwicklung zu stehen. In der gefährlichen Illusion behaglichbrüderlicher Vereinigung „von Individuen, die ein und dasselbe Objekt an die Stelle ihres Ichideals gesetzt und sich infolgedessen in ihrem Ich miteinander identifiziert haben“ (*Freud* 1921) schwelt die Glut von Aggression und Unlust im Binnenraum Gleichgesinnter wie niedergehalten auf ein Minimum, um sich dann lodernd zu entzünden an der Flamme des Hasses allem Außenstehenden, Nicht-Identischen, ‚Nicht-Arischen‘, ‚Undeutschen‘ gegenüber.

1933 werden die Werke des Begründers der Psychoanalyse dieser lodernden Flamme preisgegeben: „Gegen seelenzersetzende Überschätzung des Trieblebens, für den Adel der menschlichen Seele! Ich übergebe dem Feuer die Schriften der Schule Sigmund Freuds.“ So lautete der Spruch der Nationalsozialisten. In der barbarisch naiven Begründung, die deutsche Kultur zu läutern vom dämonischen ‚Ungeist‘ eines Triebhaft-Irrationalen, glaubten die sich an der Flamme einer Heil-Lehre berauschenden Faschisten, den ‚seelenzerstörenden Trieb‘ auszurotten und mit ihm den jüdischen Geist, der unter anderem auch jene ‚Lehre‘ provozierte. Mit welcher Folge aber? Idealisierung einer geadelten ‚Kulturseele‘, aus deren Tiefe der scheinbar von ihnen vernichtete ‚Ungeist‘ die Gitterstäbe des Kulturgutes zerbrechend, ansetzt zu einer Kulturschändung unermeßlichen Ausmaßes. Aufbruch einer Nation, der realiter Ausbruch verdrängter Triebenergien war — „Diese grausame Aggression wartet in der Regel eine Provokation ab ... Unter ihr günstigen Umständen, wenn die seelischen Gegenkräfte, die sie sonst hemmen, weggefallen sind, äußert sie sich auch spontan, enthüllt den Menschen als wilde Bestie, der die Schonung der eigenen Art fremd ist.“ (*Freud* 1929) *Freuds* Analysen der *Massenpsychologie* und das *Unbehagen in der Kultur* sind tiefe, erschütternde Realität geworden.

Der damals 77jährige Begründer der Psychoanalyse glaubte nicht an die Gefahr einer Ausweitung der deutschen Verhältnisse auf Europa. Während sich ein Jahr vor der Wende die Psychoanalytiker aus aller Welt in Wiesbaden zum 12. Internationalen Psychoanalytischen Kongreß trafen, hatten bereits einige deutsche Anhänger *Freuds* die Zeichen der Zeit verstanden und waren emigriert. Die Mehrheit aber schätzte die politische Lage fehl ein; vielmehr war man bereits darum bemüht, die Lehre *Freuds* opportunistisch den Nationalsozialisten als eine Wissenschaft anzugliedern.

Mit der Machtergreifung wurde die Judenfrage aktuell. Im Frühjahr 1933 schloß man aufgrund eines Erlasses der Nazis alle Juden aus den Vorständen wissenschaftlicher Vereinigungen aus. *Max Eitington, Otto Fenichel* und *Ernst Simmel* verloren damit ihre Vorstandsmitgliedschaft bei der DPG. *Boehm* und *Müller-Braunschweig* nahmen ihre Plätze ein. Zwei Jahre später erklärte die NSDAP, das Fortbestehen der Psychoanalyse wäre nur dann in Deutschland möglich, falls sämtliche Vertreter derselben Arier wären, sodaß 18 jüdische Mitglieder — die Hälfte der damaligen DPG — freiwillig ihren Rücktritt antraten, um die Vereinigung vor der Auflösung zu retten. Lediglich *ein* Nicht-Jude solidarisierte sich mit den jüdischen Analytikern und legte aus Protest ebenfalls seine Mitgliedschaft nieder.

Mit dem jüdischen Ausschluß aber verwies man in Deutschland endgültig die Psychoanalyse *Freuds* ins Exil. Die zurückgebliebene ‚arische Psychoanalyse‘ unterwarf sich dem ‚Unbehagen‘ an *Freuds* Werken und paßte sich der von *H.C. Göring* propagierten ‚Neuen Deutschen Seelenheilkunde' an. Damit verstümmelte sie den authentischen Text *Freuds*. Verflacht zu einer therapeutischen Technik unter vielen, eingegliedert in eine staatliche Institution, waren nur noch Bruckstücke der eigentlichen *Freud*schen Konzeption zu finden. Die Sprache der gesellschaftlich bedingten Machtstruktur stellte den ‚Wahrheitsgehalt' der Psychoanalyse für lange Zeit in Abrede. Die vage Hoffnung *Freuds* — der im Juni 1938 zur Emigration nach England gezwungen wurde — die Psychoanalyse könne im Kern überleben, erfüllte sich nicht.

„Wenn die Psychoanalyse aufhört zu demaskieren, das Ungeheure zu entlarven und sich mit der Arroganz und dem Machtmißbrauch unkontrollierbarer Herrschaftsstrukturen widerspruchslos zu arrangieren versucht, hört sie auf ‚skandalös' zu sein, was sie von Anfang an gewesen, sie denaturiert ihren eigenen Anspruch und reduziert sich selbst zu irgendeiner Therapieform, die selbst noch in Zeitläuften tiefster Unfreiheit zu gebrauchen ist." (*H. Keilson* 1985) — Außer denjenigen, die den *Freud*schen Text *tot*schwiegen und den anderen, die ihn *ver*schwiegen, gab es auch solche, die dem Verrat am *Freud*schen Impetus Widerstand leisteten. Einige mußten dafür mit dem Leben bezahlen. Unter ihnen befanden sich *Salomea Kemper*, die im Warschauer Ghetto starb, der nichtjüdische Psychoanalytiker *J.F. Rittmeister*, der aufgrund seiner Zusammenarbeit mit der Widerstandsgruppe ‚Rote Kapelle' 1943 in Berlin-Tegel ermordert wurde und *Karl Landauer*, der von den Nazis nach Theresienstadt deportiert, in Bergen-Belsen umkam.

Karl Landauer, der das Frankfurter Institut mitbegründet hatte und nach Holland floh, ist einer von vielen, die die Psychoanalyse *Freuds* im *Exil* beheimateten. Mit seinem 1929 erschienen Essay *Zur psychosexuellen Genese der Dummheit* eröffnen wir unsere Textsammlung, mit der wir des Schicksals der unter dem Nationalsozialismus verfolgten und exilierten Psychoanalytikern gedenken.

Danken wollen wir all denjenigen jüdischen Wissenschaftlern, die uns ihre Mitarbeit an diesem Band zur Verfügung stellten. Es sind nur einige von vielen, die als Repräsentanten der Lehre *Freuds* dazu verhalfen, den Wahrheitsgehalt der Psychoanalyse im Exil zu bewahren und zu vertiefen, so daß die während und lange Zeit nach dem Naziregime in Deutschland zum Schweigen verurteilten Entdeckungen des Begründers aus ihrer Verzerrung wieder heraustreten konnten.

Die Art des Verschweigens des *Freud*schen Textes und damit des deutschen Judentums unter dem Hakenkreuz kann und darf aus der Geschichte der Psychoanalyse nicht stillschweigend übergangen werden. Lange Zeit lag diese Vergangenheit wie der Mehltau einer totgeschwiegenen Sprache über dem Land. Daß es vierzig Jahre brauchte, um den Widerstand gegen eine offene Auseinandersetzung mit dem NS-Geschehen zu brechen und um über dieses Schweigen in der deutschen Psychoanalyse zu reflektieren, zeigt auf, wie schwer es ist, mit unbewußten Schuldgefühlen umzugehen und wie schwer es ist, das auszusprechen, was weh tut.

Wenn wir mit diesem Band erstmals bislang verstreute Schriften namhafter jüdischer Wegbereiter der psychoanalytischen Theorie und Praxis versammeln, so genügt es nicht allein, den enormen Verlust an bedeutenden Analytikern zu bedauern, sondern es ist ein ‚Erinnern, Wiederholen und Durcharbeiten' nötig, wie es *Freud* selbst für die Analyse forderte. Dies ist nur möglich in Auseinandersetzung mit der der Psychoanalyse eigenen Geschichte, es fordert aber auch die Auseinandersetzung mit der Geschichte des Judentums. Die hier vorgestellte Literatur möge Anstöße dazu geben, jener Leerstelle unserer Geschichte wieder Konturen und Inhalt zu verleihen.

Wenn es für einen solchen Band ein Motto geben kann, so sind es die folgenden Zeilen von *Hans Keilson* (1984):

„Die Literatur ist das Gedächtnis der Menschheit. Wer schreibt, erinnert sich, und wer liest, hat an Erfahrungen teil.

Bücher kann man wieder neu auflegen. Von Büchern gibt es schließlich Archivexemplare.

Von Menschen nicht."

Literatur

Brainin, Elisabeth/ Kaminer, Isidor J.: Psychoanalyse und Nationalsozialismus. In: Psyche 11/82, S. 989-1012.

Freud, Sigmund: Massenpsychologie und Ich-Analyse, GW XIII, Gesammelte Werke. Hrsg. von *A. Freud* u.a., Frankfurt a.M. 1942ff.

Freud, Sigmund: Das Unbehagen in der Kultur. GW XIV.

Lohmann, Hans-Martin/ Rosenkötter, Lutz: Psychoanalyse in Hitlerdeutschland. Wie war es wirklich? In: Psyche 11/82, S. 961-988.

Keilson, Hans: Vorwort. In: „Hier geht das Leben auf eine sehr merkwürdige Weise weiter...". Zur Geschichte der Psychoanalyse in Deutschland. Verlag M. Kellner, Hamburg 1985.

Keilson, Hans: Das Leben geht weiter. Eine Jugend in der Zwischenkriegszeit. Roman. Verlag S. Fischer, Frankfurt a.M. 1984 (Nachwort).

Mitscherlich, Alexander u. Margarete: Die Unfähigkeit zu trauern. München 1967.

Karl Landauer

Zur psychosexuellen Genese der Dummheit*

I

Der Psychiater neigt sehr dazu, die Eigenart seiner Patienten auf angeborene, wenn nicht gar auf ererbte Grundlagen zurückzuführen, obwohl wir noch sehr wenig darüber Bescheid wissen, was eigentlich vererbt oder auch nur angeboren sein kann. Gewöhnlich werden dabei viel zu komplexe Eigentümlichkeiten als vererbbar angenommen, meist schon deshalb, weil wir über die Radikale noch vollkommen im unklaren sind. So ist es auch sehr beliebt, die Dummheit als angeboren anzusehen.

Aber was ist denn eigentlich die Dummheit? Als ich neulich mit einem Neurologen über dieses Thema zu sprechen kommen wollte, meinte er wegwerfend, daß man das doch wisse; ebenso habe man es einfach im Gefühl, ob dieser Patient von angeborenem Stumpfsinn sei oder ob man bei ihm etwas therapeutisch daran ändern könne. Mir blieb nichts anderes übrig, als zu konstatieren, daß ich leider zu dumm zur „Wesensschau" sei, und auch heute kann ich kaum etwas anderes tun, als Fragen aufwerfen.

Schon die Notwendigkeit, unser Thema zu umschreiben, stellt uns vor eine Frage, und zwar eine sehr schwierige. *Scheler* und vor allem *Klages* kennen einen Geist, der der vitalen Sphäre (Körper-Seele-Einheit, um mit *Prinzhorn* zu sprechen) gegenübersteht, ein Etwas, das einerseits aus einer Negation der Unmittelbarkeit tierischen Erlebens entsteht *(Häberlin)*, selber negativ ist, andererseits den Menschen erst zum Menschen macht, der in seiner Einzigartigkeit bejaht wird, ein Etwas also, das Träger der höchsten Werte ist, die einer autonomen Welt der Werte angehören. So genommen, ist der Dumme eben nicht oder nur vermindert im Besitz dieses Geistes.

Leider bleiben bei dieser Erklärung so ziemlich alle Fragen unbeantwortet, außer der einen, die eigentlich nicht fraglich war, daß man nämlich selbst im Besitz von etwas ist, was den meisten nicht oder nur andeutungsweise eignet, aber deren Respekt heischt. So aber bleibt es offen, woher es kommt, daß fast alle Kinder erstaunlich geweckt sind, während dies doch bei lange nicht so vielen Erwachsenen der Fall zu sein scheint. Die Überschätzung seitens der Eltern mag dabei einen reichlichen Teil

* Dieser Essay erschien zuerst im April/Mai 1929 in der „Zeitschrift für Sexualwissenschaft und Sexualpolitik" und wurde 1930 in den „Almanach der Psychoanalyse" (Wien, Int. Psa. Vlg., Seite 157-183) aufgenommen. Vgl. auch Landauer, Zur Theorie der Dummheit, Zs. f. psa. Päd., IV, 1930 und Intelligenz und Dummheit, in: Psychoanalyse und Kultur, hg. v. H. Meng, München (Goldmann) 1965, Seite 86-96. Vgl. auch Psyche 1970, Heft 6, S. 463-484)

Fehlurteile erzeugen, aber so oft kann sie nicht schuld sein, da auch Fernstehende oft Gelegenheit haben, sich von der feinen Beobachtung der Kinder, ihren klugen Schlüssen und der glänzenden Art, wie Dinge, noch mehr aber Menschen von ihnen genommen werden, zu überzeugen. Ja man kennt sogar die Zeit, wo das Kind sich eselt, die etwa, wenn es Schulkind wird. Dann kommt noch einmal jene glanzvolle Epoche der Spät- und Nachpubertät. Sind hier die körperlichen Veränderungen schuld? Sind es gar sexuelle Vorgänge, wie die Psychoanalyse annimmt, deren große zweizeitige Veränderungsschübe die geistige Tätigkeit verarmen lassen? *Schopenhauers* Meinung, daß die Perioden sexueller Hochspannung auch die des Geistes seien, stünde damit im Einklang. Inwieweit wirkt die Erziehung auf dieses Abebben ein oder gar: ist sie an ihm schuld, vielleicht gerade wegen ihrer Einwirkung auf die Sexualität, speziell auf die Psychosexualität? Auch beobachtet man nicht gar selten, daß um das 40. Lebensjahr ein geistiger Verblödungsprozeß deutlich wird, der der Erhöhung der Gesichertheit in bürgerlicher Beziehung gleichzulaufen scheint. Anderseits reifen viele Menschen eben zu dieser Zeit, und bei Philosophen hat man gar von einer Hochblüte in noch späterer Zeit gesprochen. Endlich zeigen besondere Anlässe, daß Dumme in Wirklichkeit gescheit sein können, und noch öfters, daß Gescheite versagen. Hat man sich bei ihnen bisher getäuscht? Hat ein Affekt eine Änderung für kurze Zeit oder manchmal für dauernd erzeugt? Dann aber könnte der Affekt Intelligenzvorgänge nicht nur hemmen, sondern auch fördern. Oder ist vielleicht „klug" nicht der wirkliche Gegensatz von „dumm", sondern „gescheit"?

Des weiteren sehen wir, daß einzelne Fähigkeiten, einzelne Begabungen im Laufe des Lebens wechseln können; so finden wir ihr Auftauchen und Verschwinden während psychoanalytischer Behandlungen. Ja, die Therapie ist namentlich bei Kindern mit Lernschwierigkeiten so aussichtsvoll, daß man sie einzig deshalb in Behandlung nehmen sollte.

Also ergibt die Erfahrung, daß zum mindesten ein Teil der Dummheit etwas Behandelbares ist, und diese Behandlung ergibt ihrerseits, daß diese Fälle psychogene Reaktionen auf seelische Erlebnisse früher Kindheit darstellen. Es gelingt sogar manchmal, die affektiven Momente in ihnen, ja sogar die Triebwurzeln bloßzulegen und so manchen Einblick in das Triebwerk der Denkprozesse zu gewinnen. Allerdings vorerst nur eines ganz komplexen Prozesses.

Anders die Experimentalpsychologie: Sie hat uns einzelne Seiten, vielleicht kann man sogar sagen: einzelne Voraussetzungen des Denkens und vor allem der Dummheit kennengelehrt. Namentlich bei Gehirnschädigung und endokrinen Erkrankungen kennen wir manche umschriebenen Symptome vor *organischer Demenz*. Aber ganz zwingend ist die Diagnose auf diese Weise wohl ebensowenig zu gründen wie auf unsere. Und ex juvantibus zu schließen, scheint auch recht vage. Oft wird die organische Grundlage *eine* der Ursachen bestimmter Fälle sein, die psychogen nur verstärkt ist. Den sichersten Hinweis auf organische Genese von Dummheit scheint mir heute noch die körperliche, namentlich die neurologische Untersuchung zu erbringen. Die Zahl dieser Fälle wird sich mit der Verfeinerung der Technik sicherlich als groß erweisen. Solch ausgesprochen körperlich Kranke scheiden für unsere Betrachtung aus.

Daß es psychogene Formen von Dummheit, „Pseudodemenzen", gibt, diese Erkenntnis ist nicht neu. So ist es den Fällen von „*Ganser*" meist eigentümlich, daß sie Erwachsene betreffen, die vorher von durchschnittlicher Gescheitheit waren; auch treten sie plötzlich auf schwere äußere Einflüsse hin, zum Beispiel Haft, auf. Diese Menschen aber sind in einer Weise dumm, wie sich der Erwachsene gewöhnlich das Kind nur vorstellt, nicht wie es in der Tat ist.[1] Anders müßte es bei jenen psychogenen Fällen sein, da von Kindheit auf das Kind sich von Denkleistungen drückt. Hier ist ein viel organisierteres Dummsein gegeben.

II

Vielleicht kann uns die Sprachforschung einen orientierenden Überblick über unseren Problemkreis geben[2]. Das Wort dumm leitet sich vom althochdeutschen tumb ab, das im wesentlichen die Bedeutung von stumm, auch taub hat und sowohl stumpf in bezug auf Sinne als auf Verstand bedeutet. Ähnlich kommt Tor von tôre = Irrsinniger, Tauber, verwandt mit Dösen und Duseln. Diese Worte deuten also darauf hin, daß die Sprachfinder als Wurzel der Dummheit eine *Sinnesabblendung* ansahen. Der Dumme hat einen engen Horizont, borné = beschränkt. Ähnlich ist es im Griechischen moros, während stupid uns auf die Ursache des Sinnenverschlusses als Schutz vor einem plötzlichen Sinneneindruck hinweist (stupeo = erstarren vor, staunen). Auf die Verwandtschaft mit körperlichen Mißbildungen deuten die Worte wie blöd und dämlich hin, von denen das erste ursprünglich gebrechlich, schwach heißt, während zum zweiten das indogermanische tam = ermatten gehört; doch ist es auch mit der Wortsippe dämmern verwandt. Analog das französische imbécile und das italienische tapa. Eine besondere Seite der Dummheit zeigt albern, auf althochdeutsch alavari = gütig, freundlich; daneben bedeutet das Adjektiv auch ganz wahr. Der Dumme erscheint also nicht nur liebevoll, sondern rückhaltlos ehrlich. Er gibt sich ohne Falsch hin, ist frei von Hinterhältigkeit. Er ist *einfältig, simple*, also der Gegensatz eines Zwiespältigen, eines Zweiflers. Er ist so dumm, alles zu glauben, was man im Französischen wiedergibt: il est ainsi bon oder bon enfant, ein gutmütiges Tier fast, bête oder auch nur ein Staatsbürger ohne Amt und Würden, was die Ausgangsbedeutung von Idiot ist.

III

Die ganze Kompliziertheit unseres Problems wird uns bewußt, wenn wir uns an die Resultate der größten Psychologen halten, die wir kennen, an die Dichter. Es wäre eine ganz erstaunliche Fülle von Material zusammenzubringen, sowohl der Kunst-

1. Vgl. hierzu z.B. die Untersuchungen von Hahn über das Farbenbenennen beim Kinde und beim Ganser.
2. Nach den Wörterbüchern von *Grimm, Sanders* und *Kluge*.

dichter wie der Volksdichter[3], in dem der Held der Geschichte ein Dummer ist. Ein dummer Held — das erscheint paradox. Wir könnten es ohne weiteres begreifen, daß wir Gescheiten die Schale unseres Spottes über die ausgössen, die weniger Geist besitzen als wir. Aber dem ist nicht so. Zwar findet sich in der Kunstdichtung ab und zu ein Trottel, der wie in den Shakespeareschen Rüpelszenen in die Tragik des Geschehens ein Lachen hineintönen läßt. Etwas ganz anderes bringen uns die Geschichten vom „Dummen": Er ist der Sieger, er ist der Glückliche, er ist im Grund der Gescheite. Bei der Volksdichtung können wir die Ursache leicht einsehen: gewöhnlich ist der Dumme irgendein ungeschliffener *Bauerntrampel*, der über die Städter, die Gelehrten, ja selbst über die Könige und den Pfaffen siegt. Diese Art von Dichtung geht auf die Bauernschwänke des Mittelalters zurück, wo der Bauer ein schweres Los hatte, von den Rittern, den Pfaffen und den Städtern reichlich ausgebeutet wurde. Er schien wirklich der Dumme zu sein, mit dem man nach Laune umspringen konnte. In den Dichtungen finden wir nun die Wunschträume dieser *Stiefkinder der damaligen Gesellschaft*.

Neben dem dummen Bauernburschen ist es dann aber der dumme Junge überhaupt, besonders in Gestalt des *dummen Jüngsten*, der durch irgendwelche besondere Leistungen und durch seine zunächst dumm erscheinende Verhaltensweise sich doch als der Klügste erweist. So wird die Geschichte vom Dummen sehr häufig zu einer Variante der Geschichte vom Stiefkind. Diese dummen Helden sind meist Männer und Knaben; in weiblicher Gestalt tritt das Stiefkind meist als stilles, unscheinbares, fleißiges Geschöpf auf, das die niedere Hausarbeit tun muß und des Hauptreklameartikels des weiblichen Geschlechtes entbehrt: schöner Kleider und des Schmuckes. Beim männlichen Geschlecht scheinen die Hauptanziehungsmittel dieses Geschlechtes zu fehlen: geistige Überlegenheit in der Form dessen, was man etwa esprit nennt, sowie feine Sitten, *Höflichkeit*. Und wie Aschenputtel trotz ihrer Unscheinbarkeit den Prinzen gewinnt, so der Dümmling die Prinzessin, während die bösen Brüder das Nachsehen haben und womöglich noch bestraft werden. Wie gesagt: entweder ist der Dümmling das *Stiefkind* oder doch wenigstens das *Stiefkind der Natur*. Diese Feststellung, die ihr Pendant darin findet, daß der dumme Bauer das soziale Stiefkind ist, läßt es uns begreiflich erscheinen, warum diese Dichtungen auf ein so tiefes Verständnis aller Menschen stoßen, namentlich der Kinder, deren Lieblingsgeschichten mit derartige Märchen sind. Denn für das Kind ist ja das Problem, das Verkannte, das Schwache, Hilflose, Dumme, das Stiefkind zu sein, außerordentlich aktuell. Die Großen, namentlich die großen Geschwister, nehmen ihm alles weg, besonders die Liebe der Eltern, und ihre Liebesbeweise in Form von Geschenken aller Art, aber ganz besonders in Form des höchsten Liebesausdruckes, den das Kind kennt, des Zeitaufwandes. Denn Liebe ist für das Kind Zeitaufwand, die Zeit, die die Mutter ihm gehört, die der Vater sich ihm schenkt. Nach diesem Zeitaufwand, dieser Liebe sehnt sich das Kind; danach ist sein Verlangen unersätt-

3. Ich halte mich vor allem an die allgemein bekannten *Grimmschen* Märchen und für ihre Varianten an *Bolte* und *Polivka*, Anmerkungen zu den Kinder- und Hausmärchen der *Brüder Grimm*, 3 Bde., Dieterichsche Verl.-Buchh. Theod. Wachner, Leipzig. 13-18.

lich. Aber immer wieder wird es abgewiesen, viel zu wenig redet der Erwachsene mit ihm, tut viel zu oft seine Fragen mit den Worten ab: du bist zu dumm, so oft, daß dumm fast gleichbedeutend für das Kind wird mit klein. Aber wäre es ein Kind wie die anderen, dann dürfte es seine Eltern hassen. Darum nimmt es begierig jede Gelegenheit wahr, die ihm gestattet, sich zurückgesetzt zu fühlen, um dann glauben zu können: das sind nicht meine Eltern; diese Erwachsenen, die mich nur geraubt haben, um mich auszunützen, darf ich hassen. Und in seinem Traume sieht es sich dann groß, gescheit und damit so weit, daß die Erwachsenen auf seine Anrede harren und um es buhlen. Und es wird immer wieder dazu veranlaßt, dies zu träumen, da es sich im Grunde viel gescheiter weiß, als die Erwachsenen es glauben; so kommt es leicht dazu, diese dummen Erwachsenen zu verspotten, die nicht wissen, daß das Kind sie durchschaut, namentlich in ihrer ganzen Verlogenheit, speziell in der sexuellen. — All diese Erörterungen sind durchaus im Einklang mit *Adler*. Wir werden allerdings, den Wegen *Freuds* folgend, in die tieferen Schichten der Motoren, der Triebe, vorzudringen suchen.

Ein Beispiel aus der Praxis: In der Wohnung im Stockwerk über den Kindern wird ein Baby erwartet. Bruder und Schwester (5- bzw. 6jährig) haben das schon lange gesehen und sich oft über die Veränderung der künftigen Mutter unterhalten. Auf ihre Fragen nach den Zusammenhängen mit aufgeschnappten Bemerkungen sind sie aber von ihrer Mutter mit dem Storchenmärchen abgefertigt worden. Da, an dem Tage der Geburt, geht die Fensterscheibe des Kinderzimmers in Stücke. Die herbeieilende Mutter erhält auf ihre Frage, wer es getan habe, vom Jungen die Antwort: der Storch, der in den dritten Stock habe fliegen wollen, habe zuerst aus Versehen das Kind bei ihnen abgeben wollen und dabei mit seinem Schnabel die Scheibe eingestoßen. Und er hatte wahrlich recht, so ein Lügenmärchen aufzutischen. Denn nun ging es ohne Strafe ab, weil die Mutter, die ihr Lachen nicht beherrschen konnte, schleunigst das Zimmer verließ.

Also ist es wahrlich verständlich, wenn so oft Menschen den Dummen spielen, sich dumm stellen: der sekundäre Krankheitsgewinn der Dummheit wird meist rasch und reichlich erhalten. Man läßt sie ungeschoren. Das enfant terrible, das in seiner paradiesischen Harmlosigkeit all seine Bosheiten an den Mann bringen kann, bleibt nicht nur straflos, sondern wird zur gefürchteten Persönlichkeit.

Vor allem kann das schwache Kind auf diese Weise seine Haßgefühle loslassen. Denn — das hat das Kind reichlich Gelegenheit, zu erfahren — Unwissenheit, Dummheit ist eine wunderbare Waffe. Und das Kind hat wahrlich tausendfältige Gründe, seine Umgebung zu hassen; behandelt die doch das nur körperlich Schwächere wie ein körperlich Krankes: „das verträgst du nicht", heißt es den ganzen Tag. Und so erscheint der Dümmling oft auch als scheinbar körperlich Kranker, Lahmer, Buckliger, Häßlicher. Oft mögen sich dahinter in Selbstbestrafung des mit dem Dummen identischen Dichters die bösen Wünsche gegen andere verstecken. Das würde dann heißen: der Dichter stellt eben durch dieses Darstellen des Dummen (der mit einem Teil seiner selbst eins ist) seine ihm von den Eltern eingepflanzten Minderwertigkeitsgefühle dar, die er aus Schuldgefühlen nicht überwinden konnte.

Noch unverhüllter zeigt sich dieses bei der Sturheit, mit der der Dumme Held

Grausamkeiten begeht, die oft als mystische Handlungen der Zeugung und Gebärung erscheinen: Der Frosch wird wütend gegen die Wand geworfen und wird dadurch zum schönen Prinzen; das alte Weib wird enthauptet und damit der bösen Hexe Zauber gebrochen: die schöne Jungfrau erwacht aus dem Schlaf. Männliche Zeugungsantriebe und Komplexe von Geburts- und Wiedergeburtstendenzen drängen hier zur Entladung, ebenso wie die Zerstörungsantriebe. Sie brechen zu einem überdeterminierten Symbol durch, das uns — weil unbewußt bestimmt — mystisch erscheint; und sie dürfen sich durchsetzen, weil sie im Dienste des „Guten", der guten Fee, Mutter, erscheinen.

Und auch vor allen möglichen anderen Unannehmlichkeiten ist das Kind durch seine Dummheit geschützt. Es muß nicht dasitzen und die langweiligen Schularbeiten machen; man tut es in eine leichte Schule; während der gescheite, sonst bevorzugte Bruder über den endlosen Aufgaben sitzt, darf das sonst zurückgesetzte Mädchen mit seinen Puppen spielen. So analysierte ich einmal eine 28jährige Asthmatika, die immer „beschränkt" war und namentlich gar kein Sprachtalent hatte. Nun wollte es der Zufall, daß ihre beste Freundin nach Italien heiratete und sie jedes Jahr einlud, auf einige Wochen ihr Gast zu sein. Sie konnte natürlich kaum ein Wort Italienisch, trotzdem sie alles in allem wohl beinahe ein halbes Jahr in Italien gewesen war und jedesmal vor ihrer Reise italienischen Unterricht nahm. Aber diesmal würde sie es nicht tun. Es hatte doch keinen Sinn. Warum sich unnütz quälen. Das brachte sie in einer der letzten Analysestunden vor ihrer Reise. Wir deckten die ganzen Zusammenhänge auf, all die Vorteile, die ihre Dummheit ihr gebracht und, wo diese nicht auslangten, ihre Krankheit. Nach der Reise erzählte sie mir folgende sie überraschende Geschichte: hinter dem Gotthard war ein Ehepaar eingestiegen, das zunächst ins Kupee hereinfrug, ob noch ein Platz da sei. Da niemand sonst antworte, habe sie geredet und sei so mit den Leuten ins Gespräch gekommen. Nach längerer Zeit fiel es ihr auf, daß sonst niemand mitsprach, und da sei es ihr plötzlich aufgegangen, daß sie die ganze Zeit italienisch gesprochen habe. Und von da ab konnte sie „auf einmal" Italienisch.

Bei einigen Märchen scheint aber diese Pointe von dem schließlichen Glück zu fehlen, das uns die Ingangsetzung des psychischen Mechanismus Dummheit verständlich zu machen scheint. So verläuft die Geschichte von *Hans im Glück* in kurzen Umrissen folgendermaßen: Hans dient längere Zeit einem reichen Bauern ohne Gehalt[4]. Als er von ihm geht, bekommt er einen Goldklumpen zum Lohn. Also hat er nicht vergebens auf den Großmut seines Dienstherrn gerechnet. Aber der Goldklumpen drückte ihn, er tauscht ihn für ein Pferd, für einen Esel usw. ein. Immer geringer wird sein Besitztum, bis er schließlich nur noch Mühlsteine hat, die ihm endlich ins Wasser fallen. Da ist er nun die Last los, und er ist glücklich, wie er mit jedem vorhergehenden Tausch zufrieden war. Das ist kein Märchen, kein kindlicher Wunschtraum. Es ist eine Ermahnung: Du Kind, sei zufrieden mit dem, was dir deine Eltern geben! Du Bauer, sei glücklich mit allem, was dir dein Herr läßt! Es ist ei-

4. Man denkt hier an die lange Dienstzeit des Jakob, um sein Weib zu verdienen. Der dumme Hans will nicht den genitalen Liebesbeweis.

ne Geschichte — so möchte es scheinen — vom Standpunkt des Erwachsenen, des Herrschers aus. Aber die Vergleichung der Quellen zeigt uns, daß dies höchstens auf die Fassung, welche die *Brüder Grimm* uns überliefert haben, zutrifft, denn in einer Tiroler Variante hat Hans am Ende des Tausches doch Glück. Denn er wettet mit mehreren Herrn um hundert Gulden, daß sein Weib ihm über den Ausgang keine Vorwürfe machen werde und gewinnt. In einer dänischen Überlieferung geht der Tauschhandel von der Kuh zur Ziege, zum Hahn, zur Flöte. Als er diese in einem Weinkeller feilbietet, fragen die „Herren", was seine Frau zu diesem Handel sagen werde. Er wettet um 400 Gulden, sie werde ihm kein böses Wort erwidern, und gewinnt, da die Frau mit jedem Tausch zufrieden ist. Auch in dem Schwank von *Hans Volz* empfängt das Weib den betrogenen Bauern mit gütigen Worten. Diese Fassungen zeigen ganz deutlich, was hier der sekundäre Gewinn des Dummen ist: gerade weil ich dumm bin, hat man mich lieb. Wenn wir uns überlegen, daß diese Geschichten für Kinder[5] geschrieben sind, so heißt ihr Inhalt: ich will Kind sein, dann werde ich verwöhnt und darf das tun, was mir gerade bequem ist. Wenn ich nicht Erwachsener bin, brauche ich keine Unlust auf mich zu nehmen[6].

Wie aber soll man sich nun das Zustandekommen des Symptomenkomplexes Dummheit vorstellen? Gewiß nicht so, daß sich ein Kind eines Tages sagt: so, jetzt bin ich dumm. Wohl wünscht es sich oft, dies zu sein. Aber solange dieser Wunsch bewußt ist, kann es — wenigstens subjektiv — noch anders. In einem Fall zum Beispiel hatte ein 10jähriger Knabe ein Interesse daran, in seinen Lieblingsbeschäftigungen nicht durch die hohen Anforderungen gestört zu werden, die man an seine Schulleistungen stellte. Er lernte deshalb in Gegenwart des Vaters laut lateinische Vokabeln, dachte aber immer: „ich mag sie nicht können", und natürlich konnte er sie beim Abfragen nicht. Aber dumm war er deshalb noch lange nicht, und er konnte seine Dummheit auch nicht glaublich machen. Anders dann, wenn — wie *Kretschmer* sich ausdrückt — ein „diffuser Wille" besteht. Dieser Ausruck scheint, auch wenn es sich um Kinder vor oder bei Erledigung des Ödipuskomplexes handelt, besser als das Wort „Wunsch", der zu dieser Zeit noch nicht unbewußt im Sinne des unbewußten Verdrängten geworden ist. In dieses entstehende Unbewußte muß der Wunsch diffundieren. Noch korrekter allerdings wäre es, nur von Tendenzen zu reden, und wir können uns den Prozeß des Dummwerdens nach Analogie eines Reflexes aus der Gruppe der Flucht-Abwehr-Reflexe vorstellen (die Psyche kennt wohl weder reine Flucht noch bloße Abwehr, sondern nur deren Kompromisse) als einen Spezialfall der „*Verdrängung*". Gerade für ihn scheint mir *Goldsteins* Vergleich der Verdrängung mit der *Autotomie* besonders bildhaft: auf Bedrohung wird mit Ab-

5. Dienstmädchen, d.h. Dienende, sozial Schwache, Großmütter, d.h. körperlich Gebrechliche, also Menschen, deren Lage das Kind der seinen verwandt fühlt, erzählen ihm in der Hauptsache die Märchen!

6. Auch dies spricht für die Auffassung, daß reichlich Gegenstücke zu der Geschichte existieren: ein Überkluger tauscht immer günstiger, wird immer reicher, um schließlich rasch alles zu verlieren.

werfen eines Teiles der Körperoberfläche (der Sinnesfläche) reagiert zwecks Verkleinerung derselben und damit der Angriffsfläche für neue Insulte[7].

IV

Die Dummheit der meisten unserer Märchendümmlinge besteht nun darin, daß sie die Wirklichkeit nehmen wie sie ist, und nicht lange fragen, woher es kommt, daß etwas „Ungewöhnliches" ihnen begegnet. Sie fragen Geister nicht, warum sie Geister sind, sie stehen mit ihnen auf du und du. Sie verhalten sich wie Kinder, die die Dinge und die Menschen als gegeben akzeptieren, und nicht wie sich klug dünkende Erwachsene, die immer nach warum und was und zu welchem Ende fragen. Und so fahren sie gut, denn dem Kinde gegenüber wird auch der Erwachsene, der Böse, dem Kind gleich. Jedes Ding ist einzeln, eigenartig und neu; es isoliert alle Dinge voneinander und will nichts von einem „Sinn" wissen, den die sinnlich greifbaren Erscheinungen noch haben könnten. Der große Narr Don Quichotte, der überalterte Phantast, sieht in Stallmägden Edeldamen und in Windmühlen Ritter. Seiner großen hageren Gestalt hat Cervantes den Tolpatsch Sancho Pansa, den runden Bauernburschen, gegenübergestellt, das lebendig gewordene Stehaufmännchen, das es schließlich viel weiter bringt als sein Herr. Heute, im Zeichen *Kretschmer*scher Typenforschung, werden wir sagen: der Pykniker, der die Dinge nimmt, wie sie sind, der lebt und leben läßt, ist natürlich glücklicher als der verbohrte Dysplastiker, der keine Freude gewinnen kann.

Denn wo der Dumme hinkommt, sind alle lieb und nett zu ihm: er ist gut zu den Pflanzen, den Tieren, ja selbst zur unbelebter Natur. Und sie lohnen es ihm. Wenn er in Gefahr ist, eilen die Vögel und die Ameisen ihm zu Hilfe, und der Teich spaltet sich. Der Dumme ist das vertrauensselige Kind, dessen Liebe nicht enttäuscht wird. Es hat all die himmlischen Gewalten für sich, im irdischen Leben des Alltags die allmächtige Mutter — wenigstens in seinen Wunschträumen. Anders der, der durch Enttäuschung, durch Liebesenttäuschung an den Eltern sich von ihnen loslöst, sich geschieden hat und nun Erwachsener ist, allein auf sich angewiesen, und im Bewußtsein, daß alles sich voneinander scheidet, gegeneinander kämpft, auch sich selbst überall einstellt, bekämpft zu werden und durch seine „Gescheitheit" erst recht Feindschaft erweckt.

Die schwerste Liebesenttäuschung, die der Mensch erduldet, die wenigen Menschen erspart bleibt, über die sehr viele ihr Lebtag nicht hinwegkommen, ist die Liebesenttäuschung an den Eltern, die seine körperliche Unversehrtheit bedrohen und damit den Glauben an die Unversehrtheit des eigenen Körpers, dessen Allstärke, dessen ewige Wiedergebärbarkeit in unversehrter Schöne unzählige Dichter phantasieren. Auch der Dumme, oft auch körperlich Verunstaltete (er ist namentlich häufig mit einem Buckel ausgestattet), wird nach Sieg über den Neunmalweisen, die viel

7. Dieser Ausdruck, d.h. der Vorgang ist, wie später gezeigt wird, im Sinne der Akzeptierung der Kastration überdeterminiert.

stärkeren Eltern (bzw. älteren Brüder), der schönste junge Prinz und besitzt die Königstochter. Wir kennen die Symbolsprache solcher körperlicher Entstellungen aus Tausenden Träumen und vielen hysterischen und paranoiden Symptomen. Es sind Überkompensationen und Verschiebungen der einen großen gefürchteten Schändung des Körpers durch Abschneiden des Genitales wegen der Wünsche auf die Königin, die ideale Mutter. Dummsein kann also heißen: kastriert sein. Der dumme Held akzeptiert demnach die Kastration. Selbst sie hat ja Vorteile, wie wir gesehen haben, denn man wird als liebes Kind nun von allen geliebt, um des Kastriertseins, des Kindseins, des Dummseins willen.

So stehen am Ursprung zweier[8] scheinbar grundverschiedener Symptome ganz ähnliche seelische Erlebnisse. Ich habe in einem Fall von Zweifelsucht aufzeigen können, wie an der Wurzel dieser Krankheit die Kastrationsdrohung steht, und habe diesen Befund seitdem an zahlreichen Fällen bestätigt erhalten. Ein Teil der Persönlichkeit fand sich in der Rolle des Kastrierten, der Frau, während der andere Teil an der Männlichkeit, der Unversehrtheit festhielt. Der Zweifel, der schließlich auf alles und jedes übertragen wurde, bezog sich ursprünglich auf die eigene Person und lautete: Was bin ich, Mann oder Frau, unversehrt oder kastriert? Noch auf ein Zweites bezog sich der Zweifel, auf das Funktionieren der Sinnesorgane: darf ich meinen Augen trauen, daß es kastrierte Wesen (die Frauen) gibt? Ist ein solches Verbrechen möglich, so ist auch mein Körper bedroht. Und alles, was durch die Sinnesorgane geht, ihr ganzes Funktionieren, wird bezweifelt. Die ganze durch unsere Sinnesorgane greifbare Welt wird unsicher. Von ihr wird die Liebe abgezogen. Aber die Frage lautet auch: Bin ich denn ein Wesen, das sehen, erleben kann? Und, um sich von seiner Erlebnisfähigkeit zu überzeugen, wird Lust in den Funktionen bestimmter erogener Zonen (hauptsächlich der Analerotik und des Sadismus) gesucht.

Bei der Dummheit sind die Sinnespforten weitgehend geschlossen, aber sie sind gesperrt nur gegen unliebsame Wirklichkeiten. Im Märchen sieht der Dumme nicht, daß er einem scheußlichen Ungeheuer gegenübersteht, einem Ding, das eigentlich nicht möglich ist, wie z.B. einem Menschen, der seinen Kopf unter dem Arm trägt. Er sieht die Kastration nicht, will sie nicht sehen. Das wird schon ein Wesen sein wie ich und du. Ich sehe nicht lang, ich frage nicht lang. Wozu soll ich Angst haben? Die Dummheit überwindet die Angst, ähnlich wie auch ihr Gegenteil es tut: das ist die Fähigkeit, die Libido zweckmäßig von der Außenwelt abzuziehen und den Worten, Vorstellungsbildern und Begriffen zuzuwenden, die in einem wohnen. Denn wenn man dies getan hat, kann man mit den Vorstellungsbildern und Worten Überlegungen anstellen, spielerisch an ihnen die Gefahren vorwegnehmen und so in fraktionierter erträglicher Form die Angst abtun und angstfrei sich der Außenwelt wieder zuwenden und jetzt die Gefahren richtig einschätzen und vermeiden. Weil aber Dummheit und Gescheitheit aus einer Wurzel stammen, darum

8. Ich lasse die dritte Lösungsmöglichkeit, die Pseudologia phantastica, außer Betracht, doch schimmert sie da und dort bei den „Lügen“ der Kinder, bei den Phantasien der Dichter durch.

wohnen sie immer so dicht beieinander, so daß sich nicht nur die Zweige, sondern auch die Stämme vermengen.

Einen sehr hübschen Beleg für die gemeinsame Genese von Dummheit und Denkzwang gibt jener obenerwähnte Fall von Folie du doute und im Speziellen jene Deckerinnerung, deren Aufklärung die Analyse damals besonders förderte: der Knabe teilt das Schlafzimmer mit dem von ihm geliebten Dienstmädchen und sieht die Liebesaggression des gleichfalls geliebten Onkels auf das Mädchen. Aber er sieht nur die Oberkörper, das eigentlich Anstößige wird — weggesehen. An Stelle des Sehens aber tritt das Denken. Seine Entstehung ist dieselbe wie immer, und auch seine Aufgabe ist die gleiche, wie wir sie stets finden, wenn sie auch hier ins Pathologische verbogen ist: Die Realität ängstigt; ihre wirre Reizfülle ist nicht wie bisher zu bewältigen: das Benennen, das Rufen nach der Mutter hat versagt. Die große Realität Mutter hat enttäuscht. Das Kind steht allein; von aller Welt geschieden, zieht es seine Liebe von der Realität zurück und sucht nun abseits von ihr in die Erinnerungsbilder und deren Wortrepräsentanzen Ordnung zu bringen, Lücken zwischen ihnen durch Ausfüllung mit älteren Vorstellungsbildern bzw. deren Wortrepräsentanzen zu schließen. Namentlich wird die Realität durch einen „Sinn" und einen „Wert" vervollständigt. Sinn, das ist die gewünschte oder gefürchtete Summation der Sinneseindrücke „Aller", der Mutter, des idealen Vater Gottes, und Wert, d.h. der Wert sub specie aeternitatis, die Liebe des unbegrenzt lebenden Vaters, die er — wie wir wünschen und fürchten — den Dingen gibt. So gerüstet suchen wir uns über das unlustvolle aktuelle Erlebnis hinaus der ganzen Realität anzupassen und dadurch eben dies aktuelle Erlebnis zu bewältigen. Anders der Zwangsgrübler, der zwanghaft das Greifbare und das Ergriffensein flieht, um im Reiche der Wortbilder seiner Zwiespältigkeit zu leben und durch magische Gesten mittels der Wortbilder wie ein ferner Gott, der Vater, die Realität zu ändern. Anders auch der Dumme: ihn kümmert kein Sinn, kein Wert, keine Bedeutung und wie die Worte alle noch heißen mögen. Er bewältigt die Wirklichkeit eben durch seine Dummheit, sein Nichtsehen, indem er ihr Mitleid, ihre Liebe weckt. Das kleine Kind will von der allgütigen Mutter ergriffen werden. Das gelingt, aber es gelingt doch nur unvollständig. Besser gelingt es dem Denkenden. Dessen Geist genießt größere Wertschätzung. Dies ist aber nicht allein aus der praktischen Bedeutung des Verstandes zu erklären. Sie muß noch tiefer begründet sein; darauf macht uns vor allem die Ambivalenz aufmerksam, mit der der Geist bedacht wird.

V

Wir haben bisher nur die *eine* Seite berücksichtigt, warum der Dumme nicht fragt: er ist der Wirklichkeit zugewandt, sieht nicht und will nicht sehen, was hinter den Dingen ist. Aber er liebt die Wirklichkeit, und so kommt es, daß er auch zuweilen sehr viel Fragen stellt, mehr als zehn Weise beantworten können. Aber welche Fragen sind es, die er stellt, die die Weisen nicht beantworten zu können glauben? Wissen diese Weisen in der Tat keine Antwort, weil sie die Dinge nicht sehen, oder wollen sie nur nicht Rede stehen, weil sie meinen, daß dies von Schaden sei, daß dann der Dumme, das bisher lenkbare Kind, gegen die Autorität der Eltern und der Beherrschte gegen die Herren sich auflehne? Oft scheint es, daß der Dumme eben weiter nichts ist als der Lenkbare, das kleine Kind, dem die Rechte der Erwachsenen vorenthalten werden sollen, besonders die geschlechtliche Betätigung. So entsteht durchaus als Kunstdichtung, d.h. Wunschphantasie der herrschenden Klasse — im Mittelalter als höfische Dichtung, in nicht weit zurückliegender Zeit als solche eines Spätromantikers, der Freund eines Königs und von enormer Selbstverliebtheit war — die Gestalt des „reinen Toren“: Parsifal. Hier ist ganz unverhüllt, daß das, was den Toren auszeichnet, eben seine geschlechtliche Reinheit ist. An ihn reicht nicht die Sinneslust heran, darum kann er ein Werkzeug in den Händen höherer Mächte sein, Vertreter idealisierter Väter und Mütter. Er ist durchaus nach dem Willen einer weiblichen Moral, der Mutter, die ihn abseits vom Hofe in der idealen Situation des gegenseitigen Alleinbesitzes erzogen hat. Früh kommt dabei seine Gewalttätigkeit zum Vorschein (Vogelmord), die immer wieder durchbricht. Da tritt ein Ritter ihm in den Weg, der ihm, dem reinen Toren, als Gott erscheint und damit ihn seine eigene Unvollkommenheit erleben läßt[9]. Um sie auszugleichen, will er in die Welt hinaus, die Mutter verlassen. Diese versucht es zunächst, ihn lächerlich zu machen, damit er, von der Welt verspottet, zu ihr zurückkehre. Aber vergebens, es drängt ihn, sich zu betätigen. Wissend fehlt er so gegen der Mutter Gebot, das fordert: sei wie ich, ein Weib; und damit vernichtet er sie, die aus Gram über sein Weggehen stirbt. Als Mann — so wünschte er es wenigstens — liebte ihn die Mutter, durfte ihn aber nur als Kind, Kastrierten, lieben. Jetzt ist sie tot; gerade deshalb gehört er der Mutter liebend weiter: er meidet die Frau als Sexualobjekt. Aber auch hassend ist er ihr noch zugetan: er zerstört das Leben der Frauen, die ihn lieben. Die Gründe für diesen Haß erahnen wir bei der Szene, da er, drei Blutstropfen im Schnee sehend, erstarrt (Abscheu vor der Kastrierten und der Defloration). In seiner Torheit, die ihm so viel Böses erlaubt, ist er das Kind — höfisch gesprochen: der Bauer —, das unendlich viel Fragen stellt. Am Hofe lernt er, daß Schweigen und den Befehlen gehorchen Pflicht des Kindes gegen den Vater und des Untertanen gegen den Herrn ist. Und so kommt er auf seinen Irrfahrten auf die Gralsburg, sieht dort all das Elend (die blutende Wunde, die Folge des sexuellen Sündenfalls) und das geheimnisvolle Wunderbare (das Blut Christi; die Gewalttätigkeit der Durchbohrung Jesu wird zur Gnade!) und schweigt. Erst als er durch abermalige Irrfahrten geläutert ist, stellt er die mitleidige Frage und wird so König, der die Dinge wissend beherrscht. Auch bei *Wagner* wird er durch Mitleid wissend, wie der Text sagt. Die Handlung aber zeigt uns, daß er durch den Kuß einer wissenden, nach ihm gierigen Frau, selber wissend wird, durch Abweisung genital geschlechtlicher Liebe also.

Diese Sage verrät uns deutlicher denn viele Worte, was es um die Torheit für eine Bewandtnis hat: *Torheit heißt Unwissenheit in sexueller Beziehung, sie ist der Wunsch*

9. Vgl. dazu in vielen Neurosenanalysen (verhüllt z.B. der mitgeteilten Deckerinnerung der Folie du doute) das traumatische Erlebnis des Anblickes eines erigierten Penis (des Vaters oder einer Vaterimago).

der Eltern in bezug auf ihre Kinder. Und die Erfahrung an unserem Krankenmaterial zeigt uns, daß ein großer Teil der menschlichen Dummheit — wie uns *Freud* dies lehrt — dadurch zustande kommt, daß die Kinder bemüht sind, um den Eltern zu gefallen, nicht mehr zu fragen, woher sie kommen, welchen Anteil an ihrem Werden der Vater hat, wie sich die Geschlechter unterscheiden, und all die tausend Fragen, mit denen die Kinder den Eltern zur Last fallen. Und weil dies die Kinder sehen, lernen sie schweigen. Aber noch mehr sehen sie oder müßten sie eigentlich sehen: daß ihre Eltern sie anlügen, nicht nur in dem Sinne des Erwachsenen, daß sie anders reden als sie denken, sondern vor allem auch in dem Verstande, wie das Kind das Wort Lüge gebraucht: daß nämlich die Erwachsenen anders handeln als sie reden. Aber das Kind darf seinen Eltern gegenüber nicht äußern: du lügst. Es will auch nicht denken und sehen, daß die Eltern lügen, also das tun, was es von ihnen immerfort als „böse" gewehrt bekommt. Denn böse sein würde ja heißen ungeliebt sein. Und das Kind will seine Eltern lieben, nicht nur aus Not, sondern auch aus tausend Sehnsüchten. Und so verschließt das Kind, um an die Eltern zu glauben, seinen Blick vor der Wirklichkeit. Es darf nicht mehr sehen, als zum Bilde der idealen Eltern paßt. Dumm und unwissend sein ist auch unfähig sein, sich Kenntnisse über die Fehlbarkeit der Eltern zu erwerben. So die Patientien, aus deren Erinnerung ich die Verhöhnung der Mutter durch den Bruder oben gebracht habe. Sie wußte bis weit über ihr zwanzigstes Jahr nichts von irgendwelchen sexuellen Vorgängen. Ihre einzige Erinnerung, die sie über ihr Sexualwissen aus früherer Zeit zunächst bringen konnte, war nur die Angabe der Mutter, daß sich die Knaben von den Mädchen durch spitze Ellenbogen unterscheiden. Die Mutter hatte also nie gelogen, sondern immer die Wahrheit — wenigstens symbolisiert — gesagt. Erst im Laufe einer langwierigen Analyse füllten sich die Lücken aus. Dabei zeigte sich als starkes Motiv der Verdrängung ihres früheren sexuellen Wissens, daß sie nicht wahr haben wollte, daß die Eltern lügnerisch und sexuell sind.

Wir kennen einen Typus, der wegen der blinden Ergebenheit den Eltern gegenüber diesen sehr angenehm ist und von ihnen geradezu als *Musterkind* bezeichnet wird, arme Wesen mit jugendlichen Körpern, aber mit altersstarr beherrschten Mienen. Sie sind immer „brav", d.h. sie stören die Eltern nicht und bereiten ihnen sogar die Freude, daß sie stolz mit dem Lob ebenso bequemer Lehrer prunken können. Kenntnisse, namentlich auf sprachlichem und begrifflichem Gebiete, kann ein Musterkind sich relativ leicht erwerben, ist es doch nicht „zerstreut", weil es stark gegen die Umwelt und die Affekte abgeblendet ist. Auch kann es — was besonders imponiert — besser erworbene Kenntnisse reproduzieren als das seelisch lebendige Kind, das durch seine leidenschaftliche Stellungnahme oft gestört wird. Aber sobald das Musterkind an eine selbständige Tätigkeit gehen soll, versagt es außerordentlich häufig. Lieblos gegen das Greifbare, nimmt es nichts selbständig wahr und vermag also auch nicht sich anzupassen. So erklärt es sich, daß wir so außerordentlich häufig auf große Begabungen in begrifflicher Beziehung, z.B. Rechnen, Mathematik und fremde Sprachen bei Menschen stoßen, die im Leben dumm sind. Immer wird in der Literatur erwähnt, daß Rechenkünstler oder ähnliche geistige Phänomene häufig geistig debil seien. Es handelt sich jedoch nicht um eine von Geburt an festgelegte, besonders hohe einseitige Begabung bei im übrigen angeborener Geistesschwäche, sondern um eine besondere Form der Zwangsneurose, die seit frühester Jugend bestand (meist seit dem 4.—5. Lebensjahr) und so den Erwerb von Kenntnissen scheinbar unmöglich machte, während anderseits bestimmte Fähigkeiten zwanghaft hochgepäppelt werden (Krankheit mit dem Gefühl besonderer Hochwertigkeit des Symptoms). Analysieren wir solche Fälle von Dummheit, so gelingt es uns bisweilen innerhalb zwar langer, aber doch im Verhältnis zu den nun auf einmal gewonnenen Kenntnissen unverhältnismäßig kurzer Zeit von 2 bis 3 Jahren eine Nachreifung zu erzielen, die die latenten Kenntnisse von 20 Jahren und mehr den Kranken zur Verfügung stellt. (Die besonderen Fähigkeiten dagegen werden durch die Psychoanalyse nicht abgebaut. Als Eigentümlichkeiten, die sehr viel Lust bringen, und da sie realitätsgerecht sind, werden sie beibehalten, obwohl sie wie Krankheitssymptome entstanden und gebaut sind.)

Dummheit ist, dies sei nochmals besonders hervorgehoben, vor allem auch eine Form der Erledigung des Hasses, namentlich desjenigen, der aus dem Ödipuskomplex stammt. Daß dieser gleichzeitig das Ventil des Hasses versperrt, wurde schon oben gezeigt und wird gerade auch an der *Parsifal*-Sage klar.

Auch in dieser Beziehung ist die Zweifelsucht von denselben Quellen wie die Dummheit gespeist; kaum eine Neurose macht den Kranken so hilfsbedürftig im praktischen Leben, so zum Vampir der Umwelt, besonders der Eltern, wie der Zweifel. Aber dies ist nur eine ganz oberflächliche Schicht. Tiefer unten zeigt sich der Zweifel gegen die eigene Person gerichtet, die der Sinnesorgane (primär des Penis) beraubt zu sein fürchtet. Die Instanz aber im Kranken, die ihn immer wieder zu zweifeln, zu fürchten zwingt, sind die geliebten, gehaßten Eltern, mit denen sich ein Teil des Ichs („Überich“) identifiziert hat.

Aber noch mehr: Wenn das Kind zweifelt, indem es — was es nicht „soll“ — hinter den Dingen und Worten einen tieferen geheimnisvollen Sinn vermutet, folgt es seinen Eltern, die in sexuellen Dingen hinterhältig, zwiespältig, lügnerisch sind. Der Teil des Menschen, der zweifelt, ist so bös, unwahr wie die bösen Eltern, negatives Elternideal, Eingebung des Teufels, wie die katholische Kirche lehrt; der Teil, der nicht zweifelt, wie die „gut“ gebliebenen Eltern, das ist das Höchste, Edelste im Menschen, Vater und Mutter, das Ichideal, göttlich. Und so ist es kein Wunder, daß zu allen Zeiten der Geist dem Körper als überirdisches, gläubiges und doch als denkendes, verneinendes Prinzip gegenübersteht.

Selig sind daher die Einfältigen, denn ihnen blieb das Himmelreich der elterlichen Liebe. —

Leider muß hier bekannt werden, daß mit der bisherigen Erklärung nicht annähernd die Kompliziertheit der Parsifal-Sage und des Problems Dummheit erschöpft ist. Vielmehr ist die Sage[10] bereits eine Reaktion auf die frühere Lösung: der Mann Parsifal tötet den Vater und errettet die Mutter. Statt dessen ereignet sich das Umgekehrte. Auch ist das Weib deutlich die Versucherin und nicht mehr die Verfolgte. In

10. Ich verdanke dies einer Mitteilung von *Dr. Federn*, dem ich auch bei dieser Gelegenheit für seine zahlreichen Hinweise danke.

ihrer Person erscheint schon die Sünde personifiziert; Klingsor, der Zauberer, ist bereits als böse Macht erkannt (kastriert)! Nicht mehr die gute mütterliche Frau, etwa eine Fee, bringt Hilfe, sondern der treue, väterliche Knecht. Wenn wir die zeitgenössischen Miniaturen des Epos betrachten, die weibliche Haartracht der Männer, die knabenhaften Körper der Frauen, so ahnen wir, daß auch hinter dem heldischen Rittertum dieser Epoche die Frau eine nicht nur unterirdische Herrschaft ausübt. In die nämliche Richtung weist auch das — wie mir scheint — wesentliche Einschiebsel *Wagners* in die Dichtung *Wolframs*: Die Tragödie der Kundry, des Weibes, das im Banne des unheimlichen Mannes zur Dirne wird[11].

Auch in den von mir analysierten Fällen von Dummheit schien mir die Homosexualität eine wesentliche Rolle zu spielen, wobei es den Eindruck erweckte, als ob der Ödipuskomplex durch eine sehr große Verschiedenheit der Eltern (oft in geistiger Beziehung) eine besondere Färbung erhalten habe. Meist trat die gleichgeschlechtliche Bindung unverhüllt hervor: der Spießgeselle wurde mit naiv offener Zärtlichkeit geliebt, was die therapeutischen Möglichkeiten dann gewöhnlich erheblich erhöhte.

VI

Es ist vielleicht gut, hier das über die Psychosexualität des Dummen Gesagte zu ergänzen:

Die Sinnespforten des Dummen sind gegen alle Eindrücke geschlossen, welche ihn in seiner harmlos kindlichen Sinnenlust stören können, namentlich soweit sie ihn in Konflikt mit seiner Umwelt, d.h. seinen Eltern und Pflegepersonen bringen können. Die Lustobjekte im eigentlichen Sinne sind die Sinnesorgane, die erogenen Zonen. Der Dumme ist auf der Stufe der Autoerotik stehengeblieben bzw. auf sie regrediert. Und zwar können wir nun so gut wie alle erogenen Zonen als Lustobjekte, so gut wie jede Funktion derselben als Lustziel finden. Dabei treten allerdings einige besonders hervor: vor allem die Mundzone. Gerade unter den Dummen finden wir eine große Anzahl von Menschen, denen das Essen und Trinken außerordentlich viel bedeutet, ja direkt ihren Lebensinhalt. Im Speziellen können Süßigkeiten, Rauchen und Kauen eine große Rolle spielen. Daneben findet man nicht selten einen Typ, der an seiner Muskelkraft eine große Freude hat. Damit wird es einerseits erklärlich, warum diese Leute so gut zu körperlicher Betätigung zu gebrauchen sind, besonders heute im Sport eine Rolle spielen. Kommen sie doch auf diese Weise sehr leicht zu einem narzißtischen Genuß, der um so schwerer wiegt, da er ihnen ermög-

11. Analog wird in den Musikdramen *Wagners* neben die männlichen Helden der alten Sage eine fast ebenso bedeutsame Frau gestellt (so Elisabeth in Tannhäuser, Senta im Holländer, die Walküre in den Nibelungen). Fast nur die Meistersinger sind ein männlich zentriertes Stück. Um diese tiefen Zusammenhänge zu erfassen, wäre wohl eine sehr tiefschürfende Untersuchung der Zeit des Minnesangs wie *R. Wagner* nötig, die den Rahmen dieses Aufsatzes, aber noch mehr meine Kenntnisse überschreiten würde.

licht, über die sonst ihnen überlegenen Verstandesmenschen zu triumphieren. Diesem Typ der Muskelstarken und Bewegungsfreudigen steht ein anderer gegenüber, allerdings mit ihm untermischt, der eine Hauptlust in der Entspannung der Muskulatur findet, namentlich in dem stärksten Ausmaß derselben: im Schlafen. Bei vielen diesen Typs kann man sagen, daß Essen und Schlafen das sei, um das sich ihr Leben dreht. Um den Schlaf zu erreichen und um ihre Oralerotik zu genießen, schließlich um eine allgemeine Euphorie mit allen narzißtischen Komponenten zu erzielen, kommen diese Menschen leicht dazu, dem Alkohol zu frönen. Und so finden wir gerade unter den Dummen eine große Anzahl von Alkoholikern. Besonders der Schnaps- und Biergenuß ist bei ihnen verbreitet, weniger der des Weines[12] und anderer Rauschgifte. Wird doch der Schnaps meist in Destillen eingenommen, in denen man mit Kumpanen auf die gemeinsamen Bedrücker schimpfen kann, und das Bier am behäbigen Biertisch, wo man mit ebenso stumpfsinnigen Philistern zusammenhockt, um alles besser zu wissen. Und so geben gerade diese beiden Gifte, bzw. die Art, wie sie eingenommen werden, reichlich Gelegenheit zum Abreagieren feindseliger Gefühle gegen die mächtigen Eltern bzw. älteren Brüder, aber auch zu mehr oder weniger deutlicher Betätigung homosexueller Regungen. Besonders häufig kann man diese bei Biertrinkern nachweisen, wo der starke Flüssigkeitsverbrauch ein häufiges Wasserlassen verursacht, was dann meist gemeinsam besorgt wird und zur Befriedigung homosexueller Schau- und Zeigelust führt (gegensätzlich häufige psychogene Unfähigkeit, in Gegenwart anderer Wasser zu lassen).

Auch die Analerotik ist bei Dummen recht häufig sehr ausgeprägt in unverhüllter Entäußerung wie auch in den komplizierteren Formen des analen Charakters, wie er uns in mustergültiger Weise von *Freud* und *Abraham* aufgezeigt worden ist. Stark und oft ohne jegliche Verdrängung tritt uns der Hang zur Grausamkeit entgegen. Besonders häufig gegenüber den noch kleineren Kindern: dem Kind und dem Tier. Allerdings findet man ihn gerade auch diesen Objekten gegenüber besonders stark überkompensiert in einer geradezu rührenden, mitleidigen, mütterlichen Sorgfalt: kann dieses Mitleid ja dem Stiefkind der Natur die Möglichkeit zur narzißtischen Lust gewähren, sich hier einmal als Großer zu dünken, ein Musterelter zu sein.

Die ausgesprochen erogene Zone aber ist das Genitale; jedoch handelt es sich nicht um die Erreichung der vollausgebildeten genitalen Entwicklungsstufe, auf der zur Lustgewinnung die Gemeinschaft mit einem Liebesobjekt nötig ist und die anderen Lustzonen der Vorlust dienen. Es bleibt in der Hauptsache bei der Onanie, sei es als Selbstbefriedigung im engeren Sinne, sei es mittels einer Person des gleichen oder anderen Geschlechtes. Dem Vorwiegen des Autoerotismus entspricht die große Anzahl von Perversionen, die wir in ausgeprägter Weise bei Dummen finden. Aber selten veranlassen diese ärztliche Beobachtung, höchstens auf dem Wege des Gerichtssaales. Dem Dummen erscheint alles mehr als harmlose Selbstverständlichkeit ohne Schuldgefühl. Allerdings ist auch ein großer Teil der Perversionen ver-

12. In Ländern, in denen der Weinkonsum eine ziemliche Rolle spielt, zeigt es sich, daß auch Most und junger Wein eine besondere, den Dummen anziehende Bedeutung hat.

drängt und tritt dann in seinem Negativ, meist in Form kleinerer hysterischer Symptome, in Erscheinung.

Eine besondere Rolle spielt hierbei die Schaulust, im speziellen die Sexualneugierde. Wir haben ihre überragende Bedeutung bereits kennengelernt: sie kann der Anlaß zur Dummheit sein, indem gerade auf sie und damit auf jede Erforschung der Realität verzichtet wird. Anderseits ermöglicht gerade die Dummheit ein hemmungsloses Nachgeben an diese Neugierde.

Nun hat uns *Freud* gelehrt, daß die Sexualneugierde eine Haupteigentümlichkeit jener Entwicklungszeit ist, die er die phallische nennt und deren Einstellung zum Genitale eben jener entspricht, die wir als die des Dummen beschrieben haben. In die phallische Epoche datiert auch *Freud* den von uns als Ursache der Dummheit beschriebenen Untergang des Ödipuskomplexes an der Kastrationsdrohung. Auch die Objektwahl steht mit ihr in Einklang: Soweit Liebesobjekte überhaupt in Frage kommen, sind sie von dem Typ, den Freud als Anlehnungstyp beschrieben hat: der Dumme kuschelt sich sozusagen an Vater und Mutter an. Auf eine besondere Form narzißtischer Objektwahl haben wir schon hingewiesen: ein Personenkreis, vor dem der Dumme Held sein kann. Und er ist ein Held, indem er richtig handelt, der klug ist, trotz seiner „Gedankenlosigkeit", ja gerade wegen seiner Kindlichkeit. Er ist der Däumling des Märchens, einfältig wie ein Kind und klug wie eine Schlange. Nun ist aber der kluge Kleine — worauf schon *Riklin* hinweist — ein Symbol des Phallus, „der hirnlose Penis", der ungelehrt alles weiß und kann, der dumme Held. Und wie im Märchen, so in der Wirklichkeit, wäre Dummheit also der Zustand der Existenz rein als Penis.

Durch *Freuds* Forschungen wissen wir, daß die von konversionshysterischen Symptomen befallenen Körperteile dem Unbewußten der Kranken Genitalien darstellen. In der psychogenen Dummheit liegt ein analoger Vorgang vor: Das ganze Individuum ist Genitale. Wir sind daher berechtigt, die Dummheit als hysterische Lösung des nämlichen Konfliktes anzusehen, für den die Zweifelsucht die zwangsneurotische ist, nämlich der Kastration zu entgehen, indem man sie gleichzeitig akzeptiert: Da der Dumme selbst Phallus ist, braucht er keinen.

Der Regression, beziehungsweise dem Verharren auf der phallischen Sexualstufe entsprechend, finden wir in sehr zahlreichen Fällen noch andere hysterische Mechanismen. Bei jenen Fällen, die stärker mit Zweifelsucht untermischt sind, treten die analsadistischen Züge und die Zwangssymptome deutlicher hervor. Daneben bestehen meist unverdrängte oralmuskuläre Partialtriebe.

VII

Das Bild, das von der Dummheit entworfen werden mußte, ist reichlich widerspruchsvoll: liebend den eigenen Sinnen hingegeben — abgeblendet gegen die Außenwelt — ihr liebend zugewandt; Furcht vor der Kastration — ihre Akzeptierung im Symptome der Sinnesberaubung; naive Hingabe an Autoerotik — der Sexualität verschlossen; liebevoll — haßerfüllt; dem Greifbaren zugetan — groß in einzelnen rein sprachlich-begrifflichen Leistungen; kindisch unfähig, hinter die Dinge und Ansichten der Menschen zu blicken — von gesundem Menschenverstand und großer Fähigkeit, Menschen für sich zu gewinnen und so fort, Seite auf Seite Gegensätze! Kann so die „Einfalt" aussehen?

Aber eben die Uneinheitlichkeit, die übrigens gerade in bezug auf die einseitigen Begabungen ja längst bekannt war, wird den, der auch nur eine Ahnung von psychischen Erkrankungen hat, darauf hinlenken, daß sehr viele Fälle von Dummheit psychogen und nicht durch minderwertige Anlage des Gehirnes bedingt sind. Denn das Wesentliche jeder psychogenen Reaktion ist ja, daß sie der mißglückte Ausgleichs-(Heilungs-)Versuch eines Konfliktes ist. Ja, wir müssen sogar eigentlich ein solches Kunterbunt verlangen, wenn der Nachweis geliefert werden soll, daß ein Fall von Dummheit eine psychogene Reaktion sei. Wenn man so die Fälle von Dummheit durchmustert, an denen ja kein Mangel herrscht, wird man finden, daß meine Behauptung, die ich früher einmal aufstellte, zu Recht besteht: die Dummheit ist wohl die häufigste Neurose.

Allerdings in einem Punkte muß ich mich korrigieren: durchaus nicht immer spielt sich der Konflikt in der für die Neurosen charakteristischen Weise ab, daß nämlich Triebe verdrängt werden und aus der Verdrängung in einer für die bewußte Persönlichkeit unbeherrschbaren und auch unverkennbaren Form sich als Symptome durchsetzen, daß also nach Freuds Nomenklatur das Es das Ich überwältigt. Vielmehr haben wir gesehen, daß bei der Dummheit in weitgehendem Grade das Überich, die Repräsentanz der Eltern in der Persönlicheit, das Ich von der Wirklichkeit wegreißt: daß also *Psychose* vorliegt (hysterische Psychose, wie dies ja vom Ganser stets bekannt war).

Und weil dem so ist, so sind die therapeutischen Möglichkeiten in allen Fällen skeptisch zu beurteilen. Es ist zwar sehr leicht, eine gewisse lauwarme oder auch derb sinnliche, das heißt verhüllt feindliche Übertragung von Patienten auf den Analytiker zu erreichen. Aber die Affekte in ihrem vollen Ausmaße sind schwer auf den Analytiker und damit auf die Außenwelt zu lenken. Auch scheucht die für den Therapeuten notwendige Zurückhaltung mit ihrer, dem Patienten schier unertragbaren Versagung ihn leicht in seine trotzige und höhnische Ablehnung immer wieder zurück. Entsprechend diesen beiden großen Wächtern der Dummheit haben wir uns daher durch eine große Mauer von Widerständen hindurchzuarbeiten, die mit der anal-sadistischen und kannibalischen Triebwelt zusammenhängen. Wenn man jedoch die nötige Geduld, das heißt den liebevollen Zeitaufwand zeigt, so gelingt es doch immer wieder, diesen oder jenen Fall von Dummheit in einer Weise zu fördern, die den Therapeuten stets aufs Neue überrascht.

Auch muß man sich den *Schiller*schen Satz „Mit der Dummheit kämpfen Götter selbst vergebens" vor Augen halten, allerdings in einem etwas anderen Sinne, als er gewöhnlich angewandt wird: *Gerade die Götter kämpfen gegen die Dummheit vergebens*, wer dem Dummen mit der ganzen Anmaßung des auf Autorität erpichten Schulmeisters gottgleich gegenübertritt, wer befiehlt und urteilt, der wird nie etwas erreichen. Wir haben aufgezeigt, welche verhängnisvolle Rolle die Kastrationsdrohung in jener Zeit kurz vor dem sechsten Lebensjahre spielt. Wer auf Macht pocht, wird die Furcht vor ihr erneuern, wird den Dummen immer wieder von der Außenwelt abschrecken. Nur die ewig gleichbleibende Liebe kann ihn veranlassen, sich hervorzuwagen. Und Liebe erwartet der Dumme am ehesten von seinesgleichen, von dem, der dieseleben „Schandtaten" begangen hat wie er. Das Verständnis aber jeder neuen Dummheit und ihre Deutung ist ein Eingeständnis des Therapeuten, daß er Spießgeselle des Sünders ist.

Aber was soll denn der Therapeut eigentlich? Ist es einem Menschen wirklich gegeben, mit ganzer Persönlichkeit dumm zu sein, so besteht kein Krankheitsgefühl, kein Genesungswunsch. Im Gegenteil: Die Dummheit bietet so viel, daß der Gescheite ja oft sein Kassandradasein verflucht. Und ist gar die Dummheit so, daß der Tor sich liebend seiner Sinnenwelt geben kann, so strahlt von ihm auch Glück auf die Umwelt und von dieser zurück auf ihn. Denjenigen aber, deren Lust es ist zu herrschen, ist das dumme Kind, das lenkbare Herdentier, das blind vertraut, lieb.

Allerdings gerade wenn wir das häufige Versagen des „Musterkindes" und „Subalternen" bei der Notwendigkeit selbständiger Handlungen ins Auge fassen, verstehen wir, warum es nicht im Interesse der Allgemeinheit ist, die Dummheit zu pflegen, zumal ja der Dumme auch dank seiner Gewalttätigkeit und Suggestibilität sich zum Bilderstürmer eignet. Und auch der einzelne Dumme hat oft unter seiner Dummheit zu leiden.

Wenn sie zwangsmäßig geworden ist, das heißt wenn der Dumme nichts anderes sein kann als dumm, wenn die Motive seiner Dummheit, die Triebkräfte, die sie speisen, unbewußt und damit unbeherrschbar geworden ist.

Aber auch Denkenmüssen kann zur Plage werden; Denkzwang, Grübelsucht sind leidvolle Krankheiten. Ein Musterbeispiel dafür ist *Alfred Seidel*, dessen Überschrift über sein Werk „Bewußtsein als Verhängnis" (1926) ein glänzendes Schlagwort für die Krankheit ist, die mit seinem Selbstmord endete.

Das Ziel einer jeden psychoanalytischen Behandlung ist die Lösung des peinvollen Gefühls des Zwanges, auch dessen, blind sein zu müssen, nicht wahrnehmen zu können. Abgesehen von Kindern, erreichen wir dies oft bei Erwachsenen, meist solchen, die uns wegen anderer sie quälender Symptome aufsuchen. Sie erkennen nun, wie sie sich blind und gefesselt gemacht haben, damit sie nur ja nicht der Liebe verlustig gehen, und sie lernen es, weise zu sein: die Unfehlbarkeit und Vollständigkeit der Persönlichkeit, besonders ihrer bewußten, und namentlich ihres Überichs zu bezweifeln und andererseits die Lust an ihren Sinnen und der durch sie vermittelten Außenwelt zu bejahen, besonders die Lust, die direkt und indirekt aus den Zweifeln, dem Denken quillt[13].

Die Therapia magna aber sollte bei der Dummheit wie immer die Vorbeugung sein. Bei der großen Bedeutung, die für ihr Zustandekommen der Behinderung der Sexualforschung im weitesten Sinne zukommt, liegt es nahe, sie durch Forcierung der Aufklärung zu verhindern. Man kann allerdings damit ebensolchen Schaden anrichten, wie durch ihre Verweigerung. Die besten Beispiele hierfür sind jene jüdi-

13. So wäre etwa heute die Formulierung des therapeutischen Zieles, wenn wir von der in der Hauptsache sensorischen Störung der Dummheit ausgehen.

schen Gelehrten des Gettos, die schon mit 4—5 Jahren aus den heiligen Schriften rein „sachlich" alles „lernen", bei denen aber jede kindlich spielerische Betätigung unterdrückt und alle Motorik auf dem Gebiete der Sprach- und Denkbewegung abgelenkt ist; leiderfüllte Grübler oder Verholzte können so entstehen. Es scheint mir aber wohl möglich, dem Kinde viel unnötige Schwierigkeiten aus dem Wege zu räumen und im übrigen bewundernd zuzusehen, wie sich so ein Leben entfaltet.

Hans Keilson

Wohin die Sprache nicht reicht*

Die folgenden Ausführungen verdanken ihr Entstehen nicht irgendwelchen theoretischen Erwägungen über das Wesen und die Funktion der Sprache, wie man sie in den letzten Jahren, vielleicht angeregt durch *Lorenzer*, in Deutschland auch im Bereich der Psychiatrie und Psychoanalyse antrifft. Ihr Ausgangspunkt ist vielmehr ein klinisch-empirischer. Die Fragestellung, die uns beschäftigt, ist aus praktischen Erfahrungen, die einem Psychiater und Psychotherapeuten geläufig sind, entstanden; sie betrifft die Schwierigkeiten, die erwachsene Verfolgte haben, wenn sie ihren Kindern mitteilen wollen, was geschehen ist.

Unsere Arbeit ist auf der Kapazität der menschlichen Sprache aufgebaut. Das In-Worte-fassen von Gedanken, von Inhalten seelischer Regungen, von Erschütterungen und Bewegungen, in dem sich die inneren und äußeren Erfahrungen eines Menschenlebens verlautbaren: das Hin und Her, das Auf und Ab von Worten, Sätzen, einfachen und verschlungenen Konstruktionen, dieser Wortvorgang zwischen Therapeut und Patient — beschränken wir uns auf dieses spezifische Kommunikationsmodell — löst nicht den Prozeß aus, der ein therapeutisches Agens in Bewegung setzt. Dieser Vorgang ist das therapeutische Agens selbst. Der Gebrauch der Sprache, der das Sprechen, Hören, Lesen und Schreiben einschließt, ist jedoch nicht nur ein relativ individuelles Geschehen, z.B. zwischen zwei Menschen. Dieses Geschehen besitzt zugleich eine deutliche soziale Dimension, die im gesellschaftlichen und kulturellen Kontext studiert werden kann. Hier spielen Gruppenaspekte, historische und konventionelle Gesichtspunkte eine Rolle. Der Prozeß der Konventionalisierung erfordert vielleicht in diesem Zusammenhang unsere besondere Aufmerksamkeit. Hier wird die Sprache als das Produkt von menschlichen Handlungen aus der Vergangenheit aufgefaßt, die einen Prozeß der Konventionalisierung durchlaufen haben und „als mehr oder weniger feste Konventionen an die nächste Generation weitergegeben werden." Die Soziolinguistik betrachtet Sprache als ein soziales und kommunikatives System, als Teil einer bestimmten Gesellschaftsordnung und Kultur und als Form einer sozialen Interaktion, die sich in einer konkreten Situation vollzieht.

Ich möchte kurz auf einige Gesichtspunkte aus dem Werk von *Saussure* hinweisen, dem die Linguistik wichtige Impulse verdankt. *Saussure* unterscheidet zwischen einer synchronischen und einer diachronischen Sprachbetrachtung, d.h. zwischen dem Studium der Sprache, wie sie zu einem bestimmten Zeitpunkt funktioniert,

* Erstveröff. in: Psyche 1984, Heft 10, S. 915-926.

und dem Studium der Veränderungen, die eine Sprache im Laufe der Zeit durchmacht. Daneben unterscheidet er zwischen *parole*, dem tatsächlichen Sprachgebrauch, und *langue*, dem Sprachsystem, das dem Gebrauch zugrundeliegt. Die synchronische Sprachbetrachtung hat sich in erster Linie mit der *langue* zu beschäftigen. Gestützt auf die Auffassungen von *Emile Durkheim* betrachtete *Saussure* die *langue* als ein „soziales Faktum", d.h. als ein unabhängiges, den individuellen Menschen übergreifendes. *Langue* ist „der soziale Teil der Sprache, sie dankt ihr Bestehen einer Art Übereinkunft, die die Mitglieder einer Gemeinschaft geschlossen haben." Außerdem nahm *Saussure* an, daß die *langue* homogen, d.h. für alle Gebraucher gleich sei. Dies im Gegensatz zur *parole*, dem individuellen Sprachgebrauch, der heterogen und unsystematisch sei. Indem er den sozialen Aspekt der Sprache in den Mittelpunkt seiner Betrachtungen stellte, gab er der Linguistik ein soziales Fundament.

Im Hinblick auf unser Thema kommen wir zu der vorläufigen These: im Prozeß der Konventionalisierung der Sprache sind bestimmte soziale Fakten in sprachlichen Konventionen kondensiert, die, versehen mit bestimmten Normen, Werten und Emotionen, an die nächsten Generationen weitergegeben werden. Die Sprache hat eine Zeichenfunktion. Sie soll Gedanken mitteilen; aber wir alle kennen den *Talleyrand* zugeschriebenen Satz, die Sprache sei dem Menschen gegeben, damit er seine Gedanken verkleiden könne. Auch dies könnte man als eine besondere Form der Mitteilung betrachten. Aber ich möchte mich nicht in dieser Art von terminologistischen Psychologismen verlieren.

Allen sprachlichen Äußerungen (auch schriftlich) liegt ein Code zugrunde, der sowohl soziale wie auch individuelle Elemente enthält. Wir wissen, daß in der klinischen Psychiatrie und der Psychotherapie sowie in der Analyse in diesem Code auch das Schweigen und das Verschweigen eine besondere Rolle spielt. *Kräpelin* z.B. bespricht den ‚Mutacismus' im Zusammenhang mit dem von *Kahlbaum* geprägten übergeordneten Begriff des Negativismus. Besondere Merkmale des Mutacismus sieht er vor allem in „Absperrung gegen äußere Eindrücke, in der Unzulänglichkeit für jeden persönlichen Verkehr, in dem Widerstande gegen jede Aufforderung, der bis zur regelmäßigen Ausführung gerade entgegengesetzter Handlungen gehen kann (Befehlsnegativismus), endlich in der Unterdrückung natürlicher Bedürfnisse." Und weiter heißt es: „Die Kranken schließen sich gegen die Untersuchung starr ab; sie pressen die Zähne zusammen, wenn sie die Zunge zeigen sollen, kneifen die Augen zu, sobald man die Pupillen prüfen will, sehen zur Seite, falls man anfängt, sich mit ihnen zu beschäftigen. Sie erwidern den Gruß nicht, weichen bei der Annäherung zurück, verstecken sich, kriechen unter die Decke, hüllen sich ein, reichen die Hand nicht oder ziehen sie vor der erfolgten Berührung zurück." *Kräpelin* bespricht dann weiterhin den katatonischen Negativismus und grenzt ihn von dem Widerstreben ängstlicher Kranker ab. „Bei ängstlichen Kranken sind wir imstande, durch freundliches Zureden allmählich den Widerstand zu überwinden." *Kräpelin* rubriziert diese Phänomene unter dem Abschnitt „Verminderte Beeinflußbarkeit des Willens", d.h. bei völliger organischer Intaktheit des Sprechapparates. Aber auch außerhalb eines psychotischen oder neurotischen Geschehens tritt Schweigen auf. Es kann z.B.

eine organisch gesetzte Pause in einem rhythmisch kommunikativ verlaufenen Sprechakt sein und als solche ein Akt der Sammlung und getragener Spannung.

Über den niederländischen Dichter *J.H. Leopold* (1864-1925) sagte *P.C. Boutens*, gleichfalls ein bedeutender niederländischer Dichter, als höchstes Lob: Seine Gedichte sind beinahe Schweigen. In diesem „beinahe Schweigen" liegt etwas von der Unio mystica, der erfahrbaren Verbindung mit einer Gottheit bis hin zu einer als Vereinigung bzw. Identität erlebten Nähe. Kontemplation, Meditation, Askese sind einige Praktiken auf diesem Wege. Die erlösende Erfahrung einer Wesenseinheit des ‚Selbst' mit der erstrebten Zielvorstellung, sei es mit der einzig realen Größe des Brahmanen, oder die Erkenntnis des Nichtsseienden, das im Buddhismus die völlige Leere zum Inhalt hat, seien es die im Judentum und Christentum tradierten Zielvorstellungen mystischer Frömmigkeit — sie alle sind eingebettet in die Stille, das tiefste Schweigen, die dem Seinsgrund inhärent zu sein scheinen.

Bei einigen Völkern gibt es eine kleine Zahl von Männern — seltsamerweise sind mir außerhalb des religiösen Zirkels nur Männer bekannt —, die man zu Lebzeiten wegen ihres Schweigens hoch achtete. Der große Schweiger, so hat man *Moltke* genannt. Man nimmt hier ohne weiteres an, daß ihr Schweigen der Ausdruck eines tieferen und umfangreicheren Wissens, das gerne auch Weisheit genannt wird, sei. Bis man z.B. bei dem früheren amerikanischen Präsidenten *Coolidge* dahinterkam, daß er schwieg, weil er wirklich nicht viel zu sagen hatte.

So etwas kommt in unserer Arbeit natürlich auch vor. Aber in einer Psychotherapie, einer psychoanalytischen Sitzung kann das Schweigen auch eine durchaus organische und harmonisierende Funktion haben. In meinen Supervisionen ermutige ich meine jungen Kollegen zu schweigen, wenn sie die Aussage eines Patienten nicht verstehen. Man verfehlt die Wahrheit einer Aussage, wenn man sie nur auf ihren Inhalt hin betrachtet. Vor jeder Aussage steht — sagt *Nelson Goodman* — die Frage.

Auch das Verschweigen hat verschiedene Schichten, ohne daß man sogleich von Lügen sprechen müßte. Wir wissen aus Erfahrung, daß jeder, der sich in Therapie begibt, auch wenn er sich noch so kooperativ zeigt, seine tieferen Motive verschweigt, da er sie nicht kennt, oder besser gesagt: noch nicht erkennt und darum auch nicht fähig ist, sie in Worte zu kleiden. Bei der Psychoanalyse haben wir gelernt, nicht nur die Ebene der wortwörtlichen Mitteilungen zu beachten, sondern gleichsam mit dem dritten Ohr den darunter fließenden noch verhangenen Mitteilungsstrom zu erfassen, den man an beinahe undeutbaren Zeichen oft nur erahnen kann. Der Prozeß des Überleitens in die Zeichenfunktion der Sprache gelingt, wenn es möglich ist, Inhalte, die noch verschwiegen, beinahe amorph dargeboten werden, in ihrem individuellen und sozialen Sinnzusammenhang zu erraten. Selbst das Schweigen braucht dann kein Signal einer unterbrochenen Kommunikation zu sein.

Ich könnte mir vorstellen, daß bei manchen Leuten Zweifel laut werden angesichts des Akzentes, den der abgerundete verbale Ausdruck, die verbale Kommunikation hier empfängt. Man weiß das besser. Zudem hieße es, nur dem Wort das Wort zu reden, wollte man nicht auch zugleich jener Momente gedenken, in denen innerhalb des sprachlichen Ausdrucks Dinge geschehen, Ereignisse zu Tage treten, die zu einem Abbruch des eben noch erfahrenen Kontaktes leiten können.

Im Folgenden möchte ich, um das eigentliche Thema meiner Ausführungen anzugehen, von einem Fall berichten, in dem es, da die Sprache sich mir versagte, zu einem solchen Abbruch kam; alle Worte, die ich noch sprach, erschienen mir im gleichen Augenblick inhaltslos, leer, fremd, falsch. Ich erinnere mich auch deutlich noch eines Gefühles von Scham, Verlegenheit, so daß ich schließlich zu sprechen aufhörte. Mein Gegenüber, an den die Worte, die Rede gerichtet war, muß bereits früher als ich die Unmöglichkeit eingesehen haben, sich mit Worten zu verständigen. Er schwieg. Es handelt sich um einen damals 12jährigen Jungen aus einer orthodox-jüdischen Familie des gehobenen Mittelstandes, der als Waise aus dem Konzentrationslager Bergen-Belsen zurückgekommen war, wo er seine Eltern und fünf Geschwister verloren hatte. Ich zitiere im folgenden die Seite 237 aus der 1979 erschienen Monographie „Sequentielle Traumatisierung bei Kindern. Descriptiv-klinische und quantifizierend-statistische follow-up Untersuchung zum Schicksal der jüdischen Kriegswaisen in den Niederlanden", bei der ich die Mitarbeit meines Freundes und Kollegen *Herman Sarphatie* genoß:

„Esra, geboren am 3.9.1933 entstammt einer orthodox-jüdischen Familie des gehobenen Mittelstandes. Zwölfjährig kam er mit dem Bild einer reaktiven Depression (‚Trauersyndrom' von *Trautmann*) aus dem Konzentrationslager zurück, wo er seine Eltern und fünf Geschwister verloren hatte.

Esra war das erste Konzentrationslager-Kind, das der Referent untersuchte. Die Untersuchung fand statt in der Zeit vom 1. bis 12.11.1945. Wir zitieren im Folgenden aus dem damals angefertigten Rapport. Abgesehen von der klinischen Beschreibung zeugt er von der Betroffenheit des Referenten im ersten Kontakt mit der sein Vorstellungsvermögen überschreitenden Welt des Konzentrationslagers, ein Erlebnis, von dem *Minkowski* (1946) als erster berichtet hat.

Unsere Bekanntschaft mit Esra verlief folgendermaßen: Er betrat mit weit aufgerissenen Augen und wie verträumt das Zimmer, ein Schlafwandler, der aus einer anderen Welt kommt, sah sich verwundert im Raum um und ließ sich langsam auf einem Stuhl nieder. Er war ernsthaft und nachdenklich. Und dieser Ernst und diese Nachdenklichkeit hatten zugleich etwas Bedrängendes, wie man es bei Kindern findet, die schwer an Erlebnissen tragen, die sie mit sich selbst ausfechten müssen, und denen ihr Wesen und ihre kindliche Welt nicht gewachsen ist. Auch wenn man nichts von seiner Vergangenheit weiß, kann man — sich in die Sphäre, die er um sich verbreitet, einfühlend — sagen, daß wir es hier mit einem unfrohen, unglücklichen Jungen zu tun haben, der mühselig lebt.

Seine Antworten kamen langsam und zögernd. Und obwohl man nicht den Eindruck erhielt, daß er sich bewußt gegen die Untersuchung wehrte, kamen seine Worte nur mit Mühe und mit deutlichem Widerwillen über seine Lippen. Obgleich er über einen guten Wortschatz verfügt, und obwohl seine Ausdrucksweise zeigt, daß er einem kultivierten Milieu entstammt, fällt eine gewisse Sprachgehemmtheit auf. Diese muß man als Signal begreifen, daß er das, was er erlebt hat, nur mit Mühe in Worte kleiden kann, da er noch völlig unter dessen Eindruck steht; zugleich aber auch als ein Zeichen, daß diese Erlebnisse mit starken Unlustgefühlen einhergehen, die hemmend und störend in die kindliche Psyche eingegriffen haben.

Ein von Natur einfaches, nicht übermäßig starkes Kind kämpft hier — zum großen Teil noch unbewußt — einen Kampf, den es selbst noch nicht begreift. Aus dem Konzentrationslager ist es nicht verhärtet oder abgestumpft zurückgekommen, sondern sensitiver. Die Unempfindlichkeit, die er in seinen Verhaltensstörungen zur Schau trägt, ist nichts anderes, als eine gewisse Hilflosigkeit. Die Wirklichkeit, mit der er in Berührung gekommen ist, war so übermächtig und hat so tiefe Spuren hinterlassen, daß seine Kräfte gegenwärtig nicht mehr ausreichen, um das tägliche Leben, das in vieler Hinsicht verändert ist, zu bewältigen. Seine Ängste, seine sonderbaren, befremdenden Einfälle, sein Gefühl, gequält zu werden, das sich darin äußert, daß er andere quält, das alles verrät die tiefe Kluft, die sich hier aufgetan hat zwischen der Umwelt und einem in seinem tiefsten Wesen erschütterten Kind.

Charakteristisch war seine Reaktion auf die vorsichtig gestellte Frage nach seinen Eltern, seinen Geschwistern, seinen Erlebnissen im Konzentrationslager. Als Antwort ließ er nur seinen Kopf auf die Brust sinken. So blieb er lange Zeit schweigend sitzen.

Ohne jegliches Pathos und ohne jegliche literarische Schönschreiberei muß hier festgestellt werden: Dieses Kind fühlt jetzt, wo es in das normale Leben reklassiert wird, den Schmerz und die Qual all dessen, was es gesehen und erlebt hat. Bisher steht er all diesem noch hilflos gegenüber. Der einzige Ausweg, um sich von all dem zu befreien, ist im Moment der Versuch, es zu verstecken. Man muß ihn als ein Kind betrachten, das einerseits im psychischen Sinne unterernährt ist (obwohl uns auch seine körperliche Verfassung nicht gut erschien), andererseits ein enormes innerliches Pensum noch verarbeiten muß. Und es wird voraussichtlich noch sehr lange Zeit dauern, bis er alles verarbeitet hat. Seinen gegenwärtigen Zustand muß man als einen Ausdruck seiner Hilflosigkeit sehen, als ein Unvermögen, in sich selbst Ordnung zu schaffen und sich normal ins tägliche Leben einzuschalten."

Der zitierte Rapport aus dem Jahre 1945, den ich damals für die jüdische Waisenorganisation *Le Ezrat Hajeled* schrieb — ich habe sie mit anderen überlebenden Juden nach dem Kriege begründet und bis 1970 für sie als Konsulent gearbeitet —, sagt ebensoviel über meine hilflose Betroffenheit aus wie über den klinischen Zustand des Jungen. Am Anfang stand ein Erlebnis, eine plötzliche Erfahrung, dieses Zusammentreffen mit dem ersten Konzentrationslager-Kind. Obwohl diese Untersuchung geplant und vorbereitet war, verlief sie in der unmittelbaren Konfrontation unerwartet, sie glitt mir aus der Hand und machte sprachlos.

Was war geschehen? Wir wollen uns heute retrospektiv die Frage vorlegen, was damals geschah, wie es zu diesem Schweigen kam, in dem die Sprache wie ein Fluß, ein Bach zu strömen aufhört und langsam versickert.

Da es sich um eine dialogische Situation handelt, möchte ich zu ihrem besseren Verständnis einen kurzen biographischen Exkurs voranstellen. Nach meinem ärztlichen Staatsexamen 1934 in Berlin arbeitete ich einige Jahre als Lehrer an den Schulen der jüdischen Gemeinde Berlin, u.a. am Waisenhaus Weissensee. Es war das erste Mal, daß ich mit der Problematik des Waisenkindes in Berührung kam. Während der Besetzung der Niederlande hatte ich als Arzt der Widerstandsgruppe *Vrije groepen Amsterdam* Kontakte mit untersuchten jüdischen Kindern in ihren verschiedenen Verstecken. Ich selbst war ebenfalls untergetaucht und arbeitete unter einem angenommenen Namen. In dieser Zeit hatte ich rein zufällig den Abschluß der Sitzung des englischen Unterhauses über den englischen Sender gehört, in der zum ersten Mal, wenn ich nicht irre, über die Konzentrations- und Vernichtungslager berichtet wurde.

Nach dem Ende des Krieges brach eine Flut von Informationen über die Geschehnisse in den Lagern über uns herein. Die seelische Verfassung der meisten Betroffenen wurde durch diese beiden Pole bestimmt: Befreiung von Tyrannenjoch und Schmerz über erlittene Verluste. Hinzu kamen die Folgen des letzten Hungerwinters. Diese Polarität wurde durch einen gewisse euphorische Stimmung egalisiert, mit dem Ziel, den Überlebenden zu helfen. Wir also gründeten die jüdische Waisenorganisation. Vor Esra hate ich eine Anzahl Kriegswaisen, die in den Kriegsjahren untergetaucht waren, untersucht. Aber erst im Gespräch mit Esra entdeckte ich, daß meine Sprache in einer anderen Welt angesiedelt war, die bei aller Schicksalsverbundenheit mit dem Kinde dieses selbst nicht mehr erreichte, das — es stand bereits in dem zitierten Rapport — ja aus einer anderen Welt kam.

In seinem Buche „Ways of Worldmaking" (1972) formulierte *Nelson Goodman* die Hypothese, daß Welten nicht gefunden werden, daß sie geschaffen werden durch das richtige Wort, das sie benennt. Natürlich gab es Himmelskörper, bevor der Mensch für sie die Benennung ‚Sterne' fand. Aber erst die Benennung strukturiert die Welt. Dazu kommt, daß für den Astronomen das Wort ‚Stern' eine andere Valenz hat als für den Poeten, für Kinder eine andere, für jüdische Kinder noch eine andere...

Sapir und *Whorf* formulieren in ihrer linguistischen Relativitätshypothese die Abhängigkeit der Sprache von der Kultur und den Einfluß der Sprache auf das Weltbild. Ein Beispiel hierfür sind die Eskimos. In eienr schneereichen Welt lebend, besitzen sie ungefähr 50 Worte in ihrer Sprache für das Phänomen Schnee. Dieser Reichtum an Benennungen strukturiert wiederum ihr Weltbild, in dem sie Nuancen von Schnee wahrnehmen, die wir nicht kennen.

Zurück zu unserem klinischen Beispiel. Man spricht von der Welt des Konzentrationslagers. Diese Formulierung hat sicher eine tiefe Berechtigung auch im Kontext unseres Referates. Esra hatte als Kind Jahre im Konzentrationslager zugebracht, ich kannte nur die Benennung und versuchte mir eine Vorstellung davon zu machen. Für Esra hatte das Bild, das er sich aus eigener Erfahrung von der Welt des Konzentrationslagers geformt hatte, andere Valenzen als das Bild, das ich mir aus meinen eigenen Erfahrungen von dieser Welt machen konnte. In dem Lager hatte er seine Eltern und fünf Geschwister verloren, zu schweigen — man beachte die Implikation rhetorischen Sprachgebrauchs! — zu *schweigen* von dem, was er noch um sich her gesehen hatte. Man hat mir von den Kindern erzählt, die aus den befreiten Lagern in ein jüdisches Heim in den Niederlanden gebracht wurden, in die Bergstichting in Laren. Die Erwachsenen, die die Kinder erwarteten mit ihren eigenen Vorstellungen davon, wie man Kinder, die soviel mitgemacht haben, empfängt, waren entsetzt. Die Kinder negierten sie; sie stiegen durch die Fenster, die sie einschlugen, in die unteren Räume ein, verbarrikadierten die Türen, setzten sich zum Essen auf den Fußboden; Bestecke wurden in die Tasche gesteckt für andere Zwecke, für später; die Teller wurden hastig leergegessen: man konnte ja nicht wissen, wie groß der Hunger des Nachbarn war. Sie schliefen in ihren Kleidern unter den Betten.

Etwas Ähnliches muß sich auch in dem Gespräch zwischen Esra und mir zugetragen haben. Wenn ich z.B. ‚Bett' sagte, verband ich damit die Vorstellung, daß man *auf* ihm liegt, er dagegen, daß man *unter* ihm liegt, um zu schlafen. Die sprachlichen Konventionen, die ich gebrauchte, entsprachen nicht mehr den Erfahrungen und seinem Bild von der Welt, für die er vielleicht noch nicht die passenden sprachlichen Konventionen gefunden hatte. Ebensowenig hatte ich die sprachlichen Konventionen gefunden, die der Welt des Konzentrationslagers entsprachen, so daß die im Verlauf einer Untersuchung formulierten Fragen auch für Esra aus einer ‚anderen' Welt kamen, auf die er erlebnismäßig sich nicht mehr beziehen konnte. Inwiefern die hier erörterte sprachliche Interferenz die von *Minkowski* beschriebenen *anaesthesie emotionelle* mitstrukturiert, soll dahingestellt bleiben.

Ich erinnere mich, die hier dargelegten Probleme bereits als 14-15jähriger erfahren zu haben — allerdings in einem anderen Kontext. Im sogenannten ‚Handwerkerverein' des Kreisstädtchens in der Mark Brandenburg, in dem ich meine Kindheit verbrachte, spielte man einige Szenen aus dem ‚Hinkemann' von *Ernst Toller*. Ein Soldat, dem im Krieg sein Geschlecht abgeschossenen wurde, versuchte, Kindern den Krieg zu erklären. Es gelang ihm nicht, er schwieg. Die Bühne erschien auf einmal leer. In diesem Gefühl der Leere kündigt sich die sinnhafte ‚Entleerung' bzw. Entwertung des Wortes innerhalb der bisherigen sprachlichen Konvention an.

Die kognitive und emotionale Ladung eines Wortes schließt die Ambiguität des sprachlichen Ausdrucks und die Ambivalenz der Gefühlseinstellung in sich ein. Alle diese Phänomene sind dem geschulten Therapeuten bekannt. Ihnen ist gemeinsam, daß sie sich in das Gefüge sprachlicher Ausdrucksformen einordnen lassen und daß sie besprechbar sind, insofern ihre verbale Verlautbarung sich auf ein präverbales Einverständnis gründet, wofür die Psychoanalyse — pragmatisch, wie sie in ihren besten Momenten ist — den Ausdruck *working alliance* geprägt hat. Die Bedeutung dieses Zusammenflusses von empathischen und sympathischen Regungen für das Zustandekommen und den Ablauf einer jeglichen therapeutischen Arbeitsgemeinschaft ist evident. Aber das Wichtige an dem hier beschriebenen Zustand scheint mir vornehmlich doch auch die sprachliche Übereinstimmung zweier Menschen zu sein, des Sprechers und des Hörers, die beide ihre Zeichen einer Welt entnehmen, die ihnen beiden a priori bekannt und bis zu einem gewissen Grade vertraut und gemeinsam ist.

In der Literatur über Verfolgte wurde des öfteren beschrieben, daß ehemalige Konzentrationslagerhäftlinge, auch diejenigen, die ihren Ehepartner im Lager verloren hatten, nach der Befreiung sofort miteinander eine neue Ehe eingingen. Hierfür wurden viele psychologische Motive angeführt, die ohne Zweifel richtig sind, wie z.B. der Wunsch, nicht mehr allein zu sein als vielleicht einziger Überlebender einer größeren Familie — mit allen inhärenten Implikationen und sicher auch Komplikationen. Möglicherweise spielt doch auch eine Rolle, daß beide aus derselben ‚Welt' kamen, die ihr Erleben und ihre Sprache prägte; zwischen ihnen bestand bereits a priori ein präverbales Einverständnis und sie konnten auch darüber sprechen. Im Gegensatz hierzu, oder vielleicht besser: zur Komplettierung fand ich bei der Nachuntersuchung der jüdischen Kriegswaisen als Motiv für die Wahl eines nicht-jüdischen Partners die Verstärkung der Abwehrfunktion der Erinnerung an die erlittene Verfolgung. Auf der einen Seite sehen wir das Miteinander-darüber-sprechen-können und auf der anderen Seite sehen wir das Nicht-mehr-darüber-sprechen-wollen; — man bedenke, daß der Holocaust in der Vokabel ‚darüber' kondensiert ist.

Ein treffendes Beispiel zu dem bisher Gesagten erzählte mir vor kurzem *Franz Hebel*, Professor für Deutsche Sprache und Literatur an der TH Darmstadt. Er berichtete mir von seinen Eindrücken von dem vor Jahren geführten Auschwitz-Prozeß in Frankfurt am Main (*Peter Weiss* hat in seinen ‚Ermittlungen' die Verhandlungen wiedergegeben), den er täglich allein oder mit seinen Studenten besuchte. Ihm fiel auf, daß zwischen den Angeklagten und den aufgerufenen Belastungszeugen ein sprachliches Einvernehmen bestand und dadurch auch ein Kontakt, den es zwischen Angeklagten und Zeugen einerseits und Gericht andererseits jedenfalls nicht gab. Die Leere zwischen diesen beiden Welten war im Saale spürbar.

Aus den bisher erschienen Untersuchungen über die Kinder der Verfolgten, die nach dem Kriege geborenen sogenannte „zweite Generation", wird ersichtlich, welche Schwierigkeiten die Erwachsenen haben, ihren Kindern mitzuteilen, was geschehen ist. Abgesehen von dem sprachphilosophischen Problem, inwiefern Sprache überhaupt imstande ist, Wirklichkeit abzubilden — und zu Schluß bleibt die Legende —, waren wir während der Fallbeschreibungen betroffen, mit wieviel zuweilen krampfhaften Bemühungen die Eltern ihre Erlebnisse erzählten — oder verschwiegen. Wie dem auch sei, *Bergman* hat in seinem Beitrag zu „Generations of Holocaust" dargestellt, wie unbewußte Inhalte, Ängste, Phantasien auf die Kinder übertragen wurden. Er hat den hier wirksamen Mechanismus ‚transmission' genannt. Der Mechanismus selbst wurde bereits in der „Psychoanalytischen Pädagogik" der zwanziger Jahre bei der heftig umstrittenen Frage der sexuellen Aufklärung der Kinder beschrieben. *Bernfeld* zweifelte damals an dem Wert einer verbalen Aufklärung überhaupt und wies auf die begleitenden Affekte hin, denen er den entscheidenden Einfluß bei dem Prozeß der Aufklärung zuweist.

Anläßlich des 25jährigen Bestehens der Amsterdamer Child Guidance Clinic habe ich in einer kleinen Arbeit über „Sexuelle Aufklärung als Trauma" die Diskrepanz zu zeigen versucht, die zwischen verbaler rationaler Information in sogenannten forschrittlichen Milieus, die nur der Sache selbst gerecht werden wollen, besteht, und den unterschwelligen, unverarbeiteten, meistens ängstlich gefärbten Gefühlen und Phantasien, die schließlich den gesamten Aufklärungsvorgang entscheidend gestalten.

Es scheint mir überflüssig, auf den fundamentalen Unterschied zwischen Traumatisierungen durch *man-made disaster* und durch sexuelle Aufklärung hinzuweisen. Bereits im sprachlichen Bereich läßt er sich durch folgendes Beispiel deutlich machen: Wenn Eltern, früher oder vielleicht auch heute noch, schwanken, ob sie überhaupt, und wenn ja, auf welche Weise sie mit ihren Kindern über die menschliche Sexualität sprechen sollen, bleibt ihnen noch immer der Ausweg, in quasi-Metaphern über die Fortpflanzung bei Blumen, Bienen und Schmetterlingen zu sprechen. Für das *man-made disaster*, wie wir es erfahren haben und um Thema unseres Symposiums machen, gibt es diesen Aus- oder Umweg über die Metapher schwerlich. Hierfür könnte man viele Gründe anführen. Ein Beispiel: Ein jüdischer Mann, der in seiner Kindheit und Adoleszenz viel durchlitten hat (er hat in Auschwitz seine Eltern und viele Verwandte und Freunde verloren; er selbst lebte lange Zeit im Versteck), sagte zu seiner einige Jahre jüngeren Frau, er müsse seinem neugierigen Sohn doch mehr von der Vergangenheit erzählen. Das Kind fragte nach den Großeltern, deren Photos auf dem Kaminsims stehen, und nach anderen Begebenheiten. Seine Frau erwidert: „Gewiß, das mußt du tun. Aber bitte nimm ihm nicht seine Unbefangenheit." Der Vater fühlte sich lange Zeit blockiert, er wußte keine Möglichkeit, seinem Kinde zu erzählen — ohne dessen Unbefangenheit anzutasten.

Auf andere Weise vom Unsagbaren handelt am Ende meiner Ausführungen das folgende Zitat:

> „Nur nicht leicht ist es, eigentlich davon zu reden, — das will sagen: eigentlich kann man überhaupt und ganz und gar nicht davon reden, weil sich das Eigentliche mit den Worten nicht deckt; man mag viel Worte brauchen und machen, aber allesamt sind sie nur stellvertretend, stehen für Namen, die es nicht gibt, können nicht den Anspruch erheben, das zu bezeichnen, was nimmermehr zu bezeichnen und in Worten zu denunzieren ist. Das ist die geheime Lust und Sicherheit der Höllen, daß sie nicht denunzierbar, daß sie vor der Sprache geborgen ist, daß sie eben nur ist, aber nicht in die Zeitung kommen, nicht publik werden, durch kein Wort zur kritisierenden Kenntnis gebracht werden kann, wofür eben die Wörter ‚unterirdisch', ‚Keller', ‚dicke Mauern', ‚Lautlosigkeit', ‚Vergessenheit', ‚Rettungslosigkeit', die schwachen Symbole sind...
>
> Nein, es ist schlecht davon zu reden, es liegt abseits und außerhalb der Sprache, diese hat nichts damit zu tun, hat kein Verhältnis dazu, weshalb sie auch nie recht weiß, welche Zeitform sie darauf anwenden soll und sich aus Not mit dem Futurum behilft, wie es ja heißt: ‚Da wird sein Heulen und Zähneklappern.'"

Diese Sätze schrieb *Thomas Mann* fern von Europa Ende 1944, Anfang 1945. Diese Antwort erteilt der Teufel dem Adrian Leverkühn auf seine Frage nach der Beschaffenheit der Hölle. Die Übereinkunft, die die Mitglieder einer Gemeinschaft geschlossen haben, um über Handlungen in der Vergangenheit in sprachlichen Konventionen zu berichten, ist — wie dargelegt — der soziale Teil der Sprache. Hier müßte m.E. eine Untersuchung über die sprachlichen Bearbeitungen ansetzen, die die Verfolger und Verfolgten an den Geschehnissen vornahmen, in die sie als Täter und Opfer situativ verstrickt waren. Dieses Thema möchte ich hier allerdings nicht aufnehmen. Ich versuchte zu verdeutlichen, wie schwierig es ist, Geschehnisse, die sich in einer Welt abspielen, wohin die Sprache nicht reicht, wo sie ‚versagt', in eine psychologisch-psychoanalytische Terminologie zu übertragen.

Es könnte sein, daß hinsichtlich meiner Ausführungen in Anlehnung an *Wittgenstein* der Eindruck enstehen könnte, daß man darüber, worüber man nicht reden kann, schweigen sollte. Ich teile diese Meinung nicht. Man sollte es immer wieder aufs Neue versuchen.

Literatur

Appel, R., G.Hubers und G.Meijer (1979): Sociolinguistik. Utrecht/Antwerpen (Het Spectrum).

Dik, S.C., und J.G. Kooij (1979): Algemene taalwetenschap. Utrecht/Antwerpen (Het Spectrum).

Ihwe, J., E. Vos und H.Pott (1983):Worlds made from words. University of Amsterdam.

Keilson, H. (1961): Probleme in der sexuellen Entwicklung. Neue pädagogische Bemühungen, Nr. 28. Essen (Neue deutsche Schule) 1966.
— unter Mitarbeit von *H.R. Sarphatie* (1979): Sequentielle Traumatisierung bei Kindern. Descriptiv-klinische und quantifizierend-statistische follow-up Untersuchung zum Schicksal der jüdischen Kriegswaisen in den Niederlanden. Stuttgart (Enke).

Kräpelin, E. (1903): Psychiatrie. Leipzig (Johann Ambrosius Barth).

Mann, Thomas (1947): Doktor Faustus. Das Leben des deutschen Tonsetzers Adrian Leverkühn erzählt von einem Freunde. Frankfurt (Fischer) 1975.

Saussure, de F. (1916): Cours de linguistique générale. Genf.

Judith S. Kestenberg

Die Kinder der Verfolgten

Ein Vergleich zwischen den Analysen der Erwachsenen und der Kinder*

Nachdem die Überlebenden des Holocaust befreit worden waren, hatten viele von ihnen das Bedürfnis, ihre Familie neu zu gründen. Bevor es ihnen noch möglich war, Trauerarbeit zu leisten, die eigenen Schuldgefühle zu verarbeiten, die Identifizierung mit den Angreifern und die Rachsucht aufzugeben, das Überich neu aufzubauen, bevor die passiven Opfer sich adaptiver Aktivität zuwenden konnten, wurden viele von ihnen selbst Eltern. Sie litten noch immer an Angst vor Verfolgung, an den Folgen der körperlichen Beschädigung, an „pavor nocturnus", an Störungen des Gedächtnisses und an affektiven Verstimmungen. Sie suchten wohl Ärzte auf, zumeist konnten diese aber nicht helfen, weil die Psychiater selber in der Regel den Zusammenhang von Traumatisierung und seelischer Krankheit ignorierten. Insbesondere in Deutschland, aber auch im Ausland wollte man immer noch glauben, daß seelische Erkrankungen genetisch und neurologisch bedingt seien. Die Welt war darauf eingestellt, den Überlebenden materielle Hilfe zu geben: ein Dach über dem Kopf und genügend Mittel, damit sie sich ökonomisch rehabilitieren könnten. Falls ihre Gesundheit gelitten hat, wollte man sie medizinisch behandeln. Niemand kümmerte sich im Ernst um ihre psychischen Leiden und vor allem um ihre Fähigkeit, Eltern zu sein.

Vielleicht war diese Vernachlässigung notwendig nicht nur, um den Überlebenden zu zeigen, daß sie selbständig werden mußten, sondern auch, um es Psychiatern und Fürsorgern zu ermöglichen, eine seelische Distanz zum Problem der Überlebenden und deren Verfolgern zu gewinnen. Jeder von uns hat an einer Latenzperiode gelitten, in der wir verleugnen und verdrängen mußten, daß es Greuel gab, die die Grausamkeit der Grimm'schen Märchen überstiegen und die die Phantasien der Psychotiker in den Schatten setzen. Innerlich fühlten wir uns schuldig, mitschuldig an den Greueln. Wir haben uns auch geschämt. Deutsche haben sich geschämt, daß die Greuel in ihrem Lande stattgefunden haben; die anderen haben sich geschämt, daß die Opfer keinen Widerstand zeigten und die Erniedrigungen erduldet haben. Die Überlebenden erkannten, daß niemand sie verstehen konnte, der das Grauen

* Vortrag, gehalten auf dem Kongreß ‚Kinderpsychoanalyse und Sozialarbeit', Nov. 1979 an der Gesamthochschule Kassel. Erschienen in: Arbeitshefte Kinderpsychoanalyse Nr. 2, S. 33-57; Hrsg. am wiss. Zentrum II, Gesamthochschule Kassel, Dez. 1982.

nicht selber mitgemacht hat. Es bildete sich eine Kluft zwischen den sich Schämenden und den Beschämten.

In dieser Situation mußten sich die Überlebenden schützen, um ihre Würde nicht aufs Neue zu verlieren. Sie sonderten sich ab und konnten nur in der Isolation eine Identität finden, die Identität der Überlebenden. Alle hofften, daß ihre Kinder ohne Schaden aufwachsen und den Holocaust ungeschehen machen würden (*Yael Danieli, 1979*). Manche Eltern erzählten den Kindern, wie sie gefoltert wurden, wobei das häufiger den Müttern möglich war. Die Väter schwiegen zumeist, von ihrer Schande wurde nicht gesprochen. Aber die nächtlichen Angstträume verrieten sie, ebenso wie die Zornesausbrüche und die Sucht zu arbeiten — Sklavenarbeit — sie verrieten. Die Depression beider Eltern war allgegenwärtig. Die Kinder konnten sich nicht vorstellen, daß man nicht-depremierte, glückliche Eltern haben könnte. Von den Müttern angehalten, den Vater nicht zu plagen und dazu ausersehen, die Eltern trösten zu müssen und anstelle ihrer alten Familien zu funktionieren, wuchsen diese Kinder mit allzu großen Zielen, mit allzu großer narzißtischer Kränkung auf.

Zu der Zeit, als das deutsche Wiedergutmachungsgesetz herauskam, hatten viele der Überlebenden schon etwa 15 Jahre lang daran gearbeitet, ihre Scham, ihre Hilflosigkeit und ihre Schuld zu begraben. In manchen Fällen waren sie wohlhabend geworden oder hatten hohe Positionen in der Gesellschaft, in der sie lebten, erreicht. Ihre schwierigen Beziehungen zu ihren Kindern waren ihr Geheimnis, das nach außen nicht sichtbar wurde. Niemand dachte daran, daß die „Beschädigung", die man nachweisen mußte, um Wiedergutmachungsrenten zu bekommen, weiteren Schaden anrichtete, indem sie die Überlebenden mit der Situation konfrontierten, sich zu erinnern, ihre Schädigung nachzuweisen und auch zu zeigen, daß sie keine Schwindler waren, die die Deutschen berauben wollten. Viele Überlebenden waren aber auch so krank, daß sie sich nur armselig erhalten konnten und gezwungen waren, sich um eine Rente zu bewerben. Sie waren jedoch nicht geschickt genug, sich auszudrücken, ihre „Schädigungen" darzustellen. Auf einmal brauchten sie ihre Kinder nicht mehr nur dazu, sie in die amerikanische oder englische oder israelische Gesellschaft hineinzubringen, sondern auch um ihnen zu helfen, sich den Deutschen verständlich zu machen (*Milton Kestenberg*). Die Massenuntersuchungen der Überlebenden durch Psychiater und Psychoanalytiker hat den Psychiatern und Fürsorgern in Amerika die Augen geöffnet. Der Zusammenhang wurde klar. Langsam wurden Analysen von Überlebenden berichtet. Zehn Jahre später begannen die Psychiater in Amerika, sich um die Kinder der Verfolgten zu kümmern (*Krystal 1968, Kestenberg 1973*).

Kinderpsychoanalysen in der Literatur

Es ist allgemein bekannt, daß die überlebenden Kinder, die *Anna Freud* und *Sophie Dann* beschrieben haben, später auch analytisch behandelt wurden. In Israel gab es dazu eine intensive Diskussion auf dem psychoanalytischen Symposium des Jahres 1966, die darauf hinwies, daß einige Psychoanalytiker Analysen der Verfolgten versucht haben. Man könnte nun glauben, daß nach den Publikationen von *Niederland* (1961), *Jaffe* (1968), *Hoppe* (1968), *Winnik* (1967) und anderen die Analytiker besonders sensibel für die Analysen der überlebenden Erwachsenen und deren Kinder geworden wären. Das war aber durchaus nicht der Fall. Als wir im Jahre 1974 eine Gruppe zum psychoanalytischen Studium der zweiten Generation begonnen haben, ist uns aufgefallen, daß die jungen Analytiker, die die Fälle vortrugen, sich keine Gedanken über die Bedeutung des Holocaust für ihre Patienten machten.

Wenn wir uns nun der speziellen Frage zuwenden, wie es mit Analysen von Kindern der Überlebenden steht, so finden wir, daß es fast unmöglich ist zu erfahren, wieviele dieser Kinder analysiert wurden. In einigen Fällen fiel Analytikern erst nach mehreren Jahren ein, daß sie doch ein Kind von Überlebenden analysiert haben. Sie wußten um die Herkunft der Eltern, aber sie verleugneten irgendwelche Beziehung zu den Syndromen der Kinder. In manchen Fällen haben die Kinder selber begonnen, von Hitler zu sprechen und zeigten fast eindeutig, daß sie über das Schicksal ihrer Eltern unter den Nazis grübeln. Die Analytiker ignorierten diese Bekenntnisse und wandten sich den inner-psychischen Vorstellungen, wie dem Kastrationskomplex zu. Interessanterweise haben viele dieser Kinder einen besonders starken Kastrationskomplex mit Ideen, die fast bizarr erscheinen. Man hatte den Eindruck, daß der Kastrationskomplex die Verfolgung der Eltern mit in sich aufgenommen hat und deswegen unglaublich stark war. In anderen Fällen von Kinderanalysen sah der Analytiker den Einfluß der Verfolgung auf die Mutter seines Patienten, aber nicht auf das Kind selbst. Er sprach mit der Mutter darüber, wie die sadistische Behandlung und der Verlust *ihrer* Mutter sie dazu führte, eine sado-masochistische Beziehung mit ihrem Sohn zu haben; nichts aber davon wurde dem Kind in der Analyse mitgeteilt.

Ein kleines Mädchen von etwa vier Jahren machte viele Witze über eine Beerenfarm, Witze, die der Analytiker nicht verstand. Auf sein Befragen berichtete die Mutter, daß sie mit ihrem Manne häufig Beerenpflücken ginge in eine Gegend, die mit Stacheldraht abgetrennt sei. Man dürfe das Gelände nicht betreten, weil dort Schießübungen stattfänden. Unterwegs sprachen die Eltern über die Möglichkeit, sich in dieser Region zu verstecken, falls das wieder nötig wäre. Die Ängste des Mädchens, ihre Provokation der Eltern und ihr fast zur Karikatur entwickelter Ödipuskomplex wurden systematisch und korrekt analysiert, aber niemals hat der Analytiker versucht, die Ängste und die Mordgedanken des Kindes mit der Grausamkeit der Nazis in Verbindung zu bringen. Hier, wie in vielen Fällen, ist es auffallend, daß das Schweigen des Analytikers es auch der Patientin „verbietet", von Dingen zu sprechen, die der Analytiker nicht hören will. In der Übertragung versuchte die Patientin, aus dem Analytiker einen Verfolger zu machen. Die Analytiker analysierten den Ödipuskomplex und isolierten die ödipalen Phantasien von den wirklichen Geschehnissen, die den Eltern passiert sind.

S. Brody war eine der wenigen, die sich mit den Konsequenzen der elterlichen Verfolgung auseinandersetzte. Sie berichtet über eine Analyse, die begann, als der Junge neun Jahre alt war. Er kam zur Analyse, weil er negativistisch war und sich zurückzog. Allmählich wurde seine Gereiztheit und Ängstlichkeit mit Phantasien über die Flucht seines Vaters verbunden. Der Vater war deprimiert, was ohne Zweifel mit seinen Erfahrungen in Deutschland zusammenhing. Zuerst sprach das Kind mit Stolz von seines Vaters Flucht durch eine Hintertür. Später zeigte es sich, daß er eine Reise-Phobie hatte, und ständige Angst, daß er seinen Weg verlieren würde. Außerdem dachte er sehr viel an Unfälle auf dem Wege zur Analytikerin. Im dritten Jahre der Analyse erkannte er, daß seine Angst, er würde sein Haus nicht finden, mit seiner Trennungsangst zu tun hatte. Er brauchte ständig die Mutter, damit sie ihn vor dem gefürchteten Vater beschützte.

Er peinigte die Analytikerin mit verschiedenen dummen Possen und schwieg, weil sie ihn doch nicht verstehen könnte. Einige Jahre später erklärte er, daß das Schweigen ihm das Leben erhalten hätte. Auf diese Weise konnte er eine Zukunft haben. Das konnte dann verstanden werden als die Angst, daß das Sprechen dazu führen würde, daß ihn die Nazis fangen. Sein Vater hatte einen Witz über Hitler erzählt und wurde von einem Kollegen an die Gestapo verraten. Als die Gestapo schon ankam um ihn zu verhaften, entfloh er durch ein Fenster und kehrte in seine Heimatstadt zurück, wo er von den Behörden eine zeitlang beschützt wurde. In Amerika heiratete er eine Amerikanerin.

Als der Junge in der Vorpubertät, mit 12 und 13 Jahren, allein in die Stunde kam, berichtete er mehr von seiner Angst, in einem Tunnel stecken zu bleiben, wo Gas austreten und eine Explosion hervorrufen könnte. In keiner Weise hat die Analytikerin hier eingegriffen, um die Assoziation zu dem Vergasen der Juden zu ermöglichen. Das Material wandte sich zum Konflikt zwischen „alles zu durchschauen und alles zu verbergen". Er hatte die Phantasie, daß der Vater durch die ganze Welt sehen konnte. Das hatte Beziehung zu seinem eigenen Körper und zur Weltgeschichte. Die Identifizierung mit dem Angreifer und mit dem Opfer war verankert in Phantasien, die Eltern in der Nacht zu belauschen. Die Analytikerin beschrieb, wie der Junge sie provozierte, bis sie ihre Geduld verlor und ihm sagte, daß er seine Behandlung boykottiere, weil er sein sado-masochistisches Benehmen nicht kontrolliere. Sie fügte hinzu:

„Er schien nochmals, nochmals und nochmals rechtfertigen zu müssen, daß er ein Recht hatte, wegzugehen und auch das Recht zurückzukommen; zu provozieren, seine Schuld zu verleugnen und doch Absolution zu verlangen". Offenbar damit verbunden war die Idee, er müßte die Analytikerin umbringen und flüchten, da er zu viel von ihr wußte. Jetzt erkannte er, daß er immer beweisen wollte, daß er wegkommen könnte, obwohl er etwas Schlechtes getan hat („get away with something"). Es hatte sicherlich etwas zu tun mit einer Phantasie über seines Vaters Flucht. Nun kam wieder sein gestörtes Selbstgefühl in die analytische Kreisbahn. Er erkannte, daß sein Spionieren auftrat, wenn er sich mit der Gestapo identifizierte. Sein unmögliches Benehmen in der Analyse war ein Versuch, „die Endlösung" zu verhindern.

Brody zeigt, wie die Endlösung, vor der sich der Junge fürchtete, verbunden war mit ödipalen, positiven und negativen Konflikten, die sich in der Übertragung sichtbar machten. Sie fragte sich, wieso denn ein so relativ kleines Trauma wie die Flucht vor den Verfolgern eine so große Wirkung auf das Seelenleben des Kindes des Verfolgten haben kann. Ihre Interpretation war, daß die Idee, der Vater könnte wirklich ein Verbrecher gewesen sein, einen so großen Einfluß auf das Überich des Kindes gehabt hat, daß seine ganze Persönlichkeit darunter litt.

Es zeigt sich immer wieder, daß die Folgen der Traumatisierung der Eltern erst in der Adoleszenz klar gehandhabt werden. In den Analysen kleiner Kinder werden sie vielleicht nicht deutlich genug, um den Kindern zu helfen, sie auszusprechen. Vielleicht hängt das aber auch damit zusammen, daß Eltern und Analytiker mit Kindern darüber nicht sprechen wollen, bevor sie alt genug sind, das Schreckliche intellektuell zu verstehen und das, obwohl wir wissen, wieviel sich ganz kleine Kinder aneignen, ohne direkt zu wissen, was sie erworben haben.

Dazu einige Fallbeispiele

Ein zwei bis drei Jahre alter Junge pflegte Puppen herauszuschmeißen und herumzuwerfen. Eines Tages weinte er, weil er Milch nur von der Mutter haben wollte und nicht von mir. Da erriet ich, daß er sich irgendwie erinnerte, daß seine Mutter ihn im zweiten Lebensjahr zweimal mit bei der Großmutter gelassen hat. Sie hat ihm die Brust weggenommen und dann später die Flasche. Ich sagte ihm, daß er vielleicht die Brust zurückhaben will oder wenigstens die Flasche. Er wurde sehr dankbar und bejahte, was ich sagte. Dann führte er mich weiter und zeigte, daß er schmutzig sei und seine Hände klebrig. Die jetzt verständnisvolle Mutter, die dabei war, erinnerte sich, daß er während ihrer Abwesenheit einen schweren Durchfall gehabt hätte. Ich fragte ihn, was für ein Gesicht seine Mutter gemacht hätte, als er verschmiert war. Er zeigte ein freundliches Gesicht. Ich befragte ihn auch über andere, und als ich ihn über die Großmutter befragte, machte er ein Gesicht, das Ekel ausdrückte und warf sofort die Puppe in den Abfallkorb, weil sie schmutzig war. Ich fragte, ob die Großmutter die Windeln in den Abfallkorb warf, und die Mutter bestätigte es sofort. Wir verstanden dann, daß der Kleine Angst hatte, man würde ihn, weil er schmutzig war, ebenso wegschmeißen, wie man das mit seinen Windeln getan hat.

Wir sehen in diesem Fall, wie die Tatsachen und die Geschichten, die die Mutter erzählt, sich verbinden können, um dem Kind zu beweisen, daß seine Phantasien und Konflikte nicht gerechtfertigt sind. Wenn die Mutter mir widersprach, wandte sich der Kleine von mir zu ihr mit einer fragenden Miene. Z.B. behauptete sie, daß die Großmutter sehr geduldig war und keine Ekel-Gesichter machte. Hier könnte der Kleine nichts anderes tun, als weiter durch sein Benehmen der Mutter zu zeigen, daß die Großmutter ihn herausschmeißen würde, vielleicht mit der Mutter Wissen. Ich wandte mich an die Mutter und schlug vor, daß wir dem Kleinen zuhören, er wäre doch zu seiner Meinung berechtigt, auch wenn sie eine andere hätte.

In einem anderen Fall plagte ein dreijähriges Mädchen die Großmutter, die ihre Familie unter den Nazis verloren hatte mit Fragen: „Wo ist Deine Mutter? Wo ist Dein Vater?" Als sie hörte, sie seien tot, fragte sie weiter. Ich sah, daß ihre Mutter bedrängt wurde. Sie lächelte und wollte mir beweisen, daß ihr Töchterchen die Wirklichkeit doch nicht „verstehen" könne.

Bei einem Jugendlichen, der wußte, daß sein Vater im Konzentrationslager umgekommen ist, bevor er geboren war, konnte *Laufer* eine, auf die Konfrontation mit der Vaterimago zurückgehende Störung des Körperschemas, der Aggressivität, der narzißtischen Omnipotenz und eine Identifizierung mit dem Opfer finden. *Rosenberger* (1973) — wie viele andere Analytiker — erzählte einer jugendlichen Patientin, was dem Vater passiert ist. Sie konnte sich nicht darauf verlassen, daß der Vater die Sache klären könnte, weil er mit seinen Erlebnissen nicht fertig war. Der Sohn zu der Analytikerin: „Warum hat der mich in seine Sachen verwickelt? Warum muß ich an seinem Schicksal leiden?" *Rosenberger* fand, daß die Bindung an den Vater eine präödipale war. Sie erwartete, daß ein positives ödipales Verhältnis zu der Mutter sich jetzt entwickeln würde und sie befürchtete des Vaters Reaktion zur Trennung von seinem Sohne. Ich möchte bestätigen, daß in den meisten Fällen, die ich kenne, die präödipale Bindung an den Vater ins Auge springt, auch dann, wenn die Mutter ebenfalls ein Opfer der Nazis ist. Es scheint, daß der Vater von Anfang an von seinem Säugling verlangt, daß er sich mit der Vergangenheit des Vaters auseinandersetzt. Ich sprach von einem „Time-Tunnel", einem Zeit-Tunnel, in das die Kinder der Verfolgten eintreten möchten, um die Geschichte der Zerstörung und Demütigung des ganzen Volkes zu ändern. Das geht weiter als Identifizierung mit dem Vater, wie sie im Opfer-Komplex zu sehen ist. Ich nenne dieses psychische Geschehnis „Transposition", weil das heutige Leben in die Vergangenheit der Eltern transponiert wird und im Rahmen ihrer Geschichte verstanden wird. Ich glaube, daß genügend Material da ist zu zeigen, auf welche Weise die Eltern den Kindern zur Transponierung verhelfen. Als Beispiel nenne ich eine Mutter, die mit Kindern auf dem Lande war, einen Heuhaufen sah und bemerkte: „Das ist ein guter Platz sich zu verstecken."

Solche Bemerkungen werden gesammelt und in eine Phantasie verwoben, in der die Kinder „zurück" in die Vergangenheit der Eltern gehen wollen, um sie und ihre Familie zu retten. In vielen Fällen wollen die jungen Leute das ganze Volk retten, des Volkes Scham ungeschehen machen und ihre Väter als Helden betrachten, die ihre Kameraden unter größter Gefahr gerettet haben.

Furman (1973) hat sich von Anfang an damit beschäftigt, uns zu warnen, daß wir nicht zu früh glauben sollten, eine Spezifität zu finden, die vielleicht nicht existiert. Sie zeigte in zwei Fällen, die sie auf dem Kongress 1970 in Israel vorgestellt hat, wie die Eltern darunter litten, weil sie nach der Verfolgung schwierige Zeiten hatten. Daß die Fortsetzung der Traumatisierung nach der Befreiung von größter Wichtigkeit ist, hat sich auch in den Untersuchungen der holländischen Kriegswaisen durch *Keilson* (1979) bewiesen und auch in der Studie von *Milton Kestenberg* über die traumatisierende Wirkung mancher Wiedergutmachungsgesetze. Es ist sehr wichtig zu erfahren, in welcher psychischen und sozialen Lage die Eltern während der frühen Lebensjahre ihrer Kinder waren. Litten sie an ihrer Vergangenheit, die sie in die heutige Realität brachten oder war die heutige Realität so schlecht, daß die Kinder ihr nicht entgehen konnten? Das sind Fragen, die weiter erforscht werden müssen, insbesondere am Material aus analytischen Berichten von Kinderanalysen, die in England, Holland und Nordamerika stattgefunden haben und bis jetzt noch nicht untersucht werden konnten.

Im Augenblick können wir nur darauf hinweisen, daß Kinder von Verfolgten, wie das auch in *Furmans* Fall war, an Eßstörungen leiden, leicht somatisieren und sich nur schwer von der Mutter trennen, weil sie — in einer die Entwicklung umkehrenden Weise — die Mutter brauchen, damit sie die Kinder vor der Aggression des Vaters beschützt.

Interessantes Material zu unserem Thema liefern die Untersuchungen von *Alexandrowizc* (1973) und *Klein* (1973). Sie befassen sich mit den Familien der Überlebenden in Israel. Auch wenn keine speziellen dynamischen Strukturen angenommen werden, finden sie doch einiges Spezifisches, sogar auch Typisches über die Eltern. *Rosenberger* (1973) unterscheidet in diesem Zusammenhang zwei Typen von Eltern: Solche, die das Kind des Geldes wegen vernachlässigen und autistische Züge in den Kindern produzieren und solche, die die Kinder provozieren, ihre Vergangenheit zu agieren. Weder autistische Züge noch das Agieren ist nur für Kinder der Überlebenden typisch, aber beide Züge sind fast in jedem Fall in den Kindern der Überlebenden zu sehen. Mit Hilfe der New Yorker Gruppe zur psychoanalytischen Erforschung der Konsequenzen der Verfolgung auf die zweite Generation, wurde es mir möglich, Themen aufzufinden, die sehr häufig in den Analysen der erwachsenen Kinder der Überlebenden vorkommen. Auch glaube ich, daß man ein Profil ihres psychischen Funktionierens aufstellen kann.

Zwei Auszüge aus Kinderanalysen

Der Fall Jakob

Der 11jährige Jakob war ein Sprößling von Eltern, die 1939 aus Polen nach Rußland geflohen sind und dort während des Krieges blieben. Der Vater des Vaters wurde zum Militär eingezogen, die Mutter indes war völlig mittellos und starb vor Hunger. Die Kinder kamen in verschiedene russische Kinderheime. Der Vater des Patienten lernte, Essen zu stehlen und zog mit einer kleinen Bande von Kinderdieben herum. Auf der Rückreise nach Polen ist er fast verloren gegangen, weil sein Vater sich nicht um ihn gekümmert hat. In Polen mußte er in ein Waisenhaus, weil der Vater nicht genug verdiente, um die Kinder zu unterhalten. Er war auf sich selber angewiesen und fuhr, nachdem er das Gymnasium absolviert hatte, nach Israel, wohin er seine junge Frau mitnahm. Diese, selber eine Waise, und von den Nazis nach Rußland verjagt, wurde sehr unglücklich, als sie Jakob bekam. Sie konnte ihn nicht beruhigen und er schrie unablässig. Der Vater von Jakob betrachtete seinen eigenen Vater mit Verachtung, und bald begann er, seinen eigenen Sohn auf ähnliche Weise zu verachten. Als das Kind ungefähr in dem Alter war, in dem der Vater nach Rußland fliehen mußte, zog er in die Vereinigten Staaten. Die Mutter mußte jetzt arbeiten, der Sohn in die Schule gehen, in einem Land, wo er niemanden kannte und die

Sprache nicht verstand. Er machte kaum Fortschritte in seiner Entwicklung, sprach zu niemandem und benahm sich sehr bizarr. Eine Fürsorgerin schickte ihn zu mir. Er machte den Eindruck eines Hebephrenen. Seine Lippen bewegten sich, ohne daß er sprach. Er machte kleine, kaum sichtliche Grimassen und seine Augen schossen verschrocken umher. Trotzdem konnte man ihn animieren, wenn man von Dingen sprach, die ihn interessierten. Er erzählte mir, er wäre unglücklich zu Hause, weil die Eltern ihn schlecht behandelten. Die Mutter kochte nicht und der Vater gäbe ihm nichts. Ich konnte ihn leicht überzeugen, daß er in einer Analyse Hoffnung finden kann, und er begann eine Analyse mit Frau van Aiken, die mir darüber berichtete. Ich sah die Eltern.

Der Vater ließ Geld und Wertsachen umherliegen und regte sich auf, als er bemerkte, daß Jakob gestohlen hatte und die gestohlenen Sachen mit seinen Freunden teilte. Er verstand nicht, daß sein eigenes Stehlen hier wiederholt wurde. Jakob indes brachte dieses Thema nicht in seine Analyse. Stattdessen beschäftigte er sich wie der Patient Brody's mit der Reise zur Analytikerin. Fahren mit der Untergrundbahn war sehr gefährlich, trotzdem wollte der Vater ihn nicht abholen, und die Mutter mußte dem Vater helfen.

Als der Vater plötzlich im Stande war, ihm etwas zu kaufen anstatt ihn stehlen zu lassen, konnten die beiden sich einander wieder annähern, so daß sie miteinander sprechen konnten. Jetzt war aber der Widerstand des Vaters noch größer als vorher. Er hatte immer wieder geträumt, daß er sehr reich sein werde und nie an Hunger und Einsamkeit leiden würde. Obwohl er mehrere Freunde unter anderen Überlebenden hatte, war er einem amerikanischen Verwandten gefolgt, der ein prächtiges Haus auf dem Lande hatte. Er sprach nie darüber, aber Jakob begann mit Enthusiasmus von dem Landhaus zu erzählen. Nach kurzer Zeit meinte er auch, daß sein Vater ebenfalls ein Landhaus kaufen würde. Nun erklärte auch der Vater, daß er mit Hilfe seines amerikanischen Verwandten ein Haus kaufen werde, um das Kind von der schlechten Gesellschaft zu befreien und unter Aufsicht haben zu können. Er würde seine Mutter noch weniger sehen, aber die Frau des Verwandten würde sich um ihn kümmern. Die Eltern würden dann nur zum Wochenende kommen. Wahrscheinlich handelte es sich um eine Wiederholung der Zeit, als der Vater und die Mutter in Waisenhäusern waren und nur zum Wochenende die Eltern sahen. Der Vater war überzeugt, daß das Landhaus das Kind kurieren würde, und die Analyse wurde unterbrochen.

In diesem Fall stand das Agieren im Mittelpunkt. Die Reise des Sohnes zur Analytikerin machte alle ängstlich, aber niemand, weder Vater noch Mutter, erlaubten sich, ihn zu begleiten. Er sollte die Reisen der Eltern auf eine neue Weise erleben und sie befreien. Das durfte aber niemand wissen. Das Kind durfte sich nicht an die Analytikerin binden, sonst würde er zu viel verraten. Ein neuer Ausweg wurde gefunden: Die Amerikanisierung von Jakob und seinen Eltern. Wenn sie sich in Leute verwandeln konnten wie die Amerikaner, denen die Nazis und die Russen nichts anhaben konnten, dann wäre alles in Ordnung.

Der Fall Rena

Renas Vater war einer von den Überlebenden, die sehr reich wurden. Er besaß eine Villa und wurde zum Präsidenten des Schulamtes gewählt. Ihre Mutter war kein Opfer, aber sie tat alles, um den Vater in seinen unbewußten Plänen für ihr einziges Kind zu unterstützen. Obwohl Rena eine hervorragende Schülerin war, während sie eine jüdische Schule (Jeshivah) in der Bronx besuchte, zog die Familie um, um ihre soziale Position zu erhöhen. Das Verlassen des jüdischen Viertels, in dem sie aufwuchs und Freunde hatte, war ein großer Schlag für Rena, die damals neun Jahre alt war. Sie war sehr zornig, aber erlaubte sich nicht, ihren Zorn gegenüber den Eltern auszudrücken. Sie fand, daß der Vater besonders das Judentum betrogen hätte, und sie wollte sich nicht in die nicht-jüdische Atmosphäre des neuen Ortes einfinden. Langsam begann sie zu verhungern. Die Eltern merkten nichts, auch als sie schon sehr abgemagert war. In der Schule verstand Rena nichts, ihre Schrift wurde immer kleiner und die Lehrerin konnte sie nicht mehr lesen. Das ziemte sich nicht für die Tochter eines Schulamtspräsidenten. Erst drei Jahre nach Beginn der Symptome wurde das deprimierte Kind zu einer Analytikerin gebracht. Sie sprach gar nicht und machte einen katatonen Eindruck. Mit der Weigerung zu essen und dem Kranksein entwickelte Rena ein sado-masochistisches Verhältnis zu beiden Eltern, besonders aber zum Vater. Ich konnte ihr beibringen, daß sie alle böse machen wollte, und bald ergab sich auch eine Gelegenheit, mit ihr über ihren Wunsch, ein Kind zu bekommen, zu sprechen. Das wurde ihr gezeigt anhand ihrer Bewegungen und Körperstellungen. Sie verstand, daß sie nicht essen konnte, weil sie das Essen als schwängernd empfand und daß sie sich vor der Schwangerschaft fürchtete. Sie war sehr an den Vater gebunden und sah die Mutter als sein Anhängsel. Sie betrachtete die Analytikerin als eine Feindin, ballte ihre Fäuste und schaute sie mit Haß an. Es war klar, daß Rena ein Rätsel lösen mußte, an dem die Analytikerin keinen Anteil haben sollte. Inzwischen begann der Vater, von seinen Erlebnissen in Ungarn zu berichten. Er hatte sein Kind nach seiner verstorbenen Mutter, die er nicht retten konnte, benannt. Jetzt tat er alles, um dieses Kind zu retten. Er sagte auch, daß er ein kleines Geschwisterchen verloren hatte, das er auch nicht retten konnte. Kurz danach, als Rena an einem Rätsel arbeitete, fragte die Analytikerin, ob sie wüßte, daß der Vater ein Geschwisterchen gehabt hat, als er jung war. Sie ging einige Schritte zurück und sah die Analytikerin merkwürdig an. Sie behauptete es nicht zu wissen und auch nicht zu wissen, daß sie nach der Großmutter, die getötet wurde, benannt war. Von diesem Tage an wurde die Analytikerin in den Kreis der Geheimnisse eingeschlossen. Rena wußte, daß die Informationen von ihrem Vater kamen. Es stellte sich heraus, daß Rena sehr viel von ihrer Großmutter wußte und eine Phantasie entwickelt hat, daß die Großmutter und die kleine Tante sich unter schrecklichen Verhältnissen verborgen gehalten hatten, wo sie nichts zu essen hatten. Sie erzählte, daß sie wenn sie groß sein werde, in einer Höhle wohnen würde, aber sie würde nicht verhungern, weil sie Wurzeln finden könnte. Damit wußten nun beide — die Patientin und die Analytikerin — daß Rena nicht an Hunger sterben würde. Sie begann mehr zu essen, aber nicht genug, um das Thema der verhungerten Verwandten zu verlassen. Auch ihre Schularbeiten besserten sich wesentlich. Nach 8monatiger Analyse wollten die Eltern keine Behandlung mehr. Man machte einen Plan, daß Rena aufhören könne, wenn sie genug essen würde. Auf diese Weise konnte man das Überleben des Kindes sichern und den Weg offenhalten für eine weitere Analyse. Nach 10 Jahren hat Rena ihre Analyse in einer anderen Stadt fortgesetzt.

Vergleich mit Erwachsenenanalysen

Bei den Kindern der Überlebenden, die als Erwachsene in Analyse waren, zeigt sich ein besonderes Verhältnis zur Frage des Überlebens. Die Themen wechseln wohl, aber bei allen ist das Essen eine Überlebenssache. In manchen Fällen ist auch die ans Geld geknüpfte Reinlichkeit ein wesentlicher Bestandteil des sado-masochistischen Verhältnisses zu den Eltern, insbesondere zum Vater. Die Eltern werden verdächtigt, daß sie Verbrecher oder Prostituierte waren. Immer tauchen Identifizierungen mit den Opfern und den Nazis auf. Ödipal-phallische Probleme sind von größter Bedeutung, weil der Vatermord aufs Innigste mit den Nazifolterungen und -morden verknüpft ist.

Es scheint mir, daß die Themen wechseln, je nachdem, was den Eltern passiert ist, und daß sie besonders zum Vorschein kommen in den Phasen der Entwicklung ihrer Kinder, in denen derartige Themen besonders wichtig sind. Die Angst zu verhungern spielte eine große Rolle in der oralen Phase des Kindes. Die Angst zu verrecken und krank zu werden, beginnt sehr deutlich zu werden in der analen Phase des Kindes. Das Thema der Flucht beginnt stark zu werden, wenn das Kind normalerweise von den Eltern wegläuft, also in der urethralen Phase. Und so geht es weiter. Besonders traumatisch sind die Altersstufen der Kinder, die den Stadien entsprechen, in denen ihre Eltern traumatisiert wurden. Ein sich Hingezogenfühlen zu der Mutter als Beschützerin gegen den Nazivater kommt ebenfalls oft vor und war auch bei Jakob und Rena vorhanden. Ich glaube, daß alle diese Themen auch bei den Kleinkindern zu sehen sind, daß sie aber auf non-verbalen Wegen vermittelt werden, so daß sie in verbalen Formen nicht in die Analyse kommen. Was nun das Profil anbelangt, fand ich bei den Erwachsenen eine Änderung der sexuellen und aggressiven Triebe, die viel näher an Bedürfnissen waren als in anderen Fällen. Das stammt von der Todesangst, die sehr früh eintritt. Ich fand, daß das Ich dieser Patienten besonders stark entwickelt war, was immer eine gute Prognose für den Verlauf der Krankheit bedeutet. Sobald ein Symptom sich löste, trat Sublimierung sofort ein. Trotzdem war der Realitätssinn schwer gestört, was zu Pseudopsychosen führte, wie in den Fällen von Jakob und Rena. Sie war aber nicht das Ergebnis einer Ichschwäche, sondern das Ergebnis von Integrationsversuchen der heutigen Welt mit der Welt der Nazizeit. Es ist auch verständlich, daß in vielen Fällen der Kastrationskomplex eine besonders starke Ausprägung erreicht, die durch sado-masochistische Phantasien, ein schwach entwickeltes Über-Ich und ein mangelhaftes Ich-Ideal, das den erniedrigten Vater repräsentiert, aufrechterhalten wird. Die Über-Ich-Störungen, die davon kommen, daß sich keine ausgewogene Ethik bilden kann, wenn man die Taten der Nazis nicht vollkommen bestraft hat und nicht vorbeugen konnte, sind in jedem Falle vorhanden. Fast alle Erwachsenen-Fälle hatten eine größere oder kleinere Neigung zur Transposition, die in den Kinderanalysen erst in der Adoleszenz sichtbar wurde. Ein Fall eines 6jährigen zeigte, daß auch er daran dachte, ins Gefängnis zu kommen, weil sein Vater im Lager war, aber daß sein Gefängnis in vieler Hinsicht anders war als das des Vaters. Schließlich muß man dazufügen, daß die Frage der Loyalität zu den Eltern in jedem Fall da ist und es schwer macht, Geheimnisse aufzufinden, solange das Kind noch von den Eltern abhängig ist und zu Hause lebt.

Technische Schwierigkeiten

Die größte Schwierigkeit in allen diesen Analysen ist die Gegenübertragung, die meistens daher rührt, daß der Analytiker sich weigert, eine Übertragung von verfolgten Eltern auf sich zu nehmen. Um die Übertragung zu verstehen, muß der Analytiker — besonders bei Kindern — sich nicht nur mit dem Kind, sondern auch mit den Eltern identifizieren. Falls das nicht geschieht, bemüht sich der Analytiker, anders als die Eltern zu sein und die Behandlung weicht von der Analyse ab und wird ein korrektives Erlebnis. Die Übertragung ist nur sehr schwer zu ertragen, weil die Impulse der kleinen Patienten so sadistisch sind, daß der Analytiker leicht Angst bekommen kann. Es gäbe natürlich noch sehr viel über die Technik zu sagen; ich will jedoch abschließend nur noch eine Frage, nämlich die Aufklärung des Analytikers über die Erlebnisse der Eltern diskutieren. Ein Problem, das sich gleichermaßen in den Analysen der Kinder von Nazis und Mitläufern ergibt. Dabei ist es von außerordentlicher Bedeutung, die Eltern zu befragen, die uns dann Dinge verraten, die sie sonst nicht erwähnt hätten. So hat mich zum Beispiel Rena's Schwangerschaftsphantasie dazu geführt, den Vater nach früheren Kindern oder Geschwistern zu fragen. Wenn wir uns dann über die Zusammenhänge klar sind, können wir auch bestimmen, ob und in welcher Weise wir sie dem Kinde zeigen wollen. Z.B. wenn ein Kind die ganze Zeit vom Geld spricht und behauptet, der Vater hätte ihm das Geld weggenommen und daß er jetzt arm sei, sollen wir den Vater fragen, ob ihm die Nazis etwas weggenommen haben. Allerdings müssen wir uns in jedem Falle fragen, wie die Eltern auf die neuen Einsichten, die wir den Kindern geben, reagieren werden.

Es ist zu hoffen, daß wir noch viele Fälle von Kleinkind-Analysen von Kindern von Verfolgten, die gut beschrieben sind, entdecken werden, die bisher in den Archiven der psychoanalytischen Institute der Welt verborgen geblieben sind. Dann könnten wir vielleicht mehr über spezifische Probleme des Verfolgtensyndroms aussagen. Ich möchte aber auch auf die Möglichkeit hinweisen, daß wir noch immer Kleinkinder analysieren können von Eltern, die in früher Kindheit verfolgt wurden.

Schlußfolgerung

Ich habe hier einige Gedanken vorgetragen über die Lage der überlebenden Eltern, deren Kinder wir analytisch behandeln. Der Kinderanalytiker muß immer daran denken, daß die Eltern das auxiliäre Ich des Kindes sind. Wir müssen uns bemühen, Bedingungen für diese Eltern zu schaffen, unter denen eine Analyse möglich sein wird. Ich habe nicht von Psychotherapien gesprochen, weil ich denke, daß die Psychoanalyse das wichtigste Mittel ist, weiteren Spätfolgen vorzubeugen und weil sie das wichtigste Erkenntnismittel sind, um zu erforschen und aufzufinden, was dann in Psychotherapien verwendet werden kann. Ich bin deswegen besonders erfreut, daß die Kinderanalyse eine Wiedergeburt in Deutschland erfahren soll, daß psychoanalytische Untersuchungen weitergeführt werden können, nicht nur an Kindern der Verfolgten, sondern auch an Kindern der Verfolger, die auch an Über-Ich-Störungen leiden und auch eine doppelte Realität besitzen.

Literatur

Aleksandrowicz, D.R. (1973): Children of cencentration Camp survivors. In: The child and His Family: The Impact of Disease and Death, ed. by Anthony, B.J. & Koupernik, D., pp. 385-392.

Brody, S. (1973): The son of a refugee. Psa. Study of the Child. 28, 169-191

Danieli, Yail (1980): Families of Survivors of the Nazi Holocaust: Some long and short term effects. In *N. Milgram* (ed) Psychological Stress and Adjustment in Time of War and Peace. Washington, D.C. Hemispere Publ.

Freud, A. and *Dann, S.* (1972): The Child as a Person in His own Right. Psy. Study of the child 27:621-625

Hoppe, K.D. (1968): Re-somatization of affects in survivors of persecution. Int. J. Psa. 49, 324-326.

Jaffe, R. (1968): Dissociative Phenomena in Former concentration Camp inmates. Int. J. Psychoanalysis 49; 310

Keilson, H. (1979): Forum der Psychiatrie, Sequentielle Traumatisierung bei Kindern, Stuttgart : Enke

Kestenberg, J. (1973): Introductory remarks (zum Symposium : Children of the Holocaust). In: *E.J. Anthony* and *C. Koupernik*, The Child and His Family: The Impact of Disease and Death, op. cit.

— (1973): Psychoanalytische Beiträge zum Problem der Kinder der Überlebenden, Psyche

Kestenberg, M. (1979): Diskriminierende Praxis der Wiedergutmachung. Beitrag zum Symposium der Universität Kassel, 1979

Klein, J. (1973): Children of the Holocuast: Mourning and Bereavement. In: The Child and His Family: The Impact of Disease and Death. op. cit. 393-409

Krystal, H. (1968): Massive Psychic Trauma. New York: Int. Univer. Press.

Niederland, W.G. (1961): The problem of the survivor. The psychiatric evaluation of emotional disorders in survivors of Nazi persecution. J. Hillside Hosp., 10, 233-247. Nachgedruckt in *H. Krystal* (1968), 8-22

Rosenberger, L. (1973): Children of survivors. In: *E.J. Anthony* and *C. Koupernik* (1973), 375-377.

Winnik, H.Z. (1967): Further comments concerning problems of late psychopathological effects of Nazi persecution and their therapy. Isr. Ann. Psychiat., 5, 1-16

K.R. Eissler

Der Sündenfall des Menschen*[1]

Nach dem Alten Testament sollte es die Bestimmung des Menschen sein, ein glückliches, sorgenfreies Leben zu führen, ein Dasein frei von der Notwendigkeit, um das Überleben kämpfen zu müssen, und unbeschwert von der schrecklichen Vision des Todes. Der Ungehorsam des Menschen gegenüber Gott, symbolisiert in seinem Verlangen nach Erkenntnis, endete für ihn darin, daß er ein Dasein verwirkte, in dem allein das Lustprinzip bestimmend gewesen wäre. Wenn auch nur wenige an die Genauigkeit dieses Mythos glauben, so dürfte auch in ihm, wie so oft, ein Körnchen Wahrheit stecken, die mit den späteren Entdeckungen der Wissenschaft übereinstimmt. Ich glaube, daß dies im Hinblick auf den Sündenfall des Menschen zutrifft. Was den Teil dieses Mythos angeht, so kann es hier in der Tat kaum einen Zweifel geben. Die Geschichte des Menschen ist eine nicht endende Kette des Leidens, eine Kette, die letztlich bis in die Gegenwart reicht, in der die gesamte Menschheit bedroht scheint, der Vernichtung anheimzufallen. Ein Gefühl der Angst und der Verzweiflung hat sich über die ganze Welt verbreitet, und die hervorragendsten Denker haben Pläne ausgearbeitet, die uns in letzter Sekunde vor den uns drohenden Katastrophen, von deren Existenz ein jeder weiß, bewahren sollen. Doch die verschiedenen Aktionsprogramme, die in großer Zahl ausgearbeitet worden sind, verdienen nur mit beträchtlicher Skepsis aufgenommen zu werden. Selbst wenn man davon absieht, daß die Experten sich nicht über die notwendigen Maßnahmen einigen können, und manche der von ihnen vorgeschlagenen sich widersprechen, so ist man gezwungen, festzustellen, daß die strukturellen Wandlungen, die notwendig wären, auch nur einen der gemachten Vorschläge — ganz zu schweigen von einer Vielzahl — in die Tat umzusetzen, bei weitem über die Tragfähigkeit gegenwärtiger Gesellschaften hinausgehen. Fast jeder der vorgeschlagenen Pläne setzt eine Menschheit voraus, die in ihren Handlungen von Vernunft geleitet wird und nicht in Traditionen verfangen ist, eine Menschheit, die bereit ist, Opfer zum Wohle der nächsten oder der übernächsten Generation auf sich zu nehmen. Mit Bedauern muß man erkennen, daß die von Experten gemachten Projekte, selbst wenn sie an sich zutref-

* Erstveröffentlichung unter dem Titel „Fall of Man" in *The Psychoanalytic Study of the Child.* Vol. 30, 1975, © Copyright, Yale University Press, New Haven. — Vorliegende Veröffentlichung entnehmen wir dem ‚Jahrbuch der Psychoanalyse', Bd. IX, S. 23-78, © Copyright, 1976 Verlag Hans Huber, Bern.

1. Erweiterte Fassung der Brill Lecture der New York Psychoanalytic Society, gehalten am 27. November 1974 in der New York Academy of Medecine.

fend sein sollten, sich als hoffnungslos illusorisch erweisen, wenn man sie unter der Voraussetzung ihrer Realisierbarkeit beurteilt. Nicht ein einziges der vorgeschlagenen Programme kann allgemeine Zustimmung, die die erste Voraussetzung seiner Durchführbarkeit wäre, für sich in Anspruch nehmen, sodaß keine Aussicht besteht, die Menschheit in letzter Anstrengung dahin zu einigen, die Finsternis zu bannen, die jeden Augenblick in die Zukunft verhängt. Es scheint, daß ein umfassender Plan zur Rettung der Menschheit jenseits des Bereichs des Möglichen liegt, und daß die Zukunft der Menschheit besiegelt ist.

Für denjenigen, der sich mit *Freuds* Werk befaßt, bedeutet die gegenwärtige Krise keine Überraschung. In seiner Schrift „Das Unbehagen in der Kultur" erhob *Freud* warnend seine Stimme, indem er auf die scheinbare Unvereinbarkeit der Natur des Menschen und der Kultur hinwies. Nach *Freud* verhindern viele Faktoren die Entwicklung des Menschen zu einem realitäts- und kulturangepassten Wesen, das die Kultur zum allgemeinen Wohle der Menschheit gebrauchen würde: die Aggression des Menschen, sein Schuldgefühl, seine verlängerte Kindheit und Abhängigkeit von den Eltern, das Inzestverbot und der Ödipuskonflikt. Die Bedeutung und Allgemeingültigkeit dieser Vielzahl von Faktoren ist immer wieder bekräftigt worden. Dementsprechend möchte ich die Frage aufwerfen, ob hier eine tiefere, biologische Grundlage zu suchen ist.

Man hat — wie ich glaube, nicht zu unrecht — oft gesagt, daß, will man sich ein Bild von dem zukünftigen Verlauf der Geschichte machen, zuerst die organische Entwicklung, deren Anfang wahrscheinlich über zwei Billionen Jahre zurückliegt, und die biokulturelle Entwicklung des Homo sapiens, die vor über 200 000 Jahren einsetzte, berücksichtigen und von Grund auf verstehen muß. Bei der Erforschung der Matrix, aus der der Mensch hervorging, wird die anorganische Schicht gewöhnlich als gegeben hingenommen. Ein sinnvoller Zusammenhang zwischen der Struktur des Anorganischen und der Struktur der Psyche ist nicht hergestellt worden. Doch ist es höchst eindrucksvoll, daß das Universum — und damit natürlich ebenso die Existenz des Menschen — auf der Tatsache beruht, daß seit vielen Milliarden Jahren Elektronen ununterbrochen Atomkerne umkreist haben. Biologen sind sich darüber im klaren, daß überraschend subtile Details der Atomstruktur dem Leben, wir wir es kennen, zugrunde liegen. So steht die Polarität der Wassermoleküle in enger Beziehung zum Funktionieren der Zellmembranen und die Wasserstoffbrücke zu biologischen Systemen; die Stabilität des Lebenden überhaupt wird sichergestellt durch die Energieunterschiede, die in den Atomen und Molekülen zwischen den niedrigsten und der nächsthöheren Energiestufe bestehen. Ungeachtet des wissenschaftlichen Werts solcher Fakten scheint ohne Berücksichtigung für ein Verstehen der menschlichen Psyche nicht notwendig zu sein, außer in Beziehung auf einen ganz besonderen Zug der anorganischen Schicht, deren Bedeutung nicht hoch genug veranschlagt werden kann. Ich meine das Prinzip der Invarianz, das Geltung besitzt, wo immer man es mit Anorganischem zu tun hat. Der Physiker darf sicher sein, daß das Verhalten eines Elektrons, das er in einer Geisslerschen Röhre beobachtet, für alle Elektronen gilt. Er braucht nicht ein einzelnes Elektron zu beobachten. Es ist unerheblich, welches besondere Elektron unter Billionen anderer seine

Aufmerksamkeit findet, da das, was für ein Elektron gilt, für alle anderen ebenso gilt. Die Identität der Elemente innerhalb des ganzen physikalischen Universums ist so rigoros, daß der Physiker hunderprozentig sicher sein kann, daß die Spektrallinien des Lichts, die aus einer Entfernung von einer Milliarde Lichtjahren von den Sternen zu ihm gelangen, die Existenz von Atomen beweisen, die mit denen unseres Planeten identisch sind.

Es ist möglich, daß Isotope, chemische Elemente, deren chemisches Verhalten zwar identisch ist, deren nukleare Struktur jedoch differiert, in rudimentärer Weise ein anderes Prinzip widerzuspiegeln vermögen, dessen selbständiges Wirken auf organische Stufe beobachtet wird. Dieses Prinzip ist das der Variation. Das Inkrafttreten dieses Prinzips auf der organischen Stufe ist von ausschlaggebender Wichtigkeit, da es die Evolution ermöglicht. Tatsächlich kann man in der Evolution so etwas wie einen gigantischen Kampf zweier einander entgegengesetzter Prinzipien erblicken, des Prinzips der unveränderlichen Wiederholung und des Prinzips der Variation. So faszinierend die komplizierte Vielfalt der Fortpflanzung und der Vererbung, die dem Prinzip der Invarianz folgen, auch sein mag, das wirkliche und völlig überraschende Novum auf der Stufe des Organischen ist dennoch die Variation. *Handler* schreibt hierzu (1970, S. 165): „Das einzigartige Attribut lebender Materie … ist ihre Fähigkeit zur Selbst-Duplikation, gepaart mit Mutation … Fortpflanzung allein ist kein ausreichendes Kriterium des Lebens. Viele abiotische Systeme vermehren sich selbst."

Am Ursprung des Lebens können wir ein fast identisches Verhalten der einfachsten Zellen beobachten, doch das Elektronenmikroskop enthüllt uns die Tatsache, daß die Akkumulation solch riesiger Zahlen von Molekülen, wie sie sich bei den meisten primitiven Organismen finden, nicht zu einer Identität der Struktur führt, die so rigid ist wie diejenige, welche bei chemischen Elementen zu beobachten ist. Die individuellen Unterschiede sind zwar geringfügig und irrelevant für das Verhalten der Zellen, aber es verdient festgehalten zu werden, daß mit dem Ursprung des Lebens die rigide Identität physikalischer Strukturen nicht mehr aufrecht erhalten wird.

Vergleicht man mit Hilfe des Elektronenmikroskops die Bilder zweier Protozoen derselben Spezies oder sogar zwei durch Teilung der Elternzelle entstandene Tochterzellen, so stellt man fest, daß einige Teile der Zellen in ihrer Anordnung differieren, so daß die Entfernungen zwischen bestimmten Teilen nicht notwendigerweise in jeder Zelle die gleichen sein müssen. Es ist zum Beispiel nicht wahrscheinlich, daß beide Zellen die gleiche Molekülzahl besitzen. Dennoch sind die Unterschiede nicht so groß, daß sie sich auf das Verhalten dieser Zellen wesentlich auswirken würden. So läßt sich trotz Strukturunterschieden eine approximative Verhaltensidentität beobachten.[2] Gewiß ist eine Strukturidentität im strengen Wortsinn mit Leben im organischen Bereich nicht unvereinbar, aber man begegnet einer solchen strengen Form der Identität auf der zelluaren Stufe. „Rotiferen und Gastrotri-

2. Vgl. *Portmann* (1966, S. 422): „Die einfachsten Organismen haben keine Individualität im strengen Sinne des Wortes."

chen sind ‚zellkonstant'. Jedes Mitglied einer bestimmten Spezies setzt sich aus genau der gleichen Anzahl von Zellen zusammen; ja jeder Körperteil besteht aus einer genau festgesetzten Anzahl von Zellen, die nach einem charakteristischen Muster angeordnet sind" (*Villee* 1967, S. 268). Zuweilen stößt man auf eine auffallende Uniformität in der inneren Struktur von Organen. So enthalten die Flagellen eukaryotischer, nicht aber prokaryotischer Zellen — unabhängig davon, ob es sich um ein- oder mehrzellige Organismen oder um männliche Fortpflanzungszellen handelt — in ihrer Matrix unveränderlich elf Gruppen von Röhrenfibrillen, von denen neun am Rande und zwei im Zentrum angeordnet sind (*Keeton* 1967, S. 76).

Die Struktur der Organismen ermöglichte Variationen in einer Weise, die der anorganischen Stufe des Daseins wesensmäßig fremd ist. Diese neue Fähigkeit der Veränderbarkeit, die mit dem organischen Leben entstand, ist bedingt durch eine evolutionäre Neuerung von fundamentaler Bedeutung. Die primitivsten Organismen besitzen ein sturkturelles Element, das für alle späteren Organismen kennzeichnend ist: eine Trennung von der Umgebung. Der Organismus ist gegenüber der Umgebung nicht geöffnet; eine Membrane ermöglicht es, daß der Zelle ein inneres Leben zugeschrieben werden kann, selbst auf den frühesten Stufen organischer Entwicklung. Die Existenz eines Innenraums, der von der Außenwelt durch den Besitz einer Grenzwand garantiert ist, stellt ein fundamentales Charakteristikum des Lebens dar. Gewiß, das Atom hat eine Innen- und eine Außenseite. Aber es ist nicht in gleicher Weise wie die Zelle von dem, was es umgibt, getrennt. Das Atom ist selbstgenügsam und braucht zum Fortbestehen keine Unterstützung von außen, wenngleich auch eben dieses Atom eines Tages zerfallen wird, seine Elektronen vom Kern getrennt sein werden und es Teil eines toten Sterns sein wird.

Die andere evolutionäre Neuerung war die Teilung der Zelle in Zellplasma und Zellkern, der seinerseits in eukaryotischen Zellen durch eine Membrane vom Cytoplasma getrennt ist. Der Kern folgt einem streng konservativen Prinzip und ermöglicht somit rigide Wiederholung, wie sie in der Natur beobachtet wird. „Die Pfeilschwänze sehen heute noch so aus wie die Fossilien des Mesozoikums. Das bedeutet, daß sich während dieser ganzen Zeit das Programm nicht verändert hat, daß jede Generation gewissenhaft ihren Zweck erfüllt hat, der darin bestand, daß Programm für die nachfolgende Generation genau zu reproduzieren", schreibt *Jacob* 1970, S. 13. Und dennoch war — ungeachtet dieser grundlegenden Invarianz — Variation möglich.

Diese Neuerungen bedeuten Fortschritte von solcher Größe, daß keine späteren evolutionären Wandlungen ihnen die Waage halten können. Auf Grund einer Kenntnis der physikalischen und chemischen Gesetze der an diesen Prozessen beteiligten Moleküle wären diese Neuerungen nicht voraussagbar gewesen, und bis auf den heutigen Tag besitzen wir nur unzureichende Vorstellungen über die evolutionären Sprünge, die sich dabei vollzogen haben.

Die strukturellen Differenzierungen ergaben die Grundlage einer systematischen Veränderungsmöglichkeit und einer geregelten Veränderbarkeit. Die sich daraus ergebende Anordnung begünstigte Unveränderbarkeit: der Kern war, indem er eine genetische Struktur entwickelte, in der die charakteristischen Merkmale der Zelle enkodiert werden konnten, konservativ insofern, als die von ihm programmierten Tochterzellen größtenteils identisch waren. Mutation und Zufallsvariation in der replizierten genetischen Struktur sowie auch sexuellen Fortpflanzung ermöglichten eine Veränderung in den charakeristischen Merkmalen der Nachkommen.

Die meisten Mutationen haben nicht-lebensfähige Organismen zur Folge, und nur wenige Mutationen führen zu Fortschritt, der in nachfolgenden Generationen festgehalten wird. Was darüber entscheidet, ob eine Mutation eine dauerhafte Bereicherung der Biosphäre sein wird, ist ihre Tauglichkeit. Das Prinzip der Selektion beherrscht die Evolution des Organischen; was lebensuntauglich ist, wird eliminiert. Nach heutiger Auffassung bilden Vererbung, Mutation und Selektion den Grundstein, auf dem die Entwicklung von Protozoen zu Säugetieren begründet ist. So ist die biologische Evolution das Ergebnis eines gewaltigen Experiments, das sich im Labor nicht wiederholen läßt. Hunderte, ja Tausende von Variablen sind bei diesem Experiment zugleich am Werk, das immer und immer wieder zu demselben Ergebnis führt: was tauglich ist, überlebt und vermehrt sich, während das, was untauglich ist, zugrundegeht.

Es muß allerdings erwähnt werden, daß, wenn man als Test für die evolutionäre Tauglichkeit die Menge der reproduzierten Organismen gebrauchen will, dies zu einem Rätsel führt. So gesehen sind nämlich Bakterien, die primitivsten Organismen, von denen wir Kenntnis haben, die tauglichsten. Es gibt keine Spezies, die es mit dem Fortpflanzungspotential und der tatsächlichen Leistung der prokaryotischen Organismen aufnehmen kann. Allgegenwärtig in der gesamten Biosphäre (*Stanier* u.a. 1970, S. 687), sind sie von einer unvergleichlichen Anpassungsfähigkeit sowohl an die primitivsten als auch an die extremsten Bedingungen. Keine andere Gruppe von Organismen kann mit ihnen, was Widerstandsfähigkeit betrifft, konkurrieren. Ist diese unglaubliche Widerstandskraft gegenüber höchst ungünstigen Umweltbedingungen und die gewaltige Vermehrungsquote auf ihre Primitivität, auf das Fehlen eines separaten Kerns und auf den relativen Mangel an Membranen in ihren inneren Strukturen (die Oberflächenmembrane ist durch einen dichten Schutzwall isoliert) zurückzuführen?

Wenn primitive Organismen den höchsten Grad evolutionärer Tauglichkeit besitzen, warum führte die Evolution dann zur Bildung von Organismen, die verwundbar und weniger vermehrungstüchtig sind? Es kann kaum bezweifelt werden, daß, welches auch immer die Zukunft unseres Planeten sein wird, die Bakterien sich noch fortpflanzen werden zu einer Zeit, da der Homo sapiens ausgestorben sein wird.

Da der menschliche Geist dazu neigt, selbst in solchen Bereichen nach Zwecken zu fragen, in denen es möglicherweise keine Zwecke gibt, läßt sich die Frage nach dem Sinn des Lebenskontinuums, das mit Bakterien anfing und wieder in Bakterien enden wird, kaum umgehen. Unter diesem Gesichtspunkt mag die organische Evolution wie ein Umweg erscheinen, der sinnlose Angst und Pein und sinnlose Verschwendung fruchtloser Anstrengungen bedeutet.

Wie dem auch sei, dem organischen Leben, das zur Zeit seines Beginnens angesichts des damaligen Vorherrschens dem Leben höchst schädlicher Naturkräfte nur minimale Chancen hatte fortzubestehen, leisteten Vererbung, Mutation und Selektion optimale Dienste. Die Biosphäre dehnte sich aus, füllte alle erreichbaren Nischen und schlug auf unserem Planeten so tief Wurzeln, daß sie fast unausrottbar schien.

Die Welt vor der Ankunft des Menschen kann die beste aller Welten genannt werden, obwohl sie keineswegs eine Welt der Harmonie war. Jeder lebende Organismus mußte sterben, aber kein einziger wußte von seinem drohenden Ende. Die Welt war zwar durchdrungen von Angst und Schmerz; viele Organismen wurden, um anderen Arten als Nahrung zu dienen, getötet und verschlungen. Doch war dies eine Welt, in der eine ungeheure Anzahl von Arten zusammen lebte und wuchs, ohne je die Biosphäre und die Evolution differenzierter Formen zu bedrohen — wenngleich eine große Zahl biologischer Arten und sogar acht Stämme (*Simpson* 1967) ausgestorben sind. Es war ein Kosmos, der nicht durch Uniformität, sondern durch differenzierte Formen gekennzeichnet war, die versprachen, sich in noch differenziertere Organismen fortzuentwickeln.

War das Tierreich weiser als der Mensch? Wie war es möglich, daß Organismen mit völlig unterschiedlichen Strukturen und Lebensgewohnheiten im Kampf um die Selbsterhaltung überhaupt bestehen konnten, ohne dabei Chaos zu verursachen? Diese Frage ist mit der Feststellung zu beantworten, daß das Verhalten des Tieres in seiner Freiheit streng begrenzt ist. Selbst das Verhalten höchstentwickelter, hoch differenzierter Tierarten ist durch eingebaute Mechanismen bestimmt, die mögliche Verhaltensweisen auf eine geringe Zahl reduzieren. Ohne archaische Verhaltensprinzipien zu berücksichtigen, läßt sich sagen, daß das Verhalten des Tieres durch Instinkte organisiert wird. Die Gleichförmigkeit des Verhaltens, die für jede Spezies durch ihre Instinktsteuerung festgelegt ist, war eine wichtige Voraussetzung für das erfolgreiche Verhalten der Tiere; die organische Evolution und das relative Gleichgewicht, das in der Welt der Organismen zu beobachten ist, wären sonst nicht möglich gewesen.

Luria (1973, S. 73) betont, daß die Selektion nicht auf die Gene, sondern auf die Organismen wirkt. Ich würde vorschlagen, daß die Selektion auf das Verhalten wirkt. Gäbe es in der Lebensweise der Tiere keine Gleichförmigkeit des Verhaltens, so wäre die Selektion nie fähig gewesen, die überraschenden Ergebnisse differenzierter Tierarten herbeizuführen.

Wenn ich den Terminus „Instinkt“ verwende, so steche ich in ein Wespennest, da sich die Erforscher tierischen Verhaltens in zwei Lager spalten. *Konrad Lorenz* ist der beste Repräsentant einer Richtung, die dem Instinkt eine größere Rolle im Verhalten des Wirbeltieres zuschreibt, während *Ashley Montagu* der leidenschaftlichste Verfechter der Umwelttheorie ist, der fast alle führenden Tierpsychologen der USA angehören. Es erübrigt sich in diesem Zusammenhang, auf die noch nicht abgeschlossene Diskussion einzugehen. Wenn ich den Terminus „Instinkt“ hier verwende, so nicht in dem Sinne, wie ihn die Vertreter der Umwelttheorie gebrauchen. Nach meiner Meinung schließen Instinkt und Lernen einander nicht aus, obgleich es Instinkte gibt, die so tief verankert sind, daß sie durch keine Art des Lernens zu beeinflussen sind.

Wir wissen, daß der Zustand regulierter Variation, die die organische Evolution beherrschte, mit der Anthropogenese ein jähes Ende fand, als die organische Evolution in die kulturelle Evolution überging, die durch wesentlich andere Prinzipien bestimmt wird. Eine einfache Betrachtung soll diesen Unterschied veranschaulichen: *Luria* (1973, S. 16) sagt, daß „das besterzogene und bestangepaßte (most superbly conditioned) Individuuum, wenn es kinderlos stirbt, evolutionär gesehen ein Fehlschlag ist", und dennoch hatte ein kinderloser Mann wie Sokrates auf das menschliche Geschlecht eine weitaus größere Wirkung als ein königlicher Bourbone, der angeblich dreihundert Kinder zeugte.

Bevor die Unterschiede zwischen organischer und kultureller Evolution besprochen werden, ist es notwendig, die fundamentale evolutionäre Neuerung festzuhalten, die die Struktur des psychischen Apparates des Menschen von dem des Tieres unterscheidet. Von den biologischen Wandlungen, die sich im Zuge der Anthropogenese ereigneten, waren die evolutive Vergrößerung des Gehirns und eine höhere Strukturalisierung der Großhirnrinde die augenfälligsten, ebenso wie die Annahme des aufrechten Ganges und die großartige Differenzierung der Hand.

Bei der Strukturierung des psychischen Apparates jedoch war die grundlegende Neuerung, die sich mit der Anthropogenese ergab, der Zusammenbruch der Instinkte als den Haupt- und — wie ich denke — ausschließlich Organisatoren des tierischen Verhaltens und deren Degradierung zu Trieben. Dieser Gedanke wurde in einer oder der anderen Form von anderen geäußert, doch glaube ich, daß die Bedeutung dieser Umorganisierung mit all ihren Konsequenzen noch nicht ausreichend hervorgehoben worden ist. Tiere — zumindest von einem bestimmten evolutionären Niveau an — werden ebenso wie menschliche Wesen durch Verlangen und innere Forderungen motiviert, die tief in der körperlichen Matrix verwurzelt sind. Bei den Tieren jedoch sind diese Strebungen fast untrennbar mit der Art und Weise ihrer Befriedigung verlötet. Wenngleich natürlich auch Tiere zu lernen vermögen, so ist tierisches Verhalten doch mehr oder weniger eindimensional. Die Strebungen des Tieres sich zu erhalten und fortzupflanzen, sein Territorium zu nutzen und zu verteidigen, seine Brut zu schützen und zu ernähren, werden auf eine Weise befriedigt, die fast starr für jede Art durch deren genetischen Bauplan vorausprogrammiert ist. Das Tier muß keine Entscheidungen treffen; es wird mit dem Wissen vorausgegangener Generationen geboren, einem Wissen, das in seinen Genen inkorporiert ist und sich in dem reibungslosen Funktionieren seiner Instinkte manifestiert.

Ohne die Leistungsfähigkeit der Instinkte, durch die das tierische Verhalten reguliert wird, — wenn jeder neuen Generation erneut die Aufgabe gestellt worden wäre, ihren eigenen, für sie besten Weg zu finden, um den Erfordernissen der Selbsterhaltung und der Fortpflanzung gewachsen zu sein — befände sich die organische Schicht der Welt in einem permanenten chaotischen Zustand. Selektion hätte nicht die Evolution der Organismen organisieren können.

Obgleich der Mensch mit Strebungen geboren wird, die denen der Tiere vergleichbar sind, ist ihm deren Befriedigung nicht in starr programmierter Weise aufgezwungen. Tierischer Instinkt und menschliche Triebe haben Anfangs- und Endstation gemeinsam: das körperliche Verlangen und den Endakt der Befriedigung.

Tier wie Mensch werden vom Hunger getrieben und beide stillen ihn, indem sie Nahrung aufnehmen. Während jedoch der Instinkt das Tier bei der Nahrungsbeschaffung zwingt, auf eine ganz bestimmte Art vorzugehen, die sich seit dem ersten Auftreten jeder Spezies kaum geändert hat, verfügt der Mensch über einen hohen Grad an Freiheit, und seine Geschichte weist ein weites Spektrum diverser Techniken auf, die von der einfachen Nahrungssammlung bis zur modernen industriellen Herstellung künstlicher Nährstoffe reichen (vgl. *Tannahill* 1973). Schließlich gelingt der Technik sogar die Sprengung des biologischen Endaktes, indem sie mit Umgehung des Schluckaktes und der Ausnutzung der Magenschleimhaut die Erhaltung des Organismus durch die intravenöse Injektion der Nährstoffe ermöglicht.

Aus folgenden Gründen darf man die Umwandlung von Instinkten in Triebe als eine Art Verminderung und Verschlechterung, ja vielleicht sogar der Degeneration ansehen: Instinkte bestehen aus zwei Bestandteilen oder Unterabteilungen, erstens Strebung, physischem Verlangen oder physischen Spannungen, und zweitens einer Technik, einem Verfahren, einer Gewandtheit, deren Anwendung oder Gebrauch die Spannung reduziert. Der Trieb jedoch hat nur einen Bestandteil, nämlich das Verlangen. Die Gestalt[3] des Triebes ist, verglichen mit der des Instinkts, reduziert, und deshalb kann hier von einer Verminderung gesprochen werden.

Diese Verminderung muß anfangs eine der größten Bedrohungen für das Überleben des Menschen gewesen sein, da er seine eigenen Techniken erfinden mußte, um mit der äußeren Realität fertigzuwerden. Der Gebrauch dieser Techniken muß, verglichen mit den nahezu vollkommenen Techniken, welche die Tiere im Verlauf der organischen Evolution erworben hatten, äußerst risikoreich und die Selbsterhaltung keineswegs verbürgend gewesen sein. Wir sind hier Zeuge eines Vorgangs, der parallel zu dem verläuft, der am Beginn des Lebens zu beobachten ist. Die Existenz früher organischer Verbindungen war durch ultraviolettes Licht gefährdet, gegen das der Planet Erde nicht abgeschirmt war. Der damals in der Atmosphäre fehlende Sauerstoff hätte diese Verbindungen zerstört. Tatsächlich entwickelten sie sich einige Zentimeter unterhalb der Wasseroberfläche, wo sie vor den schädlichen Strahlen geschützt waren. Bemerkenswerter Weise produzieren diese Verbindungen Sauerstoff, der ein unbedingt notwendiges Element für die Entwicklung des Lebens wurde, und der zugleich unseren Planeten gegen die lebensvernichtende Strahlung schützte. Ähnlich wurde der anfangs gefährliche Verlust prädeterminierter Verhaltensweisen gegenüber der Realität zur Vorbedingung für die kulturelle Evolution, die es dem Menschen ermöglichte, sich zum Herrscher über fast alle anderen biologischen Arten aufzuschwingen. In beiden Fällen wurde eine Bedrohung der Entwicklung für ein die Evolution förderndes Element umgewandelt.

Der wesentliche Wandel, zu dem es innerhalb des biologischen Bereichs kam, als der Instinkt durch die Anthropogenese zum Trieb entartete, läßt sich höchst eindrucksvoll an der Sexualität des Menschen beobachten. Keine andere Spezies besitzt so viele Möglichkeiten, ihre sexuelle Befriedigung zu variieren. Dabei wird der Mensch durch die anatomische Struktur, die seine aufrechte Haltung erforderlich

3. (Im Original deutsch) (A.d.Ü.).

macht, unterstützt, was eine Vielfalt von Positionen beim Geschlechtsverkehr gestattet (es handelt sich hier um eine Neuerung innerhalb der Evolution, die ihresgleichen sucht, und die bei der Diskussion der Perversionen gewöhnlich nicht genügend berücksichtigt wird). Ein scheinbares Paradoxon ist die Folge: jemand, der sein sexuelles Verlangen gewohnheitsmäßig durch den normalen Geschlechtsverkehr befriedigt, verhält sich wie ein Tier, während der sich dem ganzen Spektrum der dem Menschen zugänglichen Perversionen Hingebende sich in einer für den Menschen besonders charakteristischen Weise benimmt.

Bei der Befriedigung des Sexualtriebes ist deutlich die Deformation des biologischen Apparates zu beobachten, was darauf zurückzuführen ist, daß an die Stelle der Instinkte Triebe getreten sind. Nicht nur kann die Erregung irgendeines Teiles der Körperoberfläche den Orgasmus auslösen, sondern visuelle oder auditive Reizung oder auch bloß eine Phantasie bzw. ein Gedanke können ebenfalls dazu führen. Der Endakt der Befriedigung vermag sich von den Genitalien loszulösen und kann in den Bereich des Mundes verlegt werden oder zu einem analen Organsmus führen. Orgasmusträume ohne Emissionen sind beim Manne nicht selten. Einem meiner Patienten gelang es durch Übung, den Orgasmus auszulösen, ohne daß es dabei zur Ejakulation kam. Eine derartige Leistung ist klinisch zwar nur selten zu beobachten, aber sie veranschaulicht das Extrem einer Triebdeformation.

Wenn man die psychoanalytische Terminologie anwendet, so läßt sich der Sachverhalt folgendermaßen darstellen: während der Instinkt in der genetischen Struktur des Tieres programmiert, nicht nur dessen Strebungen, sondern auch die Mittel, mit deren Hilfe diese Strebungen zu befriedigen sind, determiniert, sollen die Verfahren der Befriedigung beim Menschen durch das Ich geliefert werden, das heißt, der Instinkt ist eine Synthese von Es und Ich, während beim Menschen Es und Ich auseinandertreten. Ohne meinen Schlußfolgerungen Abbruch zu tun, muß aber auch die Tatsache erwähnt werden, daß die Entwicklung des Ichs und die Strukturierung des psychischen Apparates ebenfalls programmiert und deshalb gewissen Begrenzungen unterworfen sind. Aber es ist eine Grunderkenntnis psychoanalytischer Forschung, daß — bei Konstitutionen innerhalb normaler Grenzen — Erlebnisse innerhalb der ersten fünf Jahre darüber entscheiden, ob das Kind später ein Verbrecher oder ein Heiliger, eine in ihren Leistungen durchschnittliche oder überragende Persönlichkeit, ob es ein gesunder, ausgeglichener Mensch oder ein von Neurosen und Depressionen zermürbter Mensch sein wird. Das Prinzip der unregulierten Variation, das durch die Anthropogenese eingeführt wurde, war durch die Aufhebung der Instinkte, die bis dahin das tierische Leben geregelt hatten, ermöglicht worden.

Unter den vielen Einwänden gegen meine These und gegen die extremen Konsequenzen, die ich darauf ziehe, wird sich sicherlich auch das Argument finden, daß sich eine zunehmende Annäherung an den Zustand des Menschen in dem Maße beobachten läßt, in dem man die evolutionäre Stufenleiter verfolgt. Viele Tiere, insbesondere die nonhumanen Primaten, haben ihr „Quinquennium", in dessen Verlauf sich formative Wirkungen auf die Instinkte erkennen lassen.

Soweit mir bekannt ist, sind die Grenzen, denen die Modifizierbarkeit des Instinkts unterworfen ist, noch nicht definiert. Gewiß, bei einigen Vogelarten hängt der Gesang des erwachsenen Vogels von auditiven Eindrücken des Nestlings ab, und Affen, die unter künstlichen Bedingungen aufgezogen wurden, können in ihrem sozialen Verhalten und in ihrer Fähigkeit, sich zu paaren, stark beeinträchtigt sein. Im Falle der Vögel ist jedoch die mögliche Variationsbreite des erwachsenen Gesangsprodukts recht gering, und im Falle der Affen beschränken sich die durch die Instinktmodifizierbarkeit eröffneten Möglichkeiten auf die geglückte oder mißglückte Entwicklung einer Funktion bzw. einer Gruppe von Funktionen. Beim Menschen hingegen kann ein Trieb in einem solchen Maße modifiziert werden, daß die ursprüngliche Strebung im Endprodukt ihrer Entwicklung nicht mehr zu erkennen ist. Allgemein läßt sich behaupten, daß man trotz umfangreicher Berichte über extensives Lernen bei Tieren mit gutem Grund von der Starrheit der Instinkte und der vergleichsweisen Freiheit der Triebe sprechen kann.

Der Zustand des Menschen als eines Wesens ohne Instinkte ist auf vielerlei Gründe zurückzuführen. Nach *Bolk* sind „Fötalisierung" und „Retardation" des Neugeborenen der Spezies Homo sapiens ausschlaggebende Voraussetzungen. Je regressiver ein Organismus — natürlich innerhalb optimaler Grenzen bei der Geburt — ist, desto größer ist der Spielraum, in dem er sich in Abhängigkeit von Eventualereignissen entwickeln kann. Dies kann sogar innerhalb der menschlichen Spezies selbst beobachtet werden. So werden Knaben in einem Zustand größerer Regression als Mädchen geboren, und tatsächlich ist der Bereich der Entwicklungsmöglichkeiten beim männlichen Geschlecht größer als beim weiblichen, was an der Tatsache zu erkennen ist, daß Genie, wenn überhaupt, beim weiblichen Geschlecht nur sehr selten anzutreffen ist.

Bolks Theorie ist durch *Portmann* modifiziert worden. Nach *Portmann* (1945, 1946) müßte der Mensch durch seine Position innerhalb der Evolution ein „Nestflüchter" sein, er ist indessen ein „Nesthocker" — nicht primär wie die höheren Vögel, sondern sekundär. Um wie andere Säugetiere als Nestflüchter geboren zu werden, müßte die Zeit der Schwangerschaft beim Menschen viel länger, nämlich 21 Monate betragen. Dies läßt sich überzeugend an der Tatsache demonstrieren, daß das Wachstum des Neugeborenen ein Jahr lang die steile fetale Wachstumskurve fortsetzt. Auf Grund dieser, wie *Portmann* es bezeichnet, „physiologischen Frühgeburt" besitzt der Mensch die Fähigkeit, ein weites Spektrum von Verhaltensmustern herauszubilden, ohne daß er in den engen Rahmen gesperrt ist, wie er bei Tieren zu beobachten ist, die mit festen, vorgegebenen Lösungen derjenigen Aufgaben geboren werden, die das Leben stellt. Es ist, als hätte die Natur besondere Vorkehrungen getroffen, um den Menschen eine relativ lange Zeit zu sichern, in der er Lösungen für die Befriedigung seiner Triebe finden kann; ein Aspekt hierfür mag in der Tatsache der relativ späten sexuellen Reifung des Menschen gesehen werden.

Auf jeden Fall scheint das Fehlen der Instinkte beim Menschen sein Wesen eindeutig zu kennzeichnen. *Portmann* schreibt (1968, S. 205): „Wenn ich es wagen darf, für einen Augenblick etwas schematisch zu verfahren..., so können wir die tierische Lebensform im gesamten als instinktgebunden oder instinktgesichert bezeichnen, die menschliche im Gegensatz dazu als eher instinktarm, dafür weltfrei oder weltoffen."

Obgleich der Mensch noch immer den Zwecken der Selbsterhaltung und der Fortpflanzung unterworfen ist, ist er von den Fesseln, die die Natur dem Tiere angelegt hat, befreit. Ihm wurde ein weites Feld an Wahlmöglichkeiten zuteil — Wahlmöglichkeiten, die nicht von sekundärer Wichtigkeit sind wie eine Entscheidung, ob etwa ein Nest in diesem oder jenem Baum zu bauen ist, sondern die vielmehr in ihren Konsequenzen unabsehbare Möglichkeiten enthalten, die seine eigene Spezies und andere biologische Arten zutiefst und unwiderrufbar berühren. Von diesem Augenblick an mußte der Mensch selbst die Verantwortung für das tragen, was bis dahin mit untrüglicher Sicherheit die Evolution durch das stumme Wirken der Vererbung, der Mutation und der Selektion ausgeführt hatte.

Diesen Augenblick nenne ich den Sündenfall des Menschen, weil es eben dieser Augenblick war, in dem der Mensch aus der Natur heraustrat bzw. von ihr befreit wurde und ihm eine Aufgabe aufgebürdet wurde, für die er völlig unvorbereitet war, und an der er scheitern mußte, wie ich im weiteren Verlauf meiner Darlegungen zu zeigen versuchen werde. Die antagonistische Harmonie der organischen Welt wurde durch die Anthropogenese abrupt gestört. Obgleich es natürlich beim Menschen wie bei allen anderen Arten zu Mutationen kommt, können Mutationen beim Menschen nicht zu funktionalen Fortschritten führen — außer auf einem Gebiet, das an späterer Stelle diskutiert werden soll. Durch Mutation im Menschen könnte es beispielsweise zur Bildung von Augen kommen, die weiter zu sehen vermögen, als dies dem visuellen Apparat, der ihm zur Verfügung steht, möglich wäre, aber eine solche Mutation könnte niemals einen visuellen Apparat hervorbringen, der die äußersten Grenzen des Universums erreichen kann — wie dies der Mensch mit Hilfe des Telekops fast vermag — oder der ihn die mittels des Elektronenmikroskops sichtbar gemachten Details entziffern läßt. Nicht einmal Millionen von Jahren organischer Evolution würden ausreichen, eine Spezies zu schaffen, die fähig wäre, den Mond zu erreichen. Technologische Neuerungen sind die Äquivalente neuer biologischer Arten, aber sie kommen ohne entsprechende Wandlung der genetischen Struktur zustande. Mit dem Menschen ist eine Spezies geschaffen worden, von der keine neue Art abstammen wird. An die Stelle der organischen Evolution trat die kulturelle Evolution. In ähnlicher Weise wurde die Wirksamkeit der Selektion — jenem anderen Grundpfeiler organischer Evolution — mit dem Anbruch der menschlichen Spezies schwer geschädigt.

Allen drei Stufen der Evolution, der anorganischen, der organischen und der kulturellen, ist ein Prinzip gemeinsam, nämlich das Prinzip der Expansion: anorganische Materie füllt bis an die äußerste Grenze ihrer Möglichkeiten den Raum, in dem Sterne an der Peripherie des Weltraums mit ungeheurer Geschwindigkeit sich vom Mittelpunkt weg bewegen; organisches Leben erfüllt alle nur erreichbaren Winkel unseres Planeten und vermehrt sich mit solcher Macht, daß organische Verbindungen sogar im interstellaren Raum gefunden werden. Diese Tendenz, wie sie uns in der Biosphäre begegnet, ist bis zu einem gewissen Grad auch in der kulturellen Sphäre zu beobachten. Im allgemeinen neigen neue kulturelle Elemente dazu, sich auszubreiten, und wir kennen viele Beispiele solcher Diffusion.

Bei der kulturellen Evolution gilt dieses Expansionsgesetz jedoch nicht ohne Einschränkung. So verfolgten die Kinder Israels nicht die Absicht, ihre monotheistische Religion zu verbreiten, vielmehr behüteten sie sie voll Eifersucht für ihre eigenen Stämme. Als England sein Empire gründete, exportierte es nicht etwa sein System der Industrialisierung in die Kolonien, sondern es degradierte dieselben zu bloßen Rohstoffquellen und Absatzmärkten und machte so die neue Zivilisation zu einem Eigenprivileg. Auch läßt sich beobachten, wie innerhalb ein und derselben kulturellen Gemeinschaft die herrschende Schicht versucht, die Nutznießung neuer kultureller Elemente und ihren Gebrauch auf die Mitglieder der eigenen Gruppe zu beschränken und den größten Teil der Gemeinschaft sogar von deren Genuß völlig auszuschalten — ein Problem, über das an späterer Stelle mehr zu sagen sein wird.

Wenn wir uns der kulturellen Evolution zuwenden, so erstellen sich überdies grundsätzliche Fragen wie danach, was die diese Art der Evolution begünstigenden Faktoren sind und schließlich, welches das Ziel der kulturellen Evolution überhaupt ist. Das Richtmaß der organischen Evolution scheint ja festzustehen: es ist die Differenzierung und quantitative Vermehrung. Vererbung, Mutation und Selektion führten zu immer differenzierteren Formen, die schließlich in der Anthropogenese gipfelten, und eine Vielfalt von Fortpflanzungstechniken brachte es zustande, daß die Biomasse das maximal Mögliche erreichte. Besitzen wir nun aber auch einen Maßstab, der uns bestimmen läßt, was in kultureller Hinsicht günstig ist? Kulturelle Neuerungen, die als Fortschritt gepriesen werden, können sich als destruktiv und der kulturellen Entwicklung abträglich erweisen, als Hemmschuhe weiterer Differenzierung, ja sogar als Qualität und Quantität kultureller Leistungen vermindernd. Ist das Christentum der heidnischen Antike kulturell überlegen? Diese Frage ist bisher ohne Antwort geblieben.

Darüberhinaus führt bei der organischen Evolution das freie wechselseitige Spiel der Kräfte notwendigerweise zum survival of the fit. Dieses Gesetz ist in der kulturellen Evolution außer Kraft gesetzt: der physisch Tüchtigste ist nicht notwendigerweise — vielleicht sogar nur selten — kulturell auch der Überlegene und umgekehrt. Tatsächlich können zahlreiche Beispiele dafür angeführt werden, die das Überleben und die Dominanz des kulturell Ungeeigneten auf Kosten des Tüchtigen zeigen. In jeder Generation wird eine unbestimmte Zahl von Menschen, die sich möglicherweise als kulturell äußerst produktiv hätte erweisen können, zugunsten kulturell unproduktiver, wenn nicht gar kulturell destruktiver Individuen vernichtet. Es gab Zeiten, in denen die Blutsverwandtschaft darüber entschied, wer an der hierarchischen Spitze des Staates zu stehen hatte, und so ist die Geschichte auch gefüllt mit Berichten über jene, die trotz ihrer völligen Ungeeignetheit die Geschicke großer Gemeinschaften bestimmten. Das Prinzip der Fitness verlor, wenngleich es in einigen Bereichen der kulturellen Evolution noch nachwirkte, seine ausschließliche Relevanz und wurde durch das Prinzip der sozialen Bedingtheit ersetzt, welches — vom Standpunkt der kulturellen Evolution — willkürlich ist und häufig zu irreparablem Schaden für den kulturellen Prozeß geführt hat.

Ich habe weiter oben das Prinzip der Invarianz im Bereich des Anorganischen erörtert sowie innerhalb der organischen Evolution das Prinzip regulierter Variation, das zu einem Zustand relativer, wenngleich antagonistischer Harmonie geführt hat.

Im Falle der kulturellen Evolution indessen, nahmen Grad und Ausmaß der Variation unvorhergesehene Proportionen an. In den Frühphasen kultureller Evolution begegnet man einer gemäßigten Variation. Wäre sie innerhalb dieser Grenzen geblieben, hätte sie wichtige Merkmale mit derjenigen geteilt, die innerhalb der organischen Evolution vorherrscht. Doch mit dem Übergang vom Nomadentum zu dauerhaften Ansiedlungen und mit der Gründung von Städten begann die Variation — verglichen mit der der organischen Evolution — offensichtlich außer Kontrolle zu geraten. Stile und politische Institutionen schossen aus dem Boden, Klassenunterschiede verschärften sich, Spezialisierung wurde unentbehrlich, Kriege brachen aus, und verbrecherisches Verhalten war an der Tagesordnung. Unterschiede in Sitte, Kleidung, Sprache, Glauben und Beschäftigungsart variierten immer stärken nicht nur von einem Ort zum anderen, sondern auch in vielen Belangen zwischen den einzelnen Mitgliedern derselben Gemeinschaft. Damit einher ging eine Akzeleration der Variationsgeschwindigkeit von einem in der physikalischen oder organischen Evolution unbekannten Ausmaß.

Ich will damit nicht behaupten, daß die kulturelle Evolution ohne jede Begrenzung ist, sondern bloß den Unterschied in der Regulierung auf organischer und kultureller Ebene betonen. Das Gesetz regulierter Variation in der organischen Evolution mußte gegen das Gesetz der Invarianz ankämpfen, das durch die konservative Natur der Gene gegeben ist. Die chaotische Variation innerhalb der kulturellen Evolution hat auch ihren Gegenspieler. Hinter ihren verwirrenden Erscheinungen verbirgt sich eine tiefsitzende Tendenz zur Wiederholung.

Obwohl viele Analytiker *Freuds* Begriff des Wiederholungszwangs ablehnen, war es doch ein großes Verdienst, als er eine Tendenz zur Wiederholung im Leben einzelner Individuen sowie in der Geschichte ganzer Nationen entdeckte. In der organischen Evolution ist das Prinzip der Invarianz noch ganz offenkundig, und es ist mehr als unwahrscheinlich, daß ein Prinzip, das alle vorausgegangenen Evolutionsphasen hindurch wirksam gewesen ist, in der menschlichen Existenz keine Geltung mehr haben sollte. Die kulturelle Evolution sieht sich jedoch zwischen einer allgemeinen Scylla und Charybdis. Invarianz und Wiederholungszwang beherrschen den kulturellen Prozeß in Phasen des Stillstandes. Variation — durch Selektion kaum kontrolliert — würde aus dem kulturellen Prozeß ein Chaos machen, und die menschliche Geschichte in ein Pandämonium verwandeln. Die Geschichte der Menschheit resultiert aus beiden Prinzipien, doch liegt es jenseits des menschlichen Entscheidungsvermögens, ob sich der Verlauf der Geschichte mehr in die eine oder in die andere Richtung wendet.

Zu den vielen Folgen, die sich hieraus ergeben, gehört das schicksalhafte Problem verpaßter Chancen. Ich bezweifle, daß es in der organischen Evolution etwas Gleichartiges gibt. Die Häufigkeit der Mutation und das wachsame Auge der Selektion haben vermutlich nie eine lebensfähige Differenzierung unbeachtet gelassen. Die menschliche Geschichte aber lehrt, daß einzigartige Möglichkeiten zu gesundem kulturellem Wachstum ungenutzt geblieben sind. Drei Beispiele aus der Neuzeit sollen hier erwähnt werden.

Napoleon Bonaparte hatte die besten Chancen, von allen Nationen, die er besiegte, als Befreier und Verkünder der Freiheit begrüßt zu werden. Er hätte bloß den Prinzipien der französischen Revolution, die ihn selbst an den Gipfel der Macht getragen hatten, treu bleiben müssen. Dem Prinzip der Variation zufolge hätte er die Feudalmächte und Institutionen, die in den Ländern, in die er eindrang, Geltung besaßen, zerschlagen müssen. Es lag in seiner Hand, eine vereinte Konföderation von Republiken zu gründen, die aus französisch-, deutsch-, spanisch- und italienischsprachigen Territorien bestanden hätte. Doch seine eigenen unseligen Ambitionen, eine neue Dynastie zu gründen, zusammen mit anderen widersprechenden Motiven, ließen ihn zum Verräter seiner wahren Mission werden, und so verfiel Europa erneut in ein Konglomerat von Nationen, die unablässig sich gegenseitig durch Kriege aufs schwerste schädigten.

Ein anderer, nicht weniger ernster Augenblick war es, als England sein unvergleichliches Empire schuf. Würde das Prinzip der organischen Evolution auch auf der kulturellen Ebene Geltung besitzen, dann hätte eine Gelegenheit wie diese dazu geführt, daß Kenntnis und Erfahrung jahrhundertealter demokratischer Institutionen exportiert und ein weit ausgedehntes Empire durch einen geordneten Industrialisierungsprozeß integriert worden wären. Doch nationaler Egoismus zwang England, seine Kolonien als bloße Vasallen zu behandeln und auszubeuten, was sich rächen sollte, denn es verspielte die Möglichkeit, als primus inter pares der Mittelpunkt eines industriellen, über die ganze Welt sich ausdehnenden Staatsgebildes zu werden.

Eine dritte Gelegenheit wurde nach 1945 durch die USA verpaßt. Die Vereinigten Staaten, die einzige Weltmacht, die vom zweiten Weltkrieg relativ verschont worden war, ließ die Gelegenheit ungenutzt, eine unter ihrer Führung integrierte Weltwirtschaft zu etablieren.

Ich will mich nun wieder einigen psychologischen Konsequenzen zuwenden, die darauf zurückzuführen sind, daß beim Menschen an die Stelle der Instinkte Triebe getreten sind. Diese evolutionäre Neuerung verursachte einen grundlegenden Wechsel in der Ökonomie der psychischen Energie. Während beim Tier die psychische Energie streng an die vitalen Funktionen gebunden ist und nur innerhalb enger und prädeterminierter Kanäle aktiviert wird, werden beim Übergang zu den Trieben enorme Mengen psychischer Energie freigesetzt. Der psychische Apparat des Menschen verfügt damit über einen Energieüberschuß. Dieser frei zur Verfügung stehende Überschuß an Triebenergie, der nahezu zu jedem Zweck und zu jeder Funktion — so weit diese von den ursprünglichen biologischen Funktionen auch entfernt sein mögen — eine Verschiebung erfahren kann, ermöglicht ein Verhalten, das nicht mehr notwendigerweise im Dienste des optimalen Wohlergehens der biologischen Art steht. Dies läßt sich am besten bei der Erforschung der menschlichen Aggressivität und Destruktivität beobachten. Im folgenden gehe ich von der Auffassung aus, die von den meisten Analytikern nicht geteilt wird, daß die Aggression ein Trieb ist, der ein wesentlicher Bestandteil des menschlichen Rüstzeugs ist und der unabhängig davon, unter welchen Umständen der Mensch lebt, nach Befriedigung verlangt.

Die Rolle, die die Aggression in der kulturellen Evolution innehat, ist wesentlich von der verschieden, die in der organischen beobachtet wird. Letztere basiert auf einem Prinzip, das eines der aggressiven Sparsamkeit[4] genannt werden könnte. Wenngleich die Aggression in der Natur im Überfluß vorhanden ist, wird sie dennoch auf dem Niveau eines unerläßlichen Minimums gehalten. Würde diese untere Grenze aber unterschritten werden, so würde dies allenthalben zu einer Vernichtung der biologischen Arten führen. Erbarmungslos töten die Bienen die Drohnen, nachdem die Bienenkönigin bei der Paarung der höchstfliegenden Drohne den männlichen Keimstoff entrissen und sich einverleibt hat. Wenn eine Bienengeneration Mitleid mit den Drohnen hätte oder wenn es einer Art „Drones' Lib" gelänge, gegen die alljährliche Tötung erfolgreich zu protestieren, so hätte dies das Ende der Spezies zur Folge.

Die biologischen Grundlage für die exzessive Aggressivität des Menschen wird von den Verfechtern der Umwelttheorie in Abrede gestellt. Sie schreiben Aggression, sofern sie sie als solche anerkennen, falscher Erziehung und mangelhaften Institutionen zu. Gewiß, nicht jeder entlädt die Fülle seiner Aggressionen. Kindheitserlebnisse und Umwelteinflüsse entscheiden mit darüber, ob ein Mensch sich friedlich oder destruktiv verhält, aber die folgende Überlegung sollte uns davor warnen, im Menschen ein friedfertiges Wesen zu sehen. Wenn eine Stiftung, die sich mit Fragen der Psychologie und der Erziehung beschäftigt, die Techniken untersuchen würde, die notwendig sind, um aus dem heranwachsenden Kind mit Sicherheit einen Erwachsenen zu machen, der unsozial, egoistisch und — im Falle der Frustrierung — bereit zu Mord und Vergewaltigung wäre, einen Menschen, der unfähig wäre, die Befriedigung seiner Wünsche zurückzustellen, so würden die verschiedenen Schulen der Tiefenpsychologie, die sich gemeinhin in kaum einer relevanten Streitfrage einigen können, rasch übereinstimmen bezüglich des Weges, der einzuschlagen wäre, um dieses Ziel zu erreichen, und sie würden ein Erziehungsprojekt präsentieren, das diesem Ziel gewidmet ist, das nicht zu kostspielig wäre, und das höchst zuverlässig zu dem gewünschten Ergebnis führen würde. Wenn diese gleiche Stiftung jedoch ein Projekt verlangen sollte, dessen Ziel es wäre, aus dem Kind einen selbstlosen, sozial handelnden Erwachsenen zu machen, der bereit sein würde, den Verfolg seiner eigenen Vorteile zugunsten der Wohlfahrt der Gemeinschaft hinanzustellen, so würden eben diese gleichen Schulen sich kaum darüber verständigen können, wie man vorzugehen hätte. Welches Projekt auch immer schließlich zur Ausführung käme, sein Erfolg würde höchst fragwürdig sein, ganz zu schweigen von den enormen Unkosten, die es mit sich bringen würde. Es ist bemerkenswert, wie leicht ein Kind korrumpiert werden kann und wie schnell Institutionen schädliche Einflüsse ausüben können. Philosophen und Dichter haben Überlegungen dieser Art angestellt. Ein wegen seiner Symbolik besonders gutes Beispiel findet sich in der einzigen Szene, die uns von *Gottfried Ephraim Lessings* „Faust"-Spiel erhalten geblieben ist: Faust möchte sich von den sieben Geistern der Hölle denjenigen zu Dienste machen, der sich am schnellsten bewegt. Doch jene Dämonen, die sich mit der Geschwindigkeit der Pest, der Winde, des Lichts oder der Gedanken des Menschen bewegen können, vermögen ihm nicht zu genügen, aber er akzeptiert den einen Dä-

4. aggressive parsimony (A.d.Ü.).

mon, der sich mit der Geschwindigkeit des Übergangs vom Guten zum Bösen zu bewegen versteht. Gewiß, der Mensch vermag sich vom Bösen zum Guten zu wandeln, doch ist dies eher ein Ausnahmefall, und es braucht so lange, den neuen Entschluß zu fassen, daß wir die Beständigkeit des Ergebnisses oft mit Recht bezweifeln.

Wie wir wissen, ist der Mensch nicht notwendigerweise ein Opfer seiner Aggressionen. Er entwickelt eine Vielfalt von Formen der Abwehr, deren wichtigste die Bildung des Über-Ichs ist, welches durch die Internalisierung der Aggressionen zustande kommt. Doch allzuoft verrät das Über-Ich seinen Ursprung, indem es den Menschen intolerant und damit oft grausam macht. Das Opfer eines Kidnappers hat vielleicht eine Chance, in seinem Entführer Mitleid zu erregen, aber ein Inquisitor würde Verrat an seiner Kirche begehen, wenn er seinen Schiedsspruch durch Mitleid mit dem Häretiker beeinflussen ließe.

Ja selbst unter optimalen Bedingungen bleiben Aggressionen lebendig und brodeln, so lange der Mensch lebt. Der Franziskanerpater *Girolamo Moretti*, ein hervorragender Graphologe, hat bemerkenswerte Kommentare über einige Heilige verfaßt, deren Handschriften er untersucht hatte. Er entdeckte bei *Franz von Assisi* Zeichen der Eitelkeit und des Starrsinns gegenüber legitimer Obrigkeit. Die Handschrift der *Theresa von Lisieux* glich überraschenderweise der der italienischen Massenmörderin *Rina Fort*, und der Heilige *Filippo Neri* zeigte eine Neigung zu seelischer Grausamkeit und Habsucht (*Meng* 1971, S. 162-165). *Freud*, der seine Kinder über alles liebte, mußte, als er als alter Mann einen seiner Träume interpretierte, die schmerzvolle Erfahrung machen, daß er den Tod seines an der Front kämpfenden ältesten Sohnes, von dem er längere Zeit keine Nachricht erhalten hatte, unbewußt wünschte (1900f., 558ff.).

Das Gesetz der aggressiven Sparsamkeit hat innerhalb der kulturellen Evolution keine Geltung, ja, man könnte versucht sein, hier von einer Maximierung der Aggression zu sprechen. 1867 hielt *Rokitansky* — einer der wahrhaft großen der Wiener Medizin — einen höchst bemerkenswerten Vortrag über die „Solidarität alles Tierlebens"; mit diesem Terminus verwies er auf eine Handlungs- bzw. Zweckgemeinschaft, die im gesamten Tierreich einschließlich dem Reich des Menschen anzutreffen ist. Der Vortrag ist vor allem von großer Wichtigkeit, weil er *Freuds* Theorie des Todestrieb zum Teils antizipierte. *Freud* hatte zwar nie eine Vorlesung *Rokitanskys* besucht, und in *Freuds* Bibliothek — soweit man weiß — befand sich kein Werk von *Rokitansky*, aber *Meynert*, *Freuds* Lehrer, referierte den Hauptgedanken der Arbeit *Rokitanskys* in einer seiner Arbeiten (1892, S. 78f.), sodaß es durchaus möglich ist, daß *Freud Rokitanskys* Idee bekannt war.

Rokitansky sieht die „Solidarität alles Tierlebens" in der Aggression. Die Aggression wurzelt im Protoplasmahunger, dessen Ursache in der labilen Beschaffenheit des organischen Stoffes liegt, aus dem die Tiere bestehen, und das die ununterbrochene Einverleibung von in der Außenwelt sich befindenden Substanzen erfordert. *Rokitansky* zufolge wurzelt die Aggression also in lebensnotwendigen protoplasmatischen Prozessen, und zwar unterschiedslos im gesamten Tierreich, und sie wird von einem frühen Stadium der Evolution an durch die Entwicklung eines mundartigen Organs angezeigt.

Ich schließe mich der Auffassung *Ernst Simmels* (1944) an, wenn ich sage: die Oralität des Neugeborenen ist die erste Manifestation menschlicher Destruktivtät. Eine genaue Beobachtung des Neugeborenen zeigt, daß diese Behauptung nicht ganz genau ist. Von Anfang an dient der Mund sowohl libidinösen als auch aggressiven Funktionen. Unmittelbar nach der Geburt des Säuglings kann man Spontanbewegungen mit der Zunge entlang den Lippen beobachten, was ausschließlich dem Lustgewinn dient. Diese Bewegungen sind masturbatorischer Natur, und sie sind charakteristisch für einen libidinösen Vorgang. Der Schlingreflex hat jedoch die Funktion der Einverleibung eines Objekts. Er führt zum völligen Verschwinden eines Objekts und ist daher ein Akt vorzüglicher Destruktion. Ich habe diesen Akt der Destruktion als biologische Notwendigkeit ohne unmittelbare psychologische Relevanz verstanden. Aber der Heilige *Augustinus* mag Recht gehabt haben, als er schrieb, daß, wenn Säuglinge unschuldig sind, dies nicht daran liegt, daß ihnen der Wille, Böses zu tun, fehlt, sondern daß es ihnen an Stärke mangelt. Er fährt fort, die Eifersucht, Wut und Bitterkeit zu beschreiben, die er und andere an Säuglingen beobachtet hatten, selbst wenn diese sich in einem Zustand völliger Sättigung befanden.

Die Gleichsetzung von Verschlingen und maximaler Destruktion ist für den gesunden Menschenverstand zunächst widersinnig. Aber stellen wir uns einen Augenblick vor, wie wir reagieren würden, wenn dem Menschen das Privileg der Pflanzen gegeben wäre, das heißt, wenn der Mensch seine organische Existenz aufrecht erhalten könnte, indem er anorganische Verbindungen absorbieren würde — wenn er beispielsweise den aus der Atmosphäre eingeatmeten Stickstoff für den Aufbau lebensnotwendiger Proteine verwenden könnte. Er würde sich mit Abscheu, Ekel und Verachtung von solchen Wesen abwenden, die Tiere töten und sie als Nahrung in eine Öffnung ihres Organismus stopfen. Empfindsame Gemüter sind sich des Schreckens eines solchen Vorgangs bewußt. *Karl Kraus* soll die Frage aufgeworfen haben, warum die Zivilisation nicht zur Schaffung von Eßtoiletten geführt hat.

Von der klinischen Beobachtung melancholischer Patienten ist bekannt, daß die Fixierung an die „oral-sadistische Phase" den Akt des Essens mit einer kannibalischen Bedeutung ausstattet. Beeindruckt durch diese häufige Beobachtung, habe ich früher einmal die folgende Rede an den Menschen aus *Leonardo da Vincis* Aufzeichnungen als ein Zeichen der Depression interpretiert:

> Wie du den König der Tiere beschrieben hast, — aber ich würde besser sprechen, wenn ich sagte König der Bestien, indem du von ihnen die größte bist, weil du sie nur nicht getötet hast, damit sie später dir ihre Jungen geben können, zum Besten deines Gaumens, mit welchem du versucht hast, dich zum Grabe aller Tiere zu machen…[5]

Ich würde heute vorsichtiger sein und die Frage offen lassen, ob hier nicht eher ein überempfindsamer Geist als ein depressives Gemüt sich sein natürliches Empfin-

5. Zitiert nach: Leonardo da Vinci. Der Denker, Forscher und Poet… Auswahl Übersetzung und Einleitung von Marie Herzfeldt. Jena 1911^3, S. 132 (A.d.Ü.).

den gegenüber einem grauenhaften Akt bewahrt hat, welchen der sogenannte normale Menschenverstand auf einen bloßen physiologischen Akt reduziert hat, um so die Abscheulichkeit, die ihm objektiv zugrunde liegt, negieren zu können.

Der gesamte Bereich der Nahrungszubereitung hat destruktive Eigenschaften beibehalten. Jede einzelne Handlung ist höchst sadistisch: schneiden, zerteilen, kochen, zerstückeln, würfeln, zerhacken, häuten, entbeinen, ausweiden, braten, dämpfen, grillen usw. Es steht außer Zweifel, daß, wäre der Mensch — gleich den Pflanzen, die anorganische Nährstoffe aufnehmen — ein autotrophes Wesen, und könnte er leben, ohne töten zu müssen, seine Kultur und Zivilisation von Grund auf anders aussehen würden. Aber hätte sich seine Kultur überhaupt entwickelt? Die Aggression in ihrer internalisierten Form ist für die Strukturierung des psychischen Apparates unerläßlich. Aber sie ist für das Werden von Kultur ebenso notwendig. Eine tiefe Bedeutung muß in dem Mythos von *Kain* und *Abel* verborgen sein, in jenem unheilvollen Ereignis, über das *Rilke* schreibt: „Vor dem ersten Tod jedoch kam der Mord." Der erste Mensch, der sich Gott in Frömmigkeit zuwandte, wurde getötet, groteskerweise gerade wegen seiner Frömmigkeit, und der Mörder und seine Nachkommenschaft wurden durch einen besonderen Akt der Vorsehung vor einem gewaltsamen Tod geschützt. Vom Standpunkt der modernen Verebungslehre würde dies heißen, daß das Gen-Reservoir der Menschheit durch dieses göttliche Eingreifen einer ernsthaften Deterioration ausgesetzt wurde. Um erneut ein historisches Beispiel anzuführen: Europa wäre vermutlich niemals christianisiert worden, wenn *Karl der Grosse* die germanischen Stämme, die sich der Bekehrung widersetzten, nicht dezimiert hätte. Es mag an dieser Stelle auch angebracht sein, einen Denker des 18. Jahrhunderts, *Johann Gottfried Herder* zu zitieren, der die Rolle des Hasses mit der Differenzierung der Sprachen in Zusammenhang brachte.

Auf jeden Fall zeigt die Geschichte der Spezies Homo sapiens eine ungeheure Verbreitung der Aggression, die meines Erachtens auf den Wechsel vom oralen Instinkt beim Tier zum oralen Trieb beim Menschen zurückgeht. Der Mensch tötet und zerstört über die Notwendigkeit der Selbsterhaltung hinaus, und wäre es nur wegen des Überschusses an oraler Energie, die keineswegs an die Nahrungsaufnahme gebunden ist. Diese Art, den Menschen zu sehen, wird von den meisten Forschern verworfen. Es handelt sich hier um eine Auffassung des Menschen, der *Montagu* (1968) den Glauben an die angeborene Verdorbenheit des Menschen vorwarf, und die er folgendermaßen kritisierte: „Es ist eine nicht stichhaltige und darüber hinaus gefährliche These, weil sie irrige Ansichten verewigt, die die Gewalttätigkeit, die der Mensch zu erlernen in der Lage ist, rechtfertigt und sogar zu sanktionieren sucht" (S. 6). Pragmatische Erwägungen sollten jedoch nicht den Weg der Forschung beirren. Jede Philosophie und jede Theorie kann von jenen, die ihre Absichten in jedem Fall in die Tat umgesetzt hätten, für die Rationalisierung ihrer Untaten mißbraucht werden. Selbst das Evangelium hat jene, die an ihren göttlichen Ursprung glaubten, nicht von ruchlosen Praktiken zurückgehalten. Daher scheint mir *Montagus* Warnung vor den schlimmen Auswirkungen einer wissenschaftlichen Theorie eher eine Bestätigung von *Lessings* Glauben an die Geschwindigkeit des Übergangs vom Guten zum Bösen im Menschen zu sein.

Das ganze Problem mag dem Psychologen in einem anderen Lichte erscheinen als dem Anthropologen. Für den letzteren ist eine vegetarische Kost ein Zeichen der Nicht-Aggressivität. Wenn der Mensch jagt, um seinen eigenen Hunger und den Nahrungsbedarf derer, die von ihm abhängig sind, zu stillen, sehen viele von ihnen in ihm keinen „Mörder", und *Montagu* fragt sogar, wer der Mörder sei, „die Männer, die dafür bezahlt werden, daß sie die Tiere, deren Fleisch wir essen, schlachten, ober wir, die wir beim Kassierer auf dem Supermarkt dafür zahlen?" Wenn die Verfechter der Umwelttheorie recht hätten, würde die Gefahr, mit der sich die Menschheit konfrontiert sieht, weit weniger akut sein als es vielen heutzutage erscheint. Auch wenn der Versuch unternommen wird, zwischen Aggressionstypen (*Lantos* 1958), wie zum Beispiel Beute- und Rivalitäts-Aggressionen, zu unterscheiden, mag das Problem weniger furchtbar erscheinen. Physiologen weisen nach, daß endokrine und andere physiologische Prozesse, die diesen Aggressionstypen zugrunde liegen, verschieden voneinander sind. Gewiß die Rivalitäts-Aggression ist evolutionär betrachtet eine spätere Errungenschaft als die Beute-Aggression, aber wenn die Größe der Aufgabe, der die Menschheit gegenübersteht, die Aggression zu meistern, voll erfaßt werden soll, dann muß die Aggression des Menschen in ihrer Ganzheit gesehen werden. Eine Untersuchung, die über die Beschreibung und soziale Beurteilung von Verhaltensformen hinausgeht und die psychologische Bedeutung von Handlungen und deren unbewußten Hintergrund erforscht, wird zeigen, daß beim Menschen diese evolutionären Errungenschaften keineswegs voneinander getrennte, sondern voneinander abhängende Untergruppen sind. Auch der Anthropologe mag es leichter haben, eine optimistische Auffassung zu bilden. Wenn das Pflücken von Früchten und das Fällen von Bäumen für ihn friedfertige Tätigkeiten sind, weil sie, ohne den Menschen zu schaden, Nutzen bringen, so kann er den ganzen Umkreis des menschlichen Aggressionsproblems nicht erfassen.

Eines scheint indessen festzustehen: die Sparsamkeit der Aggression, wie sie uns in der organischen Evolution begegnet, fehlt in der kulturellen Evolution. Der Löwe, der, wenn sein Hunger gestillt ist, friedlich inmitten seiner künftigen Beutetiere einherschreitet, sie bei dem ersten Zeichen seines Hungers jedoch entsetzt auseinanderstieben läßt, ist zu einem Klischee bei den Diskussionen um die Aggressionen geworden. Es kann nicht oft genug betont werden, daß sich der Löwe auf eine Weise, die man beim Menschen nicht beobachtet, verhält. Ein entsprechender Zustand der Sättigung hebt die Aggression des Menschen nicht auf.

Überdies muß bei einer adäquaten Einschätzung der Rolle, die die Aggression in der menschlichen Gesellschaft spielt, die Benutzung von Werkzeugen berücksichtigt werden, worauf *Anna Freud* besonders hingewiesen hat (1972). Sucht man nach einem phylogenetischen Vorbild für den Gebrauch von Werkzeugen, so kann man auf eine biologische Eigentümlichkeit der Bandwürmer hinweisen: „Zu ihrer Verteidigung konfiszieren einige Bandwürmer intakte Fadenwurmzellen der Hydren, die sie fressen; sie inkorporieren sie in ihre eigene Epidermis und benutzten sie zur Verteidigung, indem sie sie bei entsprechender Reizung ausscheiden" (*Villee* 1967, S. 264ff.).

Akzeptiert man phylogenetische Modelle als sinnvoll, so muß man die ungemeine Aggressivität und orale Natur dessen, was vielleicht die früheste evolutive Stufe der Herstellung von Werkzeugen darstellt, hervorheben. Werkzeuge dienen im allgemeinen aggressiven Zwecken. „Einige Werkzeuge", schreibt *Montagu* (1968, S. 5), „mögen als Waffen verwendet werden und sind womöglich sogar als solche hergestellt worden, aber die meisten Werkzeuge des prähistorischen Menschen ... waren ... primär nicht dazu bestimmt, als Waffen zu dienen. Messer waren dazu bestimmt, um zu schneiden, Schabemesser, um zu schaben, Hackmesser, um zu hacken und Hämmer, um zu hämmern." Es muß hervorgehoben werden, daß schneiden, schaben, hacken und hämmern aggressive Tätigkeiten sind. Überhaupt kann man in der Technik ein riesiges Feld aggressiver Entladung sehen. Der Zweck, zu dem die Werkzeuge gebraucht werden, mag durchaus nicht-feindseliger Natur sein, doch die aggressiven Bedeutungen sind kaum zu übersehen. Ich will nur ein Beispiel nennen: eine Sense wird bei der Nahrungsproduktion zum Mähen und Ernten verwendet, doch sie erscheint auch als ein Symbol des Todes, wobei sie ziemlich deutlich die ihr innewohnende destruktive Eigenschaft verrät.

Der Mensch kann, wie die moderne Technologie zu demonstrieren scheint, die Kontrolle über die von ihm geschaffenen Werkzeuge verlieren. Was ursprünglich Mittel zum Zweck war, kann unter Umständen zum Beherrscher dessen, der es geschaffen hat, werden. Die moderne Technologie vermag einen einzelnen Menschen mit einem Destruktionspotential zu versehen, das ein Vielfaches der Macht ausmacht, die vor noch nicht allzu langer Zeit ganzen Armeen eigen war. Derart destruktive Möglichkeiten können für ein dafür anfälliges Individuum eine unwiderstehliche Versuchung darstellen. Hält man sich daher die schwerwiegenden Gefahren vor Augen, welche die moderne Technologie der Menschheit gebracht hat, so mag man an die „Wiederkehr des Verdrängten" erinnert werden, die von der Analyse der Symptome her nur zu vertraut ist. Es scheint, als ob der aggressive Impuls, der am Ursprung der Technologie Pate stand und sie zu ihrem gegenwärtigen Höhepunkt hinführte, in bedrohlicher Weise sichtbar wird.

Die zeitgenössische Kontroverse zwischen *Ardrey*, dem bekanntesten Vertreter der Lehrmeinung, daß der Mensch ein Mörder sei, und *Montagu*, dem Wortführer der Richtung, die sie verneint, hat eine lange Geschichte. Ein hübsches Beispiel zu dieser Frage, das durch seine Naivität und Anschaulichkeit fesselt, finden wir am Schluß von *Immanuel Kants* Schrift „Über das Mißlingen aller philosophischen Versuche in der Theodizee" (1791, S. 65). Wir lesen hier: „In Herrn *de Lucs* Briefen über die Gebirge, die Geschichte der Erde und Menschen erinnere ich mich folgendes Resultat seiner zum Teil anthropologischen Reise gelesen zu haben. Der menschenfreundliche Verfasser war mit der Voraussetzung der ursprünglichen Gutartigkeit unserer Gattung ausgegangen und suchte die Bestätigung derselben da, wo städtische Üppigkeit nicht solchen Einfluß haben kann, Gemüter zu verderben: in Gebirgen, von den schweizerischen an bis zum Harze." Nachdem der Glaube dieses Reisenden durch die Erfahrung etwas erschüttert worden war, kommt er doch am Ende zu dieser Schlußfolgerung, „daß der Mensch, was das Wohlwollen betrifft, gut genug sei...; wenn ihm nur nicht ein schlimmer Hang zur feinen Betrügerei beiwohnte". *Kant*, der die menschliche Seele nur zu gut kannte, fügt trocken hinzu:

„Ein Resultat der Untersuchung, welches ein jeder, auch ohne im Gebirge gereiset zu sein, unter seinen Mitbürgern, ja noch näher, im eignen Busen, hätte antreffen können." In diesem schlimmen „Hang zur feinen Betrügerei" liegt das Problem, auch wenn er weit von einem „Instinkt zu töten" entfernt ist. Aber er besagt, daß selbst unter optimalen Bedingungen Spuren einer angeborenen Feindseligkeit beobachtet werden können. Wenn man sich nicht damit begnügt, diese Spuren festzuhalten, sondern wenn man sich die Mühe macht, sie bis zu ihren biopsychologischen Wurzeln zurückzuverfolgen, dann entdeckt man den regelhaften Impuls, das zu zerstören, was Unlust bereitet. Ursprünglich wird Unlust durch Hunger verursacht, der den Menschen dazu zwingt, sich ein Objekt, das dazu dient, die unangenehme Sensation zu beseitigen, einzuverleiben, d.h. zu zerstören. Der nächste Schritt ist der, daß mit allem, was solche Unlust verursacht, selbst wenn sie von außen herrührt, das gleiche geschieht. Flucht hat den gleichen *psychologischen* Effekt, insofern, als die eine Unlust verursachende Wahrnehmung entfernt, aber die aktive Zerstörung des Objekts, dessen Wahrnehmung Unlust verursacht, dürfte in evolutionärer Hinsicht doch Priorität besitzen. Tatsächlich kann es als erwiesen gelten, daß die aktive Zerstörung die wirksamere Verfahrensweise ist. Wenn daher *Ardrey* von einem „Instinkt zu töten" spricht (1961), dürfte dies zu spezifisch gewesen sein, da der „Instinkt" an sich tief verdrängt bei den einen und nur allzu nahe an der Oberfläche bei den anderen — darauf hinzielt, das zu vernichten, was Unlust verursacht. Angesichts des gegenwärtigen Zustands unserer Gesellschaftsordnung schließt das, was Unlust in uns verursacht, zweifellos in den meisten Fällen unsere Mitmenschen mit ein.

Der Überfluß der Triebenergie, der bei den Aggressionstrieben zu beobachten ist, tritt auch bei der Libidogruppe zum Vorschein. Was beim Genitaltrieb ganz offenkundig ist, hat auch Gültigkeit für die prägenitalen Triebe. Bekanntlich stellen sie den Hauptvorrat der Energie dar, die sublimiert wird. Aber es gibt eine definitive Grenze, bis zu der Sublimierung und Neutralisierung möglich sind, ganz abgesehen von der Tatsache, daß extensive und weitreichende Sublimierungen selten sind und von zahlreichen Faktoren abhängen. Wie die Erfahrung zeigt, wird der Überfluß der Libidoenergie zur Besetzung des Selbst verwendet und manifestiert sich klinisch als ein Zuwachs an Narzißmus.

Gewiß, Narzißmus ist lebensnotwendig. So gering die Tierpsychologie mit den Begriffen der Psychoanalyse auch erforscht ist, so läßt sich doch mit Sicherheit sagen, daß Tiere ausgesprochen narzißtisch sind. Aber auch hier setzt der Narzißmus das biologisch Nützliche durch. Das Tier wird durch die biologische Funktion an sich völlig absorbiert. Beim erwachsenen Menschen hat der Narzißmus im allgemeinen verschiedene Wirkungen. Ich beschränke mich hier darauf, eine dieser Wirkungen zu beschreiben: Bei Patienten, die an einfacher Altersdemenz leiden, habe ich ein recht gutes Orientierungs- und Realitätsbewußtsein innerhalb des durch die ausgestreckten Arme begrenzten Raumes beobachtet, das heißt, nur der Raum, innerhalb dessen sie physisch Objekte anzufassen und zu ergreifen vermögen, hat wirkliche psychologische Relevanz. Dieser fragliche Raum läßt sich präzis mit dem deutschen Terminus *Greifraum* wiedergeben. Es gibt ganz allgemein einen psychischen

Greifraum, der durch die authentischen Interessen einer Person charakterisiert ist. Klinische und praktische Erfahrung beweisen immer wieder, daß bei der großen Mehrheit der Subjekte der psychologische Greifraum mit dem des an Altersdemenz Leidenden vergleichbar ist. Der Greifraum wird durch ihre eindeutigen narzißtischen Interessen eingegrenzt. Dies mag eine Passage aus einem Brief *Freuds* an *Pfister* humorvoll illustrieren: „Als ich anfing, den ganzen Tag im Wagen zu fahren, ärgerte ich mich über die Unvorsichtigkeit der Passanten, wie früher über die Rücksichtslosigkeit der Kutscher."[6] Einen tragischen Aspekt der wesentlich narzißtischen Natur des psychischen Greifraums des Menschen liefert eine Aussage *Françoise Girauds*, der französischen Staatssekretärin für Frauenfragen: „Nicht ein Prozent der Bevölkerung hatte sich der Résistance angeschlossen, aber ich möchte schwören, daß 50 Prozent bereit gewesen wären, ihren Kopf für ein oder zwei Pfund Butter zu riskieren." Wenngleich die Kultur von einem bestimmten Differenzierungspunkt an eine Ausweitung des Greifraumes weit über diese Grenzen hinaus verlangt und erforderlich macht, ist der Mensch infolge seines Narzißmus im allgemeinen auf einen sehr engen psychologischen Greifraum beschränkt. Am Beginn des Lebens war die Wahrscheinlichkeit, daß es fortdauern würde, äußerst fraglich. Ebenso war zur Zeit der Anthropogenese und des Heraufdämmerns der Kultur der Sieg des Menschen und das Übergreifen der Kultur auf nahezu die ganze Erde nicht im geringsten voraussagbar. Zu jener Zeit, als der Mensch unter allen Tierarten am dürftigsten ausgerüstet schien, ein dauernder Gast der Welt zu werden, da er physisch schwächer als die ihn jagenden Raubtiere war, in seiner haarlosen Nacktheit hilflos den Unbilden der Witterung ausgesetzt, ohne Klauen und ohne Reißzähne, zahlenmäßig kleiner als jede andere biologische Art, mehr als seine tierischen Konkurrenten dazu neigend, Angst und Furcht in sich hochkommen zu lassen und einzig im Besitz von roh behauenen Feuersteinen: in jener Zeit war die Enge seines psychologischen Greifraums Voraussetzung für sein Überleben, und die Ausweitung desselben hätte die Existenz des Menschen aufs Spiel gesetzt. Damals wirkten Liebe, Aggression und Narzißmus harmonisch auf das einzige Ziel der biologischen Selbsterhaltung hin. Jahrtausende später aber schrieb *Dostojewski*, daß der Mensch verantwortlich sei für alles, was zu jeglicher Zeit irgendwo auf der Welt geschieht, womit er die denkbar größte Ausweitung des psychologischen Greifraums postulierte.

Zwar ist eine solche Ausweitung notwendig, wenn die Menschheit überleben soll, aber diese Forderung und diese Notwendigkeit gehen über seine tatsächlichen Möglichkeiten hinaus. Wenn wir Zeuge eines Autounfalls werden, so kann dies eine traumatische Wirkung haben, und die Erinnerung daran kann uns tagelang quälen; wenn wir jedoch lesen, daß bei einer Überschwemmung in einem fernen Land Hunderttausende von Menschen umgekommen sind, so löst dies in uns nicht viel mehr als die stereotype Reaktion eines „Wie schrecklich!" aus, und wir wenden uns bereitwillig den durch die Enge unseres unmittelbaren Greifraums diktierten Aufgaben zu. Das Wahrnehmbare siegt über die Abstraktion.

6. Zitiert nach: Sigmund *Freud* / Oskar *Pfister*. Briefe 1909-1939. S. Fischer Verlag 1963 S. 47 (A.d.Ü.).

Die erste Konsequenz der Aggression und des Narzißmus in ihrer exzessiven Ausprägung ist die erhöhte Ambivalenz des Menschen, die in keiner anderen biologischen Art ihresgleichen findet. Die menschliche Ambivalenz ist eines der Hauptthemen psychoanalytischer Forschung gewesen, aber ich glaube, daß ihr Ausmaß und ihre Unvermeidbarkeit noch immer unterschätzt werden. Lassen Sie mich zwei Beispiele anführen. Jahrhundertelang haben die Gläubigen täglich zu Gott gebetet: „Und führe uns nicht in Versuchung". Natürlich haben die Theologen darzulegen versucht, daß dies nicht als Hinweis dafür verstanden werden dürfe, daß Gott die Quelle und Ursache der Versuchung sei. Um ihren Standpunkt zu untermauern, zitieren sie aus dem Jakobusbrief, in dem es heißt (1, 13): „Denn Gott ist unberührt von Bösem, er selbst aber versucht niemand", und sie führen die noch beruhigendere Stelle aus dem 1. Korintherbrief (10, 13) an: „Gott aber ist getreu, der euch nicht über euer Vermögen wird versucht werden lassen, sondern mit der Versuchung auch den Ausgang schaffen wird, so daß ihr sie ertragen könnt."[7] Dies muß für einen schlichten Menschen nun aber im Widerspruch stehen zu den verheerenden Folgen, die die Schlange — für deren Gegenwart im Garten Eden Gott letztlich verantwortlich war — dem Alten Testament zufolge auf den Lauf der Menschheitsgeschichte hatte. Die Sorglosigkeit und die mangelnde Logik, mit denen einander widersprechenden Behauptungen in heiligen Texten offenbar der Anschein der Glaubwürdigkeit gegeben wird, setzt eine tiefe Ambivalenz beim Menschen voraus.

Doch selbst, wenn es möglich wäre, die Argumentation des Theologen zu akzeptieren, so besteht der Satz im Vaterunser, für sich genommen, doch auf der Tatsache, daß Gott seine Kinder in Versuchung führen kann, und der Gläubige, der mit der Argumentation des Theologen nicht vertraut ist, nimmt es als gegeben hin, daß Gott ihn versuchen kann, wenngleich er ihm unendliche Güte beizumessen vermag.

Ein noch erschreckenderes Offenbarwerden der Ambivalenz kann man beobachten, wenn der Gläubige der Gottheit einen fast an *Shylock* erinnernden Zug beimißt, insofern er glaubt, daß Gott der Menschheit ja erst eine Jahrtausende zuvor begangene Sünde vergeben habe, nachdem sein Sohn sich freiwillig darein fügte, den Tod zu erleiden. Solche kulturellen Tatbestände, die Jahrtausende hindurch in der Vorstellung und in den religiösen Gefühlen des Menschen lebendig bleiben, sollten unausrottbare strukturelle Wesensmerkmale des menschlichen psychischen Apparates anzeigen, die sich, entsprechend dem jeweils besonderen kulturellen Hintergrund, natürlich sehr unterschiedlich manifestieren können.

Die Ambivalenz des Menschen ist in der Struktur seines psychischen Apparates so tief verwurzelt, daß, wie zu zeigen sein wird, ein moralisches Verhalten unmöglich gemacht ist. *Benjamin Passamanick*, Health Commissoner von New York, bezeichnet den Zustand, in dem eine wohlhabende Gesellschaft wie die unsere den Hunger von ihren eigenen Mitgliedern nicht fernzuhalten versteht, als „mörderisch" (Psychiatric News, 7. April 1971). Wie wir alle wissen, leidet tatsächlich gerade jetzt eine große Zahl von Kindern und Erwachsenen an Krankheiten, die auf Unterernährung zurückzuführen sind und in vielen Fällen einen vorzeitigen Tod zur

7. Zitiert nach der Zürcher Bibel. Württembergische Bibelanstalt Stuttgart 1967 (A.d.Ü.).

Folge haben. Hatte *Passamanick* am Ende recht, wenn er dies „Mord" nannte, oder war es bloße Rhetorik eines Reformers, den die Lethargie der Gesellschaft gegenüber den himmelschreienden sozialen Mißständen wüten läßt? Schließlich setzt Mord Absicht voraus, und ein jeder ist bereit, sein Bedauern über die durch die sozialen Verhältnisse verursachten Leiden offen zum Ausdruck zu bringen.

1972 wurden zwei Franzosen, *Roger Bontems* und *Claude Buffet*, im Pariser Santé-Gefängnis guillotiniert. Dies war höchst ungewöhnlich, da seit dreieinhalb Jahren kein derartiges Urteil mehr vollstreckt worden war. Was das Ereignis jedoch darüberhinaus so bemerkenswert machte, war die Tatsache, daß *Bontems* nie einen Mord begangen hatte. Der damalige Staatspräsident *Pompidou* lehnte eine Begnadigung *Bontem's* ab. Dieser erlitt die Todesstrafe deshalb, weil er einen Mord nicht *verhindert*, sondern sich vielmehr passiv verhalten und zugesehen hatte, wie sein Freund *Buffet* die Kehlen zweier Geiseln durchschnitt. Nach meiner Auffassung waren Urteil und Vollstreckung des Urteils schwerwiegende Justizirrtümer. Doch wenn man überhaupt an den Sinn der Todesstrafe glaubt, so hätte sie im Falle *Bontems'* in Form eines moralischen Prinzips auch gerechtfertigt werden können. Wer den Tod eines anderen Menschen nicht verhindert, obwohl er Gelegenheit dazu hat, macht sich selbst ebenso schuldig wie der Täter eines Kapitalverbrechens. Was *Pompidou* indessen übersah, war die Folge, die sich aus einer Ablehnung, *Bontems* zu begnadigen, ergab: nach dem auf *Bontems* angewandten Prinzip war *Pompidou* selbst schuldig am Tode einer unbestimmten Zahl von Kindern und Erwachsener, die wegen schädlicher sozialer Bedingungen vorzeitig hatten sterben müssen. Hier sind wir am Kern des Problems. Die Mitglieder des Gemeinwesens, die durch die sozialen Verhältnisse bevorzugt sind, leben in einer Art Getto, das von sozialem Elend umgeben ist. Sie machen sich selbst in bezug auf die Existenz dieses Elends schuldig, indem sie es stillschweigend akzeptieren, d.h. durch ihre Lethargie indirekt gutheißen. Hier hat man es nicht mehr mit einer Hungersnot und einem Massensterben in irgendeinem fernen Land zu tun, sondern es ist das Wissen um die bittere Not in der eigenen, unmittelbaren Umgebung, und dennoch gerät dieses Wissen nicht mit dem Genießen sozialer Annehmlichkeiten in Konflikt, die, würde man freiwillig darauf verzichten, es jedem Privilegierten ermöglichen würden, das Elend zu mindern, auch wenn dies in den meisten Fällen nur auf einer vergleichsweise kleinen, von einem Meer des Elends umgebenen Insel verwirklicht werden könnte.

Seltsam genug: die Person, für die diese gefühllose Haltung unerträglich wird, setzt sich selbst der Kritik ihrer Umgebung aus. Als *Tolstoi* gegen Ende seines Lebens glaubte, sein ganzes Hab und Gut unter die Armen verteilen zu müssen, wurde darin ein Zeichen geistiger Verwirrung gesehen, die auf sein hohes Alter zurückgeführt wurde. Doch das Verhalten des alten Mannes war nur die logische Konsequenz der religiösen Grundsätze, die, zufolge der Gesellschaft, in der er aufgewachsen war und gelebt hatte, göttlichen Ursprungs waren. Zweifellos läuft ein jeder, der es mit der Bergpredigt ernst meint, Gefahr, sich in einem Netz von Widersprüchen und Schwierigkeiten zu verfangen, und es kann ihm passieren, daß er dabei auf harte Ablehnung stößt, sozial geächtet wird, wenn man ihn nicht gar in eine Heilanstalt einweist — und dies alles, ohne daß er die Lebensbedingungen der Armen wesentlich hätte erleichtern können. Darauf ergibt sich, daß soziale Selbstbehauptung einen Akt der Verleugnung durch jene erfordert, die selbst im Genuß der Annehmlichkeiten des Lebens sind; sozial kann der Mensch sich nur erhalten, wenn er den psychologischen Greifraum wesentlich auf narzißtische Ich-Interessen reduziert, sich selbst auf symbolische Taten der Nächstenliebe beschränkt und das lebendige soziale Elend, das ihn umgibt, zu einem Abstraktum reduziert, das in einem theoretischen System diskutiert wird — das heißt: indem der Mensch in der Praxis die Gültigkeit des höchsten ethischen Dogmas leugnet und dadurch im wesentlichen sich selbst bei der Wahrnehmung seiner sozialen Umgebung skotomisiert. Doch ist die hier behauptete Notwendigkeit der Verleugnung alles, was um der sozialen Selbsterhaltung willen erforderlich ist?

Kair Hardie, der Gründer und erste Vorsitzende der britischen Labour Party, berichtet, daß er 1866, im Alter von zehn Jahren, der einzige Brotverdiener der Familie war, da sein Vater ein halbes Jahr lang wegen einer Aussperrung arbeitslos gewesen war. Der junge *Hardie* bekam Arbeit bei einem der „ersten Bäcker", wo er wöchentlich drei Schillinge und sechs Pence bei täglich zwölfeinhalb Arbeitsstunden erhielt. „Es war die letzte Woche im alten Jahr. Vater war seit zwei, drei Tagen fort, um wieder Arbeit zu bekommen. Gegen Ende der Woche kam ich — ich war die ganze Nacht aufgewesen — eine Viertelstunde zu spät in den Laden, und die junge Geschäftsführerin sagte mir, daß ich, wenn dies noch einmal vorkäme, bestraft würde. Ich erwiderte nichts. Ich war außerstande. Ich hatte das Gefühl, als wenn ich weinen müßte. Am nächsten Morgen passierte dasselbe. Ich hätte sagen können, warum, aber das zählte nicht. Es war ein sehr nasser Morgen, und als ich den Laden erreichte, war ich naß bis auf die Haut, barfuß und hungrig. An diesem Morgen hatte es daheim keine einzige Brotkruste gegeben.

Aber es war Zahltag, und ich war voller Hoffnung. ‚Du sollst zum Meister raufkommen' sagte das Mädchen hinter dem Ladentisch, und mein Herz blieb mir fast stehen. Vor dem Speisezimmer hieß mich ein Diener warten, bis der Meister mit dem Tischgebet fertig wäre (er galt als sehr fromm). Schließlich öffnete das Mädchen die Tür, und der Anblick des Zimmers ist mir auch jetzt nach fast fünfzig Jahren, da ich dies schreibe, noch voll gegenwärtig. Rund um den großen Mahagoni-Tisch saßen die Mitglieder der Familie, am oberen Tischende der Vater. Vor ihm stand eine wunderschöner Kaffeekessel, in dessen großer Glaskugel der Kaffee sprudelte. Die Tafel mit Leckereien beladen. Mein Meister sah mich über den Rand seiner Brillengläser an und sagte in einem freundlichen Tonfall: ‚Junge, das ist nun das zweite Mal, daß du morgens zu spät gekommen bist, und ich verliere meine Kunden, wenn sie auf ihre Frühstückssemmeln warten müssen. Ich entlasse dich deshalb, und damit du künftig sorgfältiger bist, habe ich beschlossen, dich zu bestrafen, indem ich dir einen Wochenlohn abziehe. Und nun kannst du gehen.'

Ich wollte etwas über mein Zuhause sagen und alles erklären, und ich brachte stotternd etwas hervor, warum ich mich verspätet hätte, aber der Diener faßte mich am Arm und führte mich die Treppe hinunter. Als ich durch den Laden ging, gab mir die Geschäftsführerin eine Semmel und sagte mir irgend etwas Freundliches. Ich wußte, daß meine Mutter auf meinen Lohn wartete. Gegen Abend erst traute ich mich heim, und ich erzählte ihr, was geschehen war. Das schien der letzte Schicksalschlag zu sein. Die Semmel war noch unter meiner Jacke, aber sie war vom Regen völlig aufgeweicht. In dieser Nacht kam das Kind zur Welt, und die Sonne des 1. Januars 1867 ging auf über einem Heim, in dem es weder Feuer noch Nahrung gab" (*Hughes* 1956, S. 16f.).

Hier haben wir ein — wie man es bezeichnen könnte — idealtypisches Beispiel vorsätzlicher menschlicher Arroganz, vorsätzlicher Ausbeutung des Hilflosen und vorsätzlichen Mißbrauchs des Mitmenschen für die aggressiven Zwecke der eigenen Selbstverherrlichung. Gewiß, derartige Vorkommnisse sind in der heutigen Gesellschaft selten geworden, und Luxuskonsum (Veblens conspicuous consumption) führt nicht mehr zu Champagner speienden Springbrunnen, wie dies am Eröffnungsabend von *John Jacob Astors* Privattheater in New York geschehen ist. Doch lassen sich derartige Exzesse nicht auf die schädlichen Auswirkungen bestimmter sozialer Verhältnisse zurückführen, wie dies von den Verfechtern der Umweltlehre behauptet wird. Ein Exzeß wie der eben erwähnte offenbart eine Tendenz, die gemeinhin verborgen bleibt. Um zu begreifen, wie allgemein conspicuous consumption auf allen Gebieten gesellschaftlichen Lebens ist, sollte man folgendes bedenken. Wenn alle Menschen fähig wären, Skulpturen wie die *Michelangelos* zu schaffen, Musik zu komponieren wie die *Mozarts* oder Tragödien wie die *Shakespeares* zu schreiben, dann würden solche Fähigkeiten als eine Besonderheit der Spezies Homo sapiens betrachtet werden müssen, und sie würden jeden ihnen eigenen Wert verlieren; wir würden sie als etwas Selbstverständliches hinnehmen, wie wir auch Lesen und Schreiben als selbstverständlich betrachten, obwohl diese Fähigkeit zur Zeit *Karls des Großen* so selten waren, daß es für denjenigen, der sie besaß, genügte, um eine Anstellung am Hofe zu erlangen. Man könnte von einem „Gesetz des negativen Genusses" sprechen, da die Freude an persönlichen Fähigkeiten und Besitztümern, die daher stammt, daß andere an diesen Vorzügen nicht teilhaben, als ein allgemeiner Zug der menschlichen Natur angesehen werden kann, wenn dieses Regime sich auch nicht bei allen Individuen und in allen Gesellschaften deutlich äußert und oft durch ihr Gegenteil verdeckt wird. In unserer Gesellschaft verlangt die gute Erziehung die Verleugnung solcher Regungen, doch ist deren Manifestation nur zu leicht zu beobachten. Narzißtisch begründete Unersättlichkeit ist weit verbreitet. Und so folgere ich, daß die gewaltigen Besitzunterschiede in unserer Gesellschaft nicht nur dem Wirken ökonomischer Kräfte zuzuschreiben sind, sondern auch erwünscht sind und angestrebt werden, weil sie die günstigen Verhältnisse für narzißtische Differenzierung bieten. Eine wirklich egalitäre Gesellschaft mit bis zum äußersten reduzierten ökonomischen Unterschieden würde einen der wichtigsten Wege für krassen, unsublimierten Narzißmus versperren. Das Gesetz des negativen Genusses ist, wie ich betonen möchte, auch dann wirksam, wenn es sich um sublimierten Narzißmus handelt. Der Demütige, ja selbst der Heilige und der Märtyrer entgehen nicht seiner Falle. Die allgemeine Schlußfolgerung, zu der man sich daher gezwungen sieht, ist, daß *Passamanicks* Anklage berechtigt ist. Nicht die Notwendigkeit sozialer Selbsterhaltung, also einer Art von Selbstverteidigung, ist es, die uns gefühllos macht und uns veranlaßt, verhütbaren Tod zu tolerieren. Die Grundstruktur der menschlichen Natur zwingt die meisten von uns zur Mittäterschaft am Mord.

Das folgende, in seiner Art typische Beispiel mag zeigen, daß, selbst wenn man das Problem des Narzißmus außer acht läßt, die Zergliederung der Struktur eines ethischen Problems allein erweist, daß die ethischen Probleme des Menschen unlösbar sind. Im Juli 1931 wurde der zweiunddreißigjährige deutsche Staatsangehörige *Semmelmann* in Wien von einem Mann erschossen, der in den Morgenstunden in seine Wohnung eingedrungen war. Nie zuvor war er mit seinem Opfer zusammengetroffen. Der Mörder, der durch einen bloßen Zufall festgenommen wurde, verweigerte anfangs jede Aussage, und eine Zeitlang sah es so aus, als könnte seine Identität nicht festgestellt werden. Doch sieben Monate später stellte sich während des Prozesses heraus, daß sowohl Mörder wie Opfer Mitglieder der Kommunistischen Partei gewesen waren. Beide waren Geheimagenten der Tscheka gewesen. Drei Monate vor seinem gewaltsamen Tod war *Semmelmann* von der russischen Organisation wegen des Verdachts entlassen worden, daß er Beziehungen zu rechtsgerichteten Kreisen in Deutschland unterhielte. Da er seinen Lebensunterhalt verloren hatte, versuchte *Semmelmann* seinen Unterhalt durch die Preisgabe seiner Kenntnis über die kommunistischen Geheimorganisationen zu verdienen. Er plante, die sowjetische Handelsorganisation, für die er gearbeitet hatte, zu verklagen und er war bereit, Zeitschriftenartikel über die sowjetischen Geheimdienst zu veröffentlichen, außerdem stand er im Verdacht — zu Recht, wie sich zeigen sollte —, der rumänischen Regierung eine Liste aller Mitglieder der im Lande verbotenen Kommunistischen Partei zuzuspielen. Es blieb ungeklärt, ob der Mörder aus eigener Initiative gehandelt oder ob er die Befehle seiner Organisation ausgeführt hatte. Nach halbstündiger Beratung erklärten ihn sieben Geschworene für schuldig und fünf für nicht schuldig, was nach österreichischem Recht einen Freispruch bedeutete. *Henri Barbusse*, der führende Kommunist und Publizist, hatte in einem Telegramm an den Gerichtshof den Freispruch von *Semmelmanns* Mörder gefordert.

Die Unmoralität *Semmelmanns* sowohl bezüglich der von ihm ausgeführten Handlungen als auch der von ihm angedrohten wird wohl von den meisten bestätigt werden. Man soll seine früheren Kameraden nicht verraten, eine Tat, die um so schlimmer ist, wenn sie aus gewinnsüchtigen Motiven geschieht. Doch wie steht es mit der Moral des Mörders? Hier haben wir es mit einem geplanten, wohlerwogenen Akt gewaltsamer Zerstörung eines menschlichen Lebens zu tun, mit einer Tat, die das sittliche Gesetz verbietet. Und dennoch: wäre es nicht zu der Ermordung gekommen, so wäre eine unbestimmte Zahl von Menschen getötet worden, und Hunderte hätten jahrelang, wenn nicht jahrzehntelang in Gefängnissen schmachten müssen. Hätte der Mörder sich an eines der menschlichen Moralprinzipien gehalten, so hätte er indirekt eine weit größere Zerstörung menschlichen Lebens verursacht als es durch seine Tat in Wirklichkeit geschah. Ohne Zweifel hätten Millionen die Ermordnung *Hitlers* freudig begrüßt, doch je nachdem, zu welchem Zeitpunkt sie erfolgt wäre, hätten auch Millionen diese Ermordnung verurteilt.

So gibt es auch viele, die der Meinung waren — und es noch sind —, daß *Semmel-*

mann durch den Verrat seiner ehemaligen Kameraden einen großen Dienst erwiesen hätte.

Es ist wohlbekannt, daß der Mensch in seinem Bestreben, eine Synthese zwischen den Forderungen von Es, Ich, Über-Ich und Realität herzustellen, in Konflikt geraten muß — ein Konflikt, der im Brennpunkt psychoanalytischer Forschung steht. Es scheint aber ebenso unabweislich, daß die Differenzierung, die innerhalb seines Über-Ichs mit der Ausbreitung des Christentums stattgefunden hat, eine solche Verwicklung und Komplikation ethischer Werte bewirkt hat, daß haltbare und widerspruchsfreie ethische Entscheidungen dem okzidentalen Menschen nicht zugänglich sind. Die Unvereinbarkeit von Werten, die der Mensch verwirklichen soll, ist oft hervorgehoben worden. Es ist eindrucksvoll, mit welcher Sorglosigkeit manche Philosophen die von ihnen hochgehaltenen Ideale vorlegen, ohne dabei zu beachten, daß die Widersprüchlichkeit ihrer Ermahnungen die Verwirklichung der geforderten sittlichen Werte unmöglich macht. Wenn z.B. *Buber* erklärt, daß „Gerechtigkeit und tätige Liebe" die Forderungen der Stunde und die Hoffnung der Zukunft seien (*Scholem* 1966, S. 42), so verbindet er zwei Werte, die, wie ich glaube, nicht vereint werden können. „Tätige Liebe" in den Formen der Barmherzigkeit und des Mitleids schließt Bestrafung aus, denn je verabscheuungswürdiger ein Verbrechen ist, deso mehr Mitleid verdient sein Täter — wenn man es mit der Verwirklichung der „tätigen Liebe" wirklich ernst meint. Wahre Gerechtigkeit jedoch darf niemals durch Mitleid abgeschwächt werden, da vom Standpunkt der Gerechtigkeit aus nichts den Prozeß der Wiederherstellung des sittlichen Gleichgewichts nach dessen Störung durch eine unsittliche Tat beeinträchtigen darf. Ein bemerkenswertes Beispiel dieser Art kam während des Zweiten Weltkriegs zu meiner Kenntnis. In der US-Armee wurde ein Pamphlet verteilt, in dem die Soldaten ermahnt wurden, daß die Katholische Kirche zwar das Töten eines Feindes erlaube, dies aber mit Liebe im Herzen und ohne Haß geschehen müsse, sonst wäre es eine Todsünde. Es erübrigt sich natürlich, darauf hinzuweisen, daß dies menschlich unmöglich ist — es sei denn, derjenige, der tötet, ist ein Sadist. In diesem Fall wird er tatsächlich seine Opfer lieben und frei sein von Haß.

Allein in dem einen Bereich der Unvereinbarkeit moralischer Werte, der im Hinblick auf die Regulierung individuellen und gesellschaftlichen Verhaltens von größter Bedeutung ist, ist die menschliche Spezies mit unlösbaren Konflikten konfrontiert; keine Lösung kann gefunden werden, von der man mit Bestimmtheit wüßte, daß sie die für die kulturelle Evolution optimale wäre. Die Prophezeiung der Schlange „Und ihr werdet sein wie Gott und wissen, was gut und böse ist" hat sich nicht erfüllt.

Doch nicht nur das Selbst wird der Empfänger des Überflusses an Narzißmus. Die Kultur des Menschen selbst kann dem gleichen Zweck dienen. Deswegen ist man berechtigt von einem kulturellen Narzißmus zu sprechen, worunter die narzißtische Befriedigung zu verstehen ist, die ein Mensch durch die kulturellen Institutionen, an denen er teilnimmt, erfährt. Auf den tierischen Narzißmus als Voraussetzung organischen Lebens ist bereits hingewiesen worden. Der Narzißmus des Menschen, der so ganz anders ist als der der Tiere, kam ihm anfänglich durchaus zustatten. Mit fortschreitender Evolution der Zivilisation und der Kultur verschob sich der Narzißmus teilweise auf Produkte der Kultur, und mancher war nun bereit, sein Leben im Dienste einer Idee, seiner Kultur, seiner Religion zu opfern. Ein Höhepunkt dieser Haltung kann in dem berühmten Ausspruch des *Horaz* gefunden werden: „Dulce et decorum est pro patria mori". Hier wird der Tod, wenn er ein Opfer für das eigene Vaterland ist, sogar als erfreulich empfunden. Es soll nicht geleugnet werden, daß solche Taten teilweise auch auf objektbezogener Libido beruhen können, die von objektiven und subjektiven Umständen abhängig sind, aber dies schließt nicht aus, daß die narzißtische Besetzung der Gemeinschaft, der Kultur oder allgemein von Werten in verschiedener Hinsicht eine Vorbedingung der Kultur ist.

Ein interessantes Problem knüpft sich an die Verwendung von Werkzeugen, die sehr früh einsetzte und einer der entscheidenden Faktoren am Beginn der Menschwerdung gewesen sein muß. Um einen Stock als Verlängerung des Armes zu gebrauchen oder den Hammer die Arbeit der Faust machen zu lassen, mußte die narzißtische Besetzung des Körpers auf Werkzeuge verschoben werden. Die Maschine machte, im Gegensatz zum Werkzeug, das nur das Äquivalent eines Körperteils ist, eine Verschiebung der narzißtischen Besetzung des ganzen Körpers notwendig. Eine neue Phase der Technologie setzte ein, als der Mensch die narzißtische Besetzung des Denkens auf den Computer verlagern konnte, der beim Laien ein Gefühl des Unheimlichen entstehen ließ, das dem ähnlich war, das *Sachs* (1933) im Hinblick auf die Einführung der Maschinen beschrieben hat. In jeder Phase wurde der narzißtische Verlust durch einen Zuwachs an Macht und Leistung kompensiert — das heißt, der neue, unmittelbare Verlust direkter narzißtischer Befriedigung wurde mit gewaltigen Dividenden durch weit größere Befriedigungen zurückgezahlt. Überdies läßt sich in Perioden beschleunigten kulturellen Wachstums — wie etwa im Perikleischen Zeitalter oder in der Renaissance — beobachten, wie ganze kulturelle Gruppen von einer Art narzißtischer Überaktivität ergriffen werden. Dann wetteifern die Mitglieder der tragenden Schicht miteinander in der Beteiligung an großen kulturellen Leistungen. Derartige temporäre Ausbrüche des Gruppennarzißmus hatten sicherlich nützliche Wirkungen. Dies gilt auch für den individuellen Einzelfall. Der künstlerisch Produktive mag seinen Anspruch auf Vollkommenheit auf die Spitze treiben und hartnäckig um die Verwirklichung einer Vollkommenheit ringen. Er würde eine Verkürzung seiner Lebensdauer einem Kompromiß innerhalb seines Wertsystems vorziehen.

Der Narzißmus des Genies ist mit dem des Tieres vergleichbar. So wie die Organismen von allen nur erreichbaren Winkeln Besitz ergreifen, und wie die Evolution leere Räume mit besser angepaßten Formen ausfüllt, so füllt der geniale Mensch mit gleicher Hartnäckigkeit kulturelle Leerräume mit seinen differenzierteren Werken aus. Aber die Nachteile, die dem kulturellen Prozeß durch den kulturellen Narzißmus entstehen, können die durch die kreativen Errungenschaften erreichten positiven Ergebnisse wieder zunichte machen. Der kulturelle Narzißmus stört das Realitätsprinzip. Ein der Realität adäquates Urteil wird behindert.

Dies mag an folgendem Beispiel gezeigt werden. Die Verfassung der Vereinigten

Staaten ist umgeben von einer Gloriole, und sie wird als die größte Errungenschaft betrachtet — und als ein Dokument verdient sie dieses Ansehen tatsächlich —, die der politische Geist der USA hervorgebracht hat, als Symbol und Urkunde, auf denen die amerikanische Demokratie beruht. Doch nur einer Minderheit der Bevölkerung war es erlaubt, über diese Verfassung abzustimmen. Hätte es damals ein allgemeines Stimmrecht gegeben, dann wäre die amerikanische Konstitution abgelehnt worden. Die Verfassung verhinderte nicht die schrecklichste Form der Sklaverei, von der die Geschichte zu berichten weiß; sie verhinderte nicht einen Bürgerkrieg, der als der grausamste und zerstörerischste Krieg des Jahrhunderts angesehen wird; sie verhinderte nicht die teilweise Ausrottung der Eingeborenenbevölkerung; sie verhinderte nicht die Enteignung einer Minorität, wie zum Beispiel die der Japaner zu Beginn des Zweiten Weltkrieges; sie vermochte nicht einem rechtmäßig gewählten Präsidenten den Amtsantritt zu sichern; sie hinderte einen Präsidenten nicht daran, in einem fremden Land ohne Kriegserklärung und ohne die Zustimmung des Kongresses einen Krieg zu führen; sie ermöglichte einem Präsidenten Bürgerkriege in fremden Ländern gegen den Willen der Mehrheit der Wählerschaft zu organisieren. Dessenungeachtet wird in Nordamerika die Verfassung der USA von ihren Bürgern als eine Art idealer Institution, die ohnegleichen ist und wegen ihrer positiven Seiten allen anderen Staaten zum Vorbild dienen sollte, angesehen.

Wie aber soll man den unerschütterlichen Glauben an die Vortrefflichkeit eines Dokuments erklären, wenn man dessen Mängel ganz deutlich vor Augen hat — ungeachtet der vielen positiven Wirkungen, die von ihm ausgehen mögen? Man wird an das klinisch nur zu bekannte Phänomen der Überbewertung des Liebesobjekt erinnert. Wahre Liebe mißt dem geliebten Objekt eine Vortrefflichkeit zu, die das Liebesobjekt kaum besitzen kann. Aber im Falle der nationalen Überschätzung, die durch exzessive narzißtische Besetzung verursacht ist, ist es der Stolz auf etwas, das die Gruppe, zu der man gehört, allen anderen Gruppen überlegen macht. Das Dokument wird mit einer Vollkommenheit ausgestattet, die es nicht besitzt, aber die Illusion der Vollkommenheit befriedigt ein tiefsitzendes Verlangen in der Person, die im Schatten des Symbols lebt, da ein Teil jener Vollkommenheit — vielleicht sogar die gesamte Vollkommenheit — entweder in das Selbst aufgenommen wird oder Teil der psychischen Repräsentanz der Gruppe im Selbst wird. Jedenfalls trägt die Illusion der Vollkommenheit zur Erhöhung des Selbst bei, während der Liebende, der das geliebte Objekt überbewertet, sich im Vergleich mit seinem Liebesobjekt eher des persönlichen Werts entleert fühlt, den er ganz im Gegenstand seiner Liebe konzentriert sieht. Die narzißtische Überbesetzung eines Dokuments wie das der US-Verfassung erschwert eine realistische Wertung, sie beeinträchtigt das kulturelle Realitätsprinzip. Wenn die Gemeinschaft auf ein bestimmtes Lösungssystem fixiert ist, obwohl die Tatsache der Unzulänglichkeit desselben offenkundig ist, wird sie sich gegen die Wahl und Einführung konstruktiver und radikaler Neuerungen sperren, selbst wenn sie im Hinblick auf drohende Krisen zwingend sind.

Gelegentlich nimmt der kulturelle Narzißmus in dem absoluten Vertrauen, das der Gläubige in die Dogmen und Vorschriften seines jeweiligen Glaubens setzt, geradezu groteske Formen an. Selbst wenn er zugibt, daß, wäre er in einer anderen Religionsgemeinschaft aufgewachsen, er andere Glaubenssätze ebenso leidenschaftlich für wahr halten würde, preist er sich glücklich, daß er in seiner besonderen Gemeinschaft aufgewachsen ist und Gott ihn dadurch in die Lage versetzt hat, die göttliche Wahrheit zu erkennen. Ich möchte an einem Beispiel zeigen, wie selbst ein moderner, ja aufgeklärter Geist die einfachsten Forderungen der Logik mißachten kann, wenn es ihm darum geht, den Glauben an die absolute Wahrheit der Religion, der er angehört, aufrechtzuhalten.

In seiner Predigt „Er, der der Christus ist", welche sich auf den Augenblick konzentriert, als Petrus die Frage Jesu, für wen die Apostel ihn hielten, beantwortete: „Du bist Christus!" (Markus 8, 28), nennt *Tillich* dies „das bedeutsamste Ereignis nicht nur für den Gläubigen, sondern auch *für jeden nüchternen Betrachter der Weltgeschichte*" (S. 156f., Hervorhebung d. Ref.). Warum? Petrus bestritt, so *Tillich*, daß Jesus der Vorläufer war wie Elias und Jeremias, aber er behauptete, daß „der Christus im Menschen Jesus erschienen war". Als „Petrus Jesus den Christus nannte, war das Wort Christus noch die Bezeichnung für ein Amt. Es bezeichnete den, der ... die Aufrichtung des messianischen Reiches des Friedens und der Gerechtigkeit" bringen sollte (S. 159). Nach der Antwort des Petrus verbot Jesus den Aposteln, „irgend jemandem etwas von ihm zu sagen. Sein messianischer Charakter ... bedeutete ihm etwas anderes als dem Volke". Es hätte eine göttliche Gestalt erwartet, die vom Himmel herabgestiegen wäre, um als König des Ruhms und des Friedens zu regieren. „Sein Geheimnis ist tiefer; es läßt sich nicht durch die tradionellen Namen ausdrücken. Es kann nur ... durch Leiden, Tod und Auferstehung" offenbar werden (S. 159f.). *Tillich* räumt ein, daß es „in der Geschichte viele Bilder schöpferischen Leidens und heroischen Sterbens gegeben" hat. „Aber keines von ihnen kann mit dem Bilde vom Tode Jesu verglichen werden" (S. 162). Christus mußte leiden, sagt Tillich, „weil immer, wenn das Göttliche in seiner ganzen Tiefe erscheint, es von Menschen nicht ertragen werden kann. Es muß von den politischen Mächten, den religiösen Autoritäten und den Trägern der kulturellen Tradition beseitigt werden" (S. 162). *Tillich* geht soweit zu behaupten, daß, „wenn immer das Göttliche erscheint", es „ein radikaler Angriff auf alles" ist, „was dem Menschen gut erscheint, und deshalb muß der Mensch es zurückstoßen, muß er es beseitigen, muß es kreuzigen". Das Göttliche „revoltiert gegen das Menschliche ..., das Menschliche" muß sich deshalb „selbst gegen das Göttliche verteidigen, muß es verwerfen und muß versuchen, es zu zerstören" (S. 162). Das Göttliche aber „nimmt unsere Weigerung, es anzunehmen, auf und überwindet uns auf diese Weise. Dies ist das Zentrum im Geheimnis des Christus". Überraschenderweise behauptet *Tillich*, daß ein Christus, „der nicht gestorben, sondern in Herrlichkeit zu uns gekommen wäre und uns mit seiner Macht ... belastet hätte", ... nicht fähig gewesen wäre, unsere Herzen zu gewinnen ... „Seine Macht hätte unsere Freiheit zerbrochen ... Unsere Menschlichkeit wäre durch seine Göttlichkeit verschlungen worden ... Wir würden mehr glücklichen Tieren als Menschen, zum Ebenbilde Gottes geschaffen, gleichen" (S. 163f.). Ich bin deshalb so ausführlich auf Einzelheiten dieser Predigt eingegangen, weil sie eine Anhäufung von Ungereimtheiten und unverzeihlichen Verstößen gegen das logische Denken zeigen. *Tillich* sagt, vielleicht zu Recht, daß das göttliche

Geheimnis für den Menschen unbegreiflich ist. Dennoch stellt er fortwährend positive Behauptungen darüber auf, versucht es zu erklären und erwartet von uns, daß wir seiner Deutung folgen. Seine Erklärung, warum Jesus nicht wollte, daß das Volk erführe, daß er der Christus sei, ergibt schlichtweg keinen Sinn. Daß das Volk Frieden und Gerechtigkeit erwartete, dies aber nicht durch Jesus erhalten sollte, ist, wie der Rest des Arguments, keine zwingende Erklärung, zumal wenn man sich vor Augen hält, daß der Nachwelt die Göttlichkeit Jesu doch enthüllt wurde, diese Nachwelt jedoch keine Chance oder Möglichkeit hatte, seine Göttlichkeit zu bestätigen. Es ist weder zwingend noch offenkundig, daß der Mensch das Göttliche zurückweisen muß. Schließlich weiß die Bibel von Ereignissen zu berichten, in denen es zum Bunde zwischen dem Menschen und Gott kommt, so im Falle Abrahams. Eine innere Empörung des Göttlichen gegen das Menschliche würde es ausschließen, daß der Mensch nach dem Bilde Gottes geschaffen worden ist. Ein Adam, der Gott uneingeschränkt gehorcht, ließe sich gut mit einem glücklichen Tier vergleichen, aber der Mensch, der durch eben seine Natur gezwungen ist, das Göttliche zu bekämpfen, weil umgekehrt das Göttliche alles Gute im Menschen anficht, würde, wenn Gott sich schließlich selbst als der König des Friedens und der Gerechtigkeit offenbarte, dessen Autonomie oder Freiheit keineswegs zerstören. Eine solche göttliche Macht vermöchte unsere Herzen schnell zu gewinnen. Wie wenig der Mensch seine Freiheit verlieren würde, läßt sich ermessen, wenn man bedenkt, daß selbst Engel von Gott abzufallen vermögen.

Ich bin sicher, daß, wenn nach der Auferstehung Christi Gerechtigkeit und Frieden auf der Welt eingekehrt wären, *Tillich* nicht gezögert hätte, diesen Zustand als Beweis dafür anzuführen, daß Christus eine Gottheit gewesen ist. Natürlich ist es für den Gläubigen verwirrend, wenn er erkennen muß, daß sich trotz des Kreuzestodes Christi nicht ein Jota im Zustand der Menschheit geändert hat und daß der Mensch wie eh und je stiehlt, flucht, raubt, vergewaltigt und mordet und das sogar noch schlimmer als vor dem Auftreten Christi. Und es ist darüberhinaus verwirrend, daß ein allmächtiger Gott es zuläßt, daß Kinder getötet werden oder an schmerzhaften Krankheiten sterben müssen, daß Gott die grauenhaften Ereignisse, von denen die Menschheitsgeschichte zu berichten weiß, zuläßt ohne je einzugreifen, und daß er die Guten nicht in Schutz nimmt gegen die Bösen.

Für den Theologen bedeutet es keine Schwierigkeit, diese offenkundigen Widersprüche in einen Beweis für die Größe Gottes umzumünzen: der Mensch, der nicht durch Gottes Herrlichkeit überwältigt wird, bewahrt zwar seine Freiheit, doch was für eine Freiheit ist dies? Es ist die Freiheit, alles Menschliche, das einen weiten Bereich des Bösen in sich schließt, zu tun, aber die Freiheit, die Gegenwart Gottes wahrzunehmen ausschließt. Dies scheint — nach *Tillich* — das einzige zu sein, was der Mensch nicht vermag. Da die Herrschaft der Gerechtigkeit und des Friedens offenbar auf eine Beschneidung der menschlichen Freiheit hinausläuft, hat der Theologe das Problem für die Zukunft gelöst, und die Abwesenheit des Reiches Gottes auf Erden wird zu einem Zeichen der Achtung Gottes vor der menschlichen Würde. Die Verkehrung der Werte ist erschreckend.

Eine solche, jeder Logik hohnsprechende Argumentationsweise ist die Folge eines exzessiven narzißtischen Festhaltens an den Glaubenslehren, in denen man aufgewachsen ist oder, im Falle eines Glaubenswechsels, an die Lehre des Glaubens, den man neu für sich entdeckt hat. Es liegt auf der Hand, daß eine Person, die von einer Überzeugung so intensiv erfaßt ist, die sie bei einiger Distanz und Unvoreingenommenheit als unhaltbar erkennen würde, einen unbewußten Grund für diese Überzeugung haben muß. Aus der klinischen Erfahrung mit pathologischen Fällen wissen wir, daß das Festhalten an irrigen Überzeugungen eine lebensrettende Wirkung auf einige Patienten hat. Würde der Patient plötzlich die Unangemessenheit seiner wahnhaften Überzeugung erkennen, so würde sein Selbst eine narzißtische Verletzung von solchem Ausmaß erleiden, daß dies eine Regression einleiten würde, die dem psychischem Apparat weit mehr schaden würde als die vorausgegangene Störung seiner Realitätsprüfung. Eine entsprechende Folge müßte für eine Persönlichkeit, die so tief im Religiösen verwurzelt war wie *Paul Tillich*, anzunehmen sein. Dennoch wäre es irrig, die Art, wie *Tillich* das christliche Dilemma zu lösen versuchte, als eine Psychose anzusehen. Dessenungeachtet darf man zu Recht vermuten, daß, wenn irgendeine Person oder ein Ereignis seine Gewißheit zu beeinträchtigen in der Lage gewesen wäre oder ihn in seiner Überzeugung tatsächlich erschüttert hätte, er — wenn vielleicht auch nur vorübergehend — in einen psychotischen Zustand hätte verfallen können. Selbstverständlich macht die für den religiösen Menschen charakteristische Denkweise ihn praktisch unzugänglich für jedes Argument, und nichts könnte einen ernsthaften Zweifel in ihm aufkommen lassen, da sowohl der Zustand der Gerechtigkeit und des Friedens als auch das Gegenteil davon die Existenz des Göttlichen beweisen. Der religiöse Mensch ist gegen alle Eventualitäten gefeit. In ihm begegnen wir typisch narzißtischen Haltungen. Auch der Wissenschaftlicher ist auf seine Art narzißtisch, doch geht er völlig anders vor. Als *Freud* erkannte, daß — entgegen seine früheren Überzeugung — Erwachsenenneurosen nicht durch Akte sexueller Verführung in der Kindheit verursacht werden, erlitt er keinen Zusammenbruch, obgleich er viel Zeit und Energie in die Herausarbeitung dieser Theorie, auf die er auch stolz gewesen war, investiert hatte. In einem Brief an seinen Freund *Fliess*, zählt er noch einmal alles das auf, was er durch das Scheitern dieser seiner Theorie nun verloren hatte, aber er fuhr in seinen Forschungen fort und entwickelte neue, geeignetere Theorien. Als er gegen Ende seines Lebens zurückblickte, sah er mit Gelassenheit, daß der Teil des psychoanalytischen Gebäudes, den er als gesichert ansehen konnte, ziemlich klein war. Für Persönlichkeiten wie *Tillich* wäre eine solche Haltung innerhalb deren jeweiligem Fachbereich unvorstellbar, und man muß die Existenz breit angelegter narzißtischer Strukturen innerhalb ihres psychischen Apparates zur Kenntnis nehmen. Durch solche Strukturen werden sie der für den kulturellen Prozeß optimalen Flexibilität beraubt.

Man kann die nachteiligen Folgen des kulturellen Narzißmus kaum überschätzen. Er zeigt sich einer Überbewertung der eigenen Sprache, der Zugehörigkeit zur nationalen und politischen und Religionsgemeinschaft, und dergleichen. Der kulturelle Narzißmus ist ein psychologischer Faktor, der wesentlich dazu beiträgt, daß es zu Kriegen kommt. Er wird an die nachfolgende Generation weitergegeben und schließt dadurch eine Beständigkeit und Hartnäckigkeit in sich, die mit optimalem kulturellem Wachstum unvereinbar sind.

Ein weiterer Aspekt des Problems wird sichtbar, wenn man das unheimliche Bündnis zwischen Aggression und Narzißmus bedenkt (*Rochlin* 1973). Durch das Wirken eines Grundgesetzes der psychischen Ökonomie sind aggressive Entladungen ausnahmslos mit einer Zunahme der narzißtischen Besetzungen verbunden. Dagegen ist das Selbst auf dem Höhepunkt des Zustandes der Liebe der narzißtischen Besetzungen verringert; dies mag einer der vielen Gründe dafür sein, warum der Mensch eher zu aggressivem als zu liebendem Verhalten neigt. Die Gleichung gilt in beiden Richtungen. Aggressive Entladungen verursachen eine Zunahme an narzißtischer Befriedigung, und der Narzißmus des Menschen bevorzugt die aggressive Entladung. Das heißt, daß der Mensch dazu neigt, aggressiv zu sein, um die für ihn optimale narzißtische Stufe wieder zu erreichen.

Im Leben der Tiere läßt sich nicht Vergleichbares beobachen. Ihre Aggression folgt biologischen Notwendigkeiten und stellt für die organische Evolution kein Hindernis dar. Vielmehr scheint sie — wie bereits erwähnt — im Dienste eben dieser Evolution zu wirken. Beim Menschen hat die Korrelation zwischen Aggression und Narzißmus jedoch furchtbare Folgen; nur auf eine soll hier näher eingegangen werden. Es geht dabei um die Wahl der politischen Führer. Bei den non-humanen Primaten kann man eine hierarchische Struktur des sozialen Lebens beobachten. Es ist noch nicht klar, welche Gesetze für den Prozeß bestimmend sind, durch den Anführer in diesen Gesellschaften ausgewählt werden, doch ist kein Fall bekannt, in dem ein Anführer gegen das Wohlergehen der Gruppe gehandelt hätte, ohne daß er mehr oder weniger schnell abgesetzt worden wäre.

In der Geschichte der Menschheit trifft man nur selten auf solch weises Verhalten. Den größten Teil der Geschichte des Menschen bestimmte die Blutsverwandtschaft darüber, wer an der Spitze der hierarchischen Pyramide zu stehen hatte. Immer wieder kam es vor, daß Wahnsinnige die Macht ausgeübt haben, um über das Schicksal riesiger Reiche zu entscheiden, und sie wurden zur Ursache von deren Untergang.

In der modernen Gesellschaft ist das Prinzip der Blutsverwandtschaft als die Grundlage für die Wahl der politischen Führer im großen und ganzen abgeschafft worden, aber die Qualität der Führung hat sich nicht — wie man hätte erwarten können — entsprechend gebessert. Trotz der offensichtlichen Mannigfaltigkeit an Persönlichkeitstypen begegnet man in führenden Positionen nahezu immer Menschen, deren Persönlichkeitskern aggressiv-narzißtisch ist, und dies in demokratischen Gesellschaften ebenso wie in nichtdemokratischen. Wir haben es hier mit einem Angelpunkt der kulturellen Evolution zu tun. Noch keine Technik ist erfunden worden, die die Wahl der höchst qualifizierten Persönlichkeit garantieren oder wenigstens deren Wahl wahrscheinlich machen würde. Mit geradezu verblüffender Monotonie trifft man überraschend in führenden Positionen oft auf Personen, die — sei es in einer wissenschaftlichen Gesellschaft, sei es in einer Behörde, in einer Stadt oder in einer ganzen Nation — zwar tüchtiger als der Durchschnitt und mit praktischer Klugheit wohl versehen, jedoch nicht von tiefer Intelligenz sind, Personen, die skrupelloser als ihre Umgebung sind und die Gabe besitzen, andere zu manipulieren. Sie sehen ihre Aufgaben weniger in der Förderung des Wohlergehens der Gruppe, für die sie verantwortlich sind, als vielmehr in der narzißtischen Selbst-Vergrößerung. Gewöhnlich geht von ihnen eine große Anziehungskraft auf die Gruppe aus. Es erweist sich, daß die meisten Menschen — meist unbewußt — starke narzißtisch-aggressive Wünsche dieser Art hegen, an deren Verwirklichung sie gehindert werden und die sie stattdessen durch Identifizierung mit einer Person dieses Typs befriedigen. So kommt es zu einer Teilung der Verantwortung: die Ambivalenz der Persönlichkeit, die zu einer führenden Position aufsteigt und der Masochismus jener, die es ermöglichen, daß diese Persönlichkeit an die Macht gelangt.

Die Geschichte scheint den Gedanken nahezulegen, daß die kulturelle Evolution, wenngleich sie in der Hervorbringung großer genialer Menschen — jener Genies, die für den Fortschritt auf den einzelnen Kulturgebieten einmalige Leistungen erbracht haben — höchstens erfolgreich gewesen ist, aber nicht in gleicher Weise erfolgreich war im Hinblick auf diejenigen, die für die Handhabung der praktischen Belange der Menschheit verantwortlich sind. Wenn man auf diesem Gebiet überhaupt von Fortschritt sprechen kann, so möchte man sagen, daß es Fortschritt gab nicht so sehr wegen der Führer als vielmehr trotz ihrer. Dies soll natürlich nicht über die Tatsache hinwegtäuschen, daß in Krisenzeiten große Führerpersönlichkeiten an die Macht gelangt sind und durch ihre Begabung der Menschheit große Dienste erwiesen. Die Erörterung der Psychologie des destruktiven, aggressiven Narzißmus und dessen Beziehung zum Problem der Führerpersönlichkeit führt zu einem Gruppenphänomen, das eben diesem Narzißmus nahesteht: dem Krieg. Seit der Frühzeit der kulturellen Evolution, wenn vermutlich auch nicht von ihrem Anbeginn, ist der Krieg ein integraler Teil der Geschichte des Menschen gewesen. Es ist schwierig zu entscheiden, ob er für die kulturelle Evolution notwendig war, aber es ist, wie bereits erwähnt, eine Tatsache, daß Europa ohne Krieg nicht christianisiert worden wäre; auch die jetzige Zivilisation des amerikanischen Kontinents beruht auf dem erbarmungslosen Kampf gegen die Eingeborenen. Es dürfte schwerfallen, ein Imperium oder irgendeine in den letzten fünf Jahrtausenden entstandene Hochkultur zu finden, an deren Beginn nicht ein massiver Akt brutaler Unterdrückung, ja sogar der Vernichtung einer großen Zahl von Menschen steht.

Die Ansicht, daß der Krieg vermeidbar sei, da er das Resultat änderungsfähiger schädlicher Institutionen sei, ist weitverbreitet. So glaubte *Immanuel Kant*, daß, würden die Monarchien durch die republikanische Regierungsform ersetzt, der Krieg zum Verschwinden gebracht würde, und man kann den großen Denker wegen seines Irrtums nicht tadeln. Zu seiner Zeit existierte kaum eine Republik, und Kriege hingen von Entscheidungen von Monarchen ab, die scheinbar allein dynastische Zwecke verfolgten. Ähnlich können diejenigen unserer Generation, denen ich mich anschloß, die in ihrer Jugend geglaubt hatten, daß der Krieg eine notwendige Begleiterscheinung der kapitalistischen Wirtschaftsordnung sei, nicht getadelt werden. Es war undenkbar, daß Länder, die der Verwirklichung des Sozialismus zustrebten, jemals miteinander Krieg führen könnten. Nichtsdestoweniger zeigt sich am historischen Horizont das Gespenst eines sowjetisch-chinesischen Krieges.

Der Krieg mag durch schädliche Institutionen bedingt sein, doch darauf folgt nicht notwendigerweise, daß er durch Modifikationen von Institutionen verhindert werden kann. Man darf wohl behaupten, daß noch keine Institutionen erfunden worden sind, die Kriege ausschließen würden. Im Krieg läßt sich auf kollektiver Ebene und in gigantischem Ausmaß die narzißtisch-aggressive Kombination beobachten, die man auch im Leben des Individuums antrifft. Die Biologie des Krieges ist viel komplizierter, als ich es hier angedeutet habe, aber ich möchte doch wenigstens das Verankertsein des Krieges in der psychobiologischen Matrix des Menschen unterstreichen, eine Konzeption, die von vielen in Abrede gestellt wird.

Ehe ich mich von dem Problem der schwerwiegenden Gefahren abwende, denen der kulturelle Prozeß durch das Bündnis von Aggression und Narzißmus gegenübersteht, möchte ich noch einmal *Immanuel Kant* zitieren, der in dieser Verbindung den wahren Beweggrund und den ersten Schritt hin zur Kultur sieht. In seiner Schrift über die „Idee zu einer allgemeinen Geschichte in weltbürgerlicher Absicht" (1784) behauptet er (S. 45f.), daß der Antagonismus das Mittel ist, durch das die Natur Ordnung schafft. Er definiert Antagonismus als die „ungesellige Geselligkeit" des Menschen. Dieser hat die Neigung, „sich zu vergesellschaften", aber er hat auch „einen großen Hang, sich zu vereinzeln". Letzteres hat seine Ursache darin, daß er „in sich … die ungesellige Eigenschaft antrifft, alles bloß nach seinem Sinne richten zu wollen, und daher allerwärts Widerstand erwartet", wie er auch von sich weiß, daß er selbst zum Widerstand gegen die Intentionen jener, die ihn umgeben, neigt. „Dieser Widerstand ist es nun, welcher alle Kräfte des Menschen erweckt, ihn dahin bringt, seinen Hang zur Faulheit zu überwinden und, getrieben durch Ehrsucht, Herrschsucht oder Habsucht, sich einen Rang unter seinen Mitgenossen zu verschaffen, die er nicht wohl leiden, von denen er aber auch nicht lassen kann." Unter diesen Bedingungen werden nach *Kant* die ersten Schritte von der Barbarei zur Kultur getan.

Es ist auffällig, daß hier sowohl der Antagonismus und der Wunsch nach Isolierung — eindeutige Vertreter der Aggression — als auch „Ehrsucht, Herrschsucht oder Habsucht" — eindeutige Verkörperung des Narzißmus, beide Tendenzen, die ich als Gefahren für die Kultur dargestellt habe, als Hauptkräfte angesehen werden, denen die kulturelle Evolution zu verdanken ist. Es wäre jedoch nicht ungewöhnlich, wenn Faktoren, die möglicherweise einen Prozeß anfangs begünstigen, nach und nach in solche umgewandelt würden, die seine Zerstörung bewirken. *Kant* vergaß nicht, die Funktion der Liebe, des Wunsches, „sich zu vergesellschaften" (ibd.) als eine Vorbedingung der Kultur besonders hervorzuheben, eine Funktion, die ich selbst kaum erwähnt habe, was mir aber nachgesehen werden mag, da ich mich vor allem mit jenen Kräften befassen wollte, die der Kultur abträglich sind.

Meinungsverschiedenheiten in Diskussionen über die Zukunft der Menschheit gehen oft auf einen, wie mir scheinen will, fundamentalen Irrtum zurück, der oft gemacht wird, wenn es um eine grundsätzliche Bewertung des Menschen geht. Radio City brachte einmal eine reizende Vorführung mit dressierten Pudeln. Die Tiere hatten Tiroler Trachten an und tanzten, und ich glaube mich zu erinnern, daß einer der Pudel sogar ein Musikinstrument spielte. In keinem mir bekannten Buch über

Hunde ist die Rede davon gewesen, daß es solche gibt, die Walzer tanzen und musizieren können. In allgemeinen Abhandlungen über den Menschen wird dieser jedoch fast immer an der höchsten Verwirklichung seiner äußersten Möglichkeiten und nicht an seinem Durchschnittsverhalten gemessen. Wenn wir den Menschen ganz verstehen wollen, müssen wir nämlich sowohl das Durchschnittsverhalten als auch die individuelle Struktur erforschen, wie dies in anderen Wissenschaften ja auch geschieht. Statistische Thermodynamik hat ihre Entsprechung in der Atomphysik; die statistische Behandlung großer Populationen hat ihre Entsprechung in der Mikrobiologie. Es wäre aber ein schwerer Irrtum, wenn man bei dem Versuch, den künftigen Verlauf der Geschichte des Menschen vorauszusagen, nur das Verhalten jener berücksichtigen würde, die einen hohen Grad der Internalisierung und Strukturierung erreicht haben, statt das zu erwartende Durchschnittsverhalten des Menschen im Auge zu behalten, insbesondere wenn seine Autonomie durch seine Tätigkeit innerhalb eines Kollektivs stark reduziert ist.

Nachdem ich bei einigen der Konsequenzen verweilt habe, die mit der Konversion der Instinkte in Triebe bei der Spezies Homo sapiens verbunden sind, will ich mich nun kurz einem besonderen Problem der Psychologie des Ichs, nämlich dem Problem der Antinomien, mit denen das Ich konfrontiert wird, zuwenden. Antinomien sind Gegensätze, die unvereinbar sind. Die Eigenschaft der Unvereinbarkeit mag durch subjektive oder durch objektive Faktoren verursacht sein. Doch gewöhnlich liegt — wie im folgenden — eine Mischung beider vor.

Obgleich der Fortschritt der Wissenschaft in einigen Bereichen genaue Voraussagen möglich macht, erweist sich der Mensch noch immer als blind, wenn es um seine eigene Zukunft geht. So eindrucksvoll es auch sein mag, daß Eklipsen und andere astronomische Ereignisse vorausgesagt werden können, so ist der Mensch auf dem einen Gebiet, das für ihn von entscheidender Bedeutung ist, noch immer gezwungen, wie ein Betrunkener zu handeln, der seinen Richtungssinn verloren hat und dahintaumelt und vergeblich seinen Weg zu finden sucht. Und wenn der Mensch die Folgen seines Handelns kennen würde, so würde diese Erkenntnis — seltsam genug — in vielen Fällen seine Initiative lähmen. Wenn die frühen Christen, die von der nahen Wiederkehr Christi überzeugt waren, die Geschichte der nächsten zwei Jahrtausende mit ihren Religionskriegen, der Inquisition und dem Elend der Massen gekannt hätten, so hätte dies nicht nur ihre Überzeugung zerstört, sondern es hätte sie gezwungen, von ihrem einzigen Bestreben abzulassen, das Evangelium in aller Welt zu verkünden. Und wenn die Pilgerväter gewußt hätten, daß ihre Landung in Amerika zu den Indianerkriegen, zur Entwicklung einer materialistischen Zivilisation, zum Imperialismus und schließlich zur Explosion der Atombombe führen würde, hätten sie dann jemals Europa verlassen? Ich habe hier auf die völlige Blindheit des Menschen gegenüber umfassenden historischen Prozessen, die sich über Jahrhunderte hin erstrecken, aufmerksam gemacht. Aber das gleiche gilt auch für eine Zeitspanne von Jahrzehnten. Wer hätte 1810, als die französischen Armeen Europa erobert hatten, gedacht, daß kaum sechzig Jahre später die Preußen Frankreich besetzen würden? Und wer wiederum hätte vorauszusagen gewagt, daß nur fünfzig Jahre später Deutschland niedergeworfen sein würde, oder daß nur knapp zwanzig Jahre später Deutschlands Armeen in Frankreich und in der Nähe Ägyptens stehen würden und daß dieser Zeitpunkt nur fünf Jahre vor dem Beginn der Teilung Deutschlands liegen würde?

Ich habe mir oft gesagt, daß ich mich eigentlich glücklich schätzen muß, nicht über die Gabe der historischen Voraussicht zu verfügen. Denn dann hätte ich niemals einen Arbeitsplatz gefunden, und wahrscheinlich würde ich nun auch nicht die Ehre haben, zu Ihnen sprechen zu dürfen. Als man 1938 aus Europa kam, wurde man regelmäßig nach seiner Meinung über die politische Zukunft gefragt. Mir wurde diese Frage von meinem künftigen Chef anläßlich meines ersten Gesprächs mit ihm, das darüber entscheiden sollte, ob ich die Stelle bekommen würde oder nicht, ebenfalls gestellt. Damals hielt es jeder verantwortungsvolle Zeitgenosse hier in den USA für völlig ausgeschlossen, daß ein amerikanischer Soldat je wieder den Atlantik überqueren würde. Hätte ich die Landung in der Normandie vorausgesagt, hätte mein Chef an meinem Verstand gezweifelt. Die Vorhersage der Katastrophe von Hiroshima hätte er in den Bereich der Phantasie verwiesen. Hätte ich behauptet, daß die Vereinigten Staaten 500000 Soldaten nach Asien transportien würden, damit diese kämpften, um ein Regime in einem Lande zu stützen, das nicht größer als Oklahoma ist, so hätte er sich Sorgen um meinen gesunden Menschenverstand gemacht. Hätte ich vorausgesagt, daß ein Amerikaner dreißig Jahre später auf dem Mond umhergehen würde, hätte er nicht denken müssen, daß ich schizophren sei? Das gleiche hätte mir bei eventuellen Voraussagen über mögliche Entwicklungen auf kulturellem Gebiet zustoßen können: hätte ich ihm gesagt, daß dreißig Jahre später am Times Square Filme vorgeführt würden, die den Geschlechtsverkehr und alle bekannten Perversionen zeigen, so hätte er mir eine Anstellung verweigert, da er den Verdacht hätte haben müssen, daß ich pervers sei.

Von *Schiller* stammt ein Gedicht, in dem gezeigt wird, wie ein Mensch augenblicklich stirbt, als er ein Gottesbild entschleiert, das ihm ermöglicht, die Zukunft zu sehen. Hier wird symbolisch auf eine tiefe Wahrheit hingewiesen. Wir preisen die Leistungsfähigkeit der Realitätsanpassung des Ichs und wir sind voller Bewunderung darüber, wie großartig es bei der Auseinandersetzung mit der Realität funktioniert, und dennoch sollte uns das auch nur flüchtige Lesen eines Geschichtswerkes davon überzeugen, daß der Mensch, wenn er das Schicksal kennen würde, das seine Nachkommenschaft drei oder vier Generationen später erwartet, sich nicht fortpflanzen würde. Gewiß, in der organischen Evolution sind nach *Simpson* (1961) acht Stämme ausgestorben. Die stolzen Dinosaurier, die im Begriff waren, zu den Königen des Landes, des Wassers und der Luft zu werden, verschwanden völlig. Doch dauerte dies eine Million Jahre, und wenn die Dinosaurier vernunftbegabte Wesen gewesen wären und die Zukunft ihrer Spezies gekannt hätten, so weiß ich nicht, ob sie sich anders verhalten hätten. Ihr allmähliches Verschwinden war vermutlich nicht mit übermäßigen Leiden verbunden. Bei *Ludwig XVI.* und *Marie Antoinette* jedoch wurde, als sie vor der Guillotine standen, Bourbonen- und Habsburger Glanz zur Travestie.

Ob er will oder nicht, der Mensch ist gezwungen, auf der Bühne der Geschichte zu agieren; zugleich ist es für ihn unmöglich — sei er Kapitän oder Zahnrad des

Schiffes — die Wirkung seiner Handlungen vorauszusehen, wenngleich er fast immer in der vollen Überzeugung handelt, daß er es vermag. Hier sieht sich der Mensch mit einer der ernstesten Antinomien konfrontiert, die ihm begegnen können.

Die zweite Antinomie, auf die ich eingehen möchte, ist die des Verhältnisses des Menschen zum Tode. Im Alten Testament wird der Tod sehr zutreffend eine Strafe genannt, durch die das Glück des Menschen für den größten Teil seines Daseins mit Bitterkeit erfüllt wird. In seinen frühen Lebensjahren weiß der Mensch nichts davon und im hohen Alter, wenn das Leben immer mehr zu einer Last als zu einem Quell der Freude wird, kümmert er sich oft nicht darum, aber in den dazwischenliegenden Jahren begehrt etwas in ihm gegen die Gewißheit auf, daß das Leben etwas Bedingtes ist. Mit einer gewissen Berechtigung erlebt er das Leben, als ob es eine Verspottung seiner wäre, da es in seiner Auflösung zu enden hat. Überdies kann er sich trotz der Größe seines Geistes den Zustand seines eigenen Todes nicht vorstellen, wie er sich auch den Zustand des Unbewußtseins nicht vorstellen kann, obwohl dieser im Schlafe regelmäßig wiederkehrt. Tatsächlich rebelliert bei einem gesunden Menschen alles gegen die Tatsache des Todes, und in den tiefsten, vitalsten Schichten des psychischen Apparates wird die rationale Kenntnis des Endes nicht nur geleugnet, sondern verneint. Der Tod kann in diesem Bereich nachgerade überhaupt nicht imaginiert werden. Aber das Selbst des Menschen kann dem Wissen über seinen Tod darum nicht entfliehen. Die Vielfalt von Techniken, die die Menschheit entwickelt hat, um der bestürzenden Verworrenheit zu entfliehen, die diese Antinomie zurückläßt, ist bekannt.

Der Preis, den der Mensch dafür bezahlen muß, daß er die einzige biologische Art ist, die um den Tod weiß, ist allzu hoch für das Privileg, Schlußstein des evolutiven Differenzierungsprozesses zu sein. Wie schon in dem Verhältnis des Menschen zur Geschichte stoßen wir auch hier wieder auf die grundlegende Schwäche des Ichs. Im Schlafe werden alle die stolzen Strukturen, die das Ich entwickelt hat, begraben, und das Ich muß wie ein kleines Kind die Phantasmagorien als Wirklichkeit hinnehmen. Ähnlich muß das Ich bei seinem Tod den Sieg dessen, was *Freud* den Todestrieb nennt, widerstandslos hinnehmen. Wäre der Tod vergleichbar einem Satzzeichen, das das Satzende anzeigt, also ein einzelnes abschließendes Ereignis, so wäre er erträglich, aber er begleitet den Menschen ununterbrochen von einem frühen Stadium, vermutlich der Latenzperiode, an als die einzige Gewißheit in einem Leben, das in allen anderen Belangen ein bedingtes ist. Und er bleibt, ungeachtet unseres modernen wissenschaftlichen Denkens, ein geheimnisvolles Geschehen. Er bleibt für den menschlichen Geist etwas Bestürzendes, weil dieser unfähig ist, das Nichtsein zu ergründen oder sich vorzustellen.

Ich möchte hier noch flüchtig die eine Antinomie erwähnen, die durch das Gefühl der Freiheit und durch dessen Gegensatz, das Gefühl der Unfreiheit, gegeben ist. Das Gefühl der Freiheit wird natürlich durchkreuzt von vielen Faktoren, die zum Teil im Menschen selbst, zum Teil in der äußeren Wirklichkeit ihre Wurzeln haben. Dennoch ist dieses Gefühl dem Menschen in einer Weise gegeben, wie sie in den beiden folgenden Zeilen zum Ausdruck kommt:

So trägt ein jeder Sklav' in eigner Hand
Gewalt, zu brechen die Gefangenschaft.
(„Julius Caesar", 1. Aufzug, 3. Auftritt[8])

Shakespeare spielt hier auf das außergewöhnliche, unter allen biologischen Arten allein dem Menschen eigene Privileg an, aus eigenem Antrieb diese Welt zu verlassen, wenn er das Gefühl hat, daß sein Schöpfer ihn im Stich gelassen hat. Selbst bei den der Spezies Mensch am nächsten verwandten Arten findet man nichts derartiges. Die Tiere sind dazu verurteilt, ihre Leiden bis zum Ende zu ertragen. Es mag seltsam klingen, wenn ich die Fähigkeit zum Freitod ein Privileg nenne, da man im Suizid im allgemeinen doch eine schwere Form der Psychopathologie sieht. Trotz des Mißbrauchs dieses Privilegs jedoch, wie er gewöhnlich auf klinischer Ebene anzutreffen ist, ist die Möglichkeit zum Suizid ein wesentliches Charakteristikum menschlichen Seins. Tatsächlich ist die Zahl derer, die fähig sind, ihre Leiden zu ertragen, nur weil sie wissen, daß sie die Freiheit besitzen, ihr Leben freiwillig zu beenden, recht groß, wenn auch statistisch nicht feststellbar. Gelegentlich wird diese Einstellung von Patienten verbalisiert; häufig ist die Einstellung in latenter Form gegeben. Die Frage nach der Wirkung, die das Wissen um den Tod auf das menschliche Seelenleben und die Kultur hat, wird häufig diskutiert, aber mir scheint, daß die Frage danach, was die Folgen der Gewißheit des Menschen um seine suizidale Möglichkeit sind, gleiche Beachtung verdient.

Es gibt bestimmte innere Formen des Verhaltens, die von großer psychologischer Tragweite sind, und von der menschlichen Fähigkeit Selbstmord zu begehen, abzuleiten sind. *Bettelheim* berichtet (1943), daß in extremen Situationen der Gefahr die Depersonalisation das Selbst gegen Angst und Schmerz schützt, die sonst unerträglich wären. Ein ehemaliger Häftling eines Konzentrationslagers lieferte mir einmal einen lebhaften Bericht, der die Behauptung *Bettelheims* bestätigte. Es grenzt an das Unglaubliche, wenn man erfährt, welche Torturen ein Mensch ertragen kann, wenn er die Einstellung aktivieren und aufrechterhalten kann: „Nicht ich bin es, der gefoltert wird". Entsprechend kann man verstehen und nachempfinden, wenn ein deutscher Gelehrter, der einen längeren KZ-Aufenthalt überlebt hatte, kurz nach der Befreiung Selbstmord beging, weil er sich des Drucks der Erinnerungen an die mit Menschentum unvereinbaren Erniedrigungen und Unwürdigkeiten, denen er ausgesetzt gewesen war, nicht erwehren konnte. Die lebenerhaltende Depersonalisation birgt Mechanismen der Verleugnung und des Ungeschehenmachens in sich. Sie ist auf der einzigartigen Fähigkeit des Menschen fundiert, zwischen sich selbst und seinen Erlebnissen, einen Abstand zu schaffen.

Diese Fähigkeit, dem Druck der Emotionen, die in einem bestimmten Augenblick wachgerufen werden, nicht nachzugehen, nicht auf die Schmerzen des Körpers zu reagieren und alles das an die Peripherie zu verbannen, was den Menschen daran hindern könnte, den Ansprüchen des Augenblicks zum Trotz sich seinem Ethos entsprechend zu verhalten, verleiht dem Menschen ein Höchstmaß an inne-

8. Zitiert nach der Übersetzung von August Wilhelm v. *Schlegel*, Reclams Universal-Bibliothek Nr. 9, 1954 (A.d.Ü.).

rer Freiheit. *Hatuey*, ein Indianerhäuptling, wurde, während der Vorbereitung für den Feuertod, eindringlich ermahnt, doch den christlichen Glauben anzunehmen, damit seine Seele im Himmel Aufnahme fände. Als man seine Frage, ob der Weiße Mann ebenfalls dort eingehen würde, bejahte, rief er aus: „Dann will ich kein Christ sein, denn ich will nicht wieder an einen Ort kommen, wo ich so grausamen Menschen begegnen muß." *Prescott* (1843, S. 123) nennt diese Antwort „beredter als einen Band gefüllt mit Schmähungen". Tatsächlich: hier werden wir Zeuge eines Augenblicks, da der Mensch sich in seiner ganzen Größe zeigt. Angesichts qualvoller Schmerzen trotzt der Repräsentant einer besiegten Rassen auf seinem Weg zum Tode seinen Besiegern im letzten Augenblick seines Lebens und schleudert ihnen seine ganze Verachtung mit einer Antwort entgegen, in der prophetisch die Totenglocke ihrer eigenen Zivilisation ertönt, die eines Tages schmachvoll zugrunde gehen wird, vernichtet durch den inhärenten Grundwiderspruch, den der sterbende Gefangene in einem einzigen, kurzen Satz aufdeckt. Hier erwächst das Selbst zu voller Autonomie und kehrt die Niederlage in einen glanzvollen Sieg um.

Auch *Shakespeare* wußte um die menschliche Knechtschaft, um den äußersten Mangel an Freiheit, der die hier zur Diskussion stehende Antinomie schafft. Er sagt (King Lear, 4. Aufzug, 1. Auftritt):

> ... Was Fliegen sind
> Den müß'gen Knaben, das sind wir den Göttern;
> Sie töten uns zum Spaß.[9]

Wenngleich ein *Shakespeare*-Forscher von so großem Ruf wie Professor *Peter Alexander* schreibt, daß „Kritiker, die mit irgend einem Grad von Urteilsvermögen versehen sind, es seit langem aufgegeben haben, in diesen Worten den Schlüssel zu *Shakespeares* Absicht zu sehen" (1955, S. 94), so bin ich davon überzeugt, daß diese Verse die Quintessenz der „King Lear" Tragödie enthalten. Gewöhnlich braucht *Shakespeare* eine gewisse Anlaufzeit, ehe er den Kern des Geschehens, um den herum sich das Spiel aufbauen wird, auf die Bühne bringt. Nicht so im König Lear. Keine seiner anderen Tragödien beginnt, wenn ich recht sehe, mit einer ähnlich ungestümen Handlung, deren Konsequenzen das ganze Spiel durchdringen, als wolle er dem Zuschauer einprägen, daß hier die eigentliche Natur der menschlichen Tat vor Augen geführt werden solle. Fürwahr, es handelt sich um eine königliche Tat, gut durchdacht und vernünftig! Der Psychoanalytiker unserer Tage wie auch der Behaviorist würden im Hinblick auf das Kronprinzen-Syndrom und die Kluft zwischen den Generationen dem alternden König raten,

> Von Unserm Alter Sorg' und Müh' zu schütteln,
> Sie jüngrer Kraft vertrauend, während Wir
> Zum Grab entbürdet wanken...
>
> („King Lear", 1. Aufzug, 1. Auftritt)

war er durch seine Abdankung durchführt.

Ich möchte noch auf einen weiteren Punkt hinweisen, der deutlich zugunsten

9. Zitiert nach der Übersetzung von Wolf Heinrich Graf *Baudissin* (Schlegel-Tiecksche Ausgabe) Reclams Universal-Bibliothek Nr. 13, 1952 (A.d.Ü.).

der Auffassung jener spricht, die in den weiter oben zitierten Zeilen den Schlüssel zu der Tragödie sehen. „King Lear" ist meines Wissens das einzige Stück Shakespeares, in dem ein erfolgloser Selbstmordversuch vorkommt. Der blinde Gloucester beabsichtigt (4.1, und 4.6), sich von den Klippen von Dover hinabzustürzen, doch sein Sohn, der vorgibt, ein Bauer zu sein, führt ihn an einen Ort, von dem er sich hinabstürzt, ohne Schaden zu erleiden. So als wolle er den großen Trost, den er dem Menschen in „Julius Caesar" gegeben hatte, annullieren, läßt *Shakespeare* Gloucester nach seinem vereitelten Versuch sagen (4.6):

> Ward auch die Wohltat noch versagt dem Elend,
> Durch Tod zu endigen? Trost war's doch immer,
> Als Jammer der Tyrannen Wut sich konnte
> Entziehn und seine stolze Willkür täuschen.

Nach der Botschaft des Königs Lear ist dem Menschen ein großes Maß an Unfreiheit und Willkür auferlegt, daß er nicht einmal über seinen eigenen Tod entscheiden kann, wenn er den Wunsch hat, aus dem Leben zu scheiden.

Wegen der schrecklichen Wahrheit, daß die Götter „uns zum Spaß" töten, ist der Mensch unfähig, die Folgen seines Handelns mit einzukalkulieren, und das gilt nicht nur, wie bereits dargelegt, für die Folgen historischen Handelns, sondern auch für die Folgen persönlichen Handelns, selbst wenn es im engsten Bereich geschieht. So kann eine Handlung, die nach irdischem Ermessen richtig zu sein scheint, zu einer in ihren Ausmaßen nicht abzuschätzenden Tragödie führen, was nirgends anders so eindrücklich vorgestellt wird wie im „König Lear". So überraschend es ist, wir können in den fraglichen Versen *Shakespeares* die Vorwegnahme neuerer Ergebnisse der modernen biologischen Forschung sehen, die unter dem Titel von *Monods* Buch „Zufall und Notwendigkeit" zusammengefaßt sind. Es scheint unbestreitbar zu sein, daß der Mensch das Ergebnis von *Zufall* und *Notwendigkeit* ist, aber wenn dies so ist, dann ist die vielgepriesene Autonomie des Selbst eine Illusion, und der Mensch ist tatsächlich von der Barmherzigkeit höherer Mächte abhängig gleich „Fliegen" den „müß'gen Knaben".

Die vierte Antinomie, die ich aus den vielen sich bietenden herausgreifen möchte, hat mit einer grundlegenden Eigentümlichkeit der kognitiven Fähigkeit des Menschen zu tun. Wenn auch die Fähigkeit zu abstrahieren jene Gabe ist, auf die der Mensch am stolzesten ist, und wenn auch die durch abstrahierendes Denken ermöglichten Großtaten des Geistes atemberaubend sind, so sind seinem kognitven Apparat dennoch Grenzen gesetzt. So souverän der menschliche Geist mit den Begriffen Unendlich und Null umgeht und sie abstrakt zu gebrauchen versteht, so können Unendlichkeit und wirkliches Nichts geistig dennoch nicht vergegenwärtigt werden, sie entziehen sich der Anschaulichkeit. Der menschliche Geist unterliegt der Denknotwendigkeit, daß es nirgendwo eine absolute Grenze geben muß, gleichzeitig muß er sich etwas als jenseits dieser Grenze liegend vorstellen. Ebenso ist der Mensch unfähig, das wahre Nichts zu denken. Er vermag Substanz aus seinem Denken auszuschließen, aber den Raum kann er nicht ausschließen. Ein Zustand der Raumlosigkeit ist undenkbar. Durch die Frage nach Ursprung und Zukunft des

Raums wird sein Denken ebenso schachmatt gesetzt wie durch die Unendlichkeit der Zeit.

Solche Fragestellungen sind nicht mit praktischen Konsequenzen verbunden, und so kommt es auch, daß sie nur einige wenige beunruhigt, während kaum ein Mensch von der beunruhigenden Wirkung, die von dem Bewußtsein des persönlichen Nichtseins, des Todes, ausgeht, unberührt bleibt. Dennoch vermute ich, daß der Tatsache eine große Bedeutung beizumessen ist, daß das Denken des Menschen eisernen Begrenzungen unterworfen ist, wenn er sich den Rätseln des Kosmos zuwendet. Es liegt auf der Hand, daß diese Begrenzungen nicht auf mangelnden Willen des Menschen zurückzuführen sind, die Wahrheit zu erkennen — wie dies oft geschieht, wenn seine Bedürfnisse nach Wunscherfüllung ihn beherrschen und er das Opfer einer Störung der Funktion der Realitätsprüfung wird —, sondern durch die organische Struktur seines Denkinstruments, der Großhirnrinde, bedingt sind. Das menschliche Gehirn ist von Natur darauf angelegt, äußerst geschickt mit mittleren Größenordnungen umzugehen. Obgleich der Mensch durch den Gebrauch von Werkzeugen seinen Erfahrungsbereich über jenen Bereich hinaus ausgedehnt hat, den ihm seine Sinnesorgane in ihrer natürlichen Funktionsweise erschließen, häufen sich die Schwierigkeiten, je näher er an das fast unendliche Große und an das fast unendlich Kleine kommt. Tatsächlich ist die Struktur der Großhirnrinde die Stelle, ja die einzige Stelle, an der Mutationen eine wesentliche Förderung der Art hervorbringen könnten, in dem sie die intellektuelle Leistungsfähigkeit des Menschen verbessern. Es ist ein Problem, warum die Evolution des Gehirns gerade an dem Punkt zum Stillstand kam, den sie im menschlichen Gehirn erreicht hatte. Nach *Dubois* (1930) war die explosive Evolution des Gehirns bei den Primaten nicht graduell, sondern vollzog sich sprunghaft. Phylogenetisch wuchs das Psycho-Enzephalon des Säugetieres nicht durch eine graduelle Zunahme des Gehirnvolumens, sondern durch wiederholte Neuronenduplikation.[10] Die Frage, die ich hier nur flüchtig anschneiden kann, ist, warum diese progressive Duplikation beim Menschen haltmachte. Obwohl es nach *Science fiction* klingen mag, scheint die Frage berechtigt zu sein, wie das menschliche Leben aussähe, wenn eine weitere Neuronenduplikation stattgefunden hätte. Wenn *Freud* an *Putnam* schreibt, daß er, wenn er je Gott begegnen würde, ihn fragen würde, warum er ihn „nicht intellektuell besser ausgestattet" habe, so wirft er damit die Grundfrage menschlicher Existenz auf (*S. Freud* 1960, S. 320). Neuropsychologen wie *Rohracher* (1939, S. 193) behaupten, daß die Menschheit sich in einem Zwischenzustand befinde. Die zerebale Evolution sei nicht abgeschlossen. Die Richtung der zerebalen Evolution und ihrer psychischen Begleiterscheinungen geht, daran zweifelt er nicht, einer „Hochkultur" entgegen. In einer solchen, auf einer weitgehend verbesserten Zerebalfunktion begründeten Hochkultur würden einige der genannten Antinomien eine Lösung finden, und einige der abstrakten Begriffe, die sich jetzt einer Veranschaulichung widersetzen, könnten der

10. *Versluys* (1939) verknüpft die Theorien *Bolks* und *Dubois'* zu einer einleuchtenden Theorie der Biologie der Anthropogenese. Vgl. jedoch die Argumentation *Portmans* (1962) gegen *Dubois'* Theorie der sprunghaften Gehirnentwicklung der Säuger.

menschlichen Anschauung zugänglich werden. Ein solcher Vorgang könnte vieles zur erlösenden Rettung des Menschen beitragen.

Es könnte scheinen, daß ich die Bedeutung der Antinomien, denen sich der Mensch gegenübersieht, übertrieben habe, insbesondere wenn man die von ihnen ausgehenden Folgen mit den schweren Auswirkungen anderer Konflikte wie des Ödipus-Konflikts auf das menschliche Schicksal vergleicht. Doch sollte man darüber nicht vergessen, daß Antinomien stets Gegenstand der Mythen und der Religion gewesen sind, was allein schon ihre Bedeutung beweist. Mythos und Religion waren dazu bestimmt, die Lösung verwirrender und unlösbarer Probleme zu geben, aber die Wissenschaft hat die Unzulänglichkeit solcher Lösungen nachgewiesen. Statt ihrer treffen wir nun auf Abstraktionen, mathematische Formeln sowie Hypothesen — aber nicht auf eine Antwort, die das Arkanum zu erklären vermöchte.

Die Antinomien werfen ein grelles Licht auf eine Grundschwäche des Ichs. Ebenso wie bei der Umwandlung der Instinkte in Triebe, gewinnt man hier den Eindruck, daß der Mensch der Fesseln an die Natur vorzeitig entledigt wurde, noch ehe er eine Stufe der Evolution erreicht hatte, auf der es für ihn möglich wäre, die Probleme seiner Existenz zu lösen und sein Verhalten entsprechend zu gestalten: der Mensch ist als Spezies zum Scheitern verurteilt.

Bei der Untersuchung jener Kräfte, die möglicherweise die Psychopathologie des Menschen verursachen oder zu ihr beitragen, stieß *Freud* bei einigen Personen auf die Konfliktneigung (1937, S. 244), das heißt auf einander bekämpfende Tendenzen, die — wenngleich sie in vielen Fällen unabhängig voneinander, ohne in Widerspruch zueinander zu geraten befriedigt werden können — bei diesen Individuen in Kollision geraten und unauflösbare Konflikte schaffen.

Ich frage mich, ob diese Beobachtung nicht auf die gesamte Spezies ausgedehnt werden kann. Zeichnet sich der Homo sapiens, verglichen mit anderen biologischen Arten, nicht gerade durch eine Konfliktneigung aus? Man stößt zwar im Menschen auf die ganze Klaviatur von Lebenseinstellungen, angefangen vom *Carpe diem* und *Gaudeamus igitur*, Einstellung erfolgreicher Verleugnungen und Beharren auf momentane sofortige Entbindung von Lust bis zu *Nietzsches* düsterer unbefriedigbarer Forderung „Denn alle Lust will Ewigkeit“, einer Einstellung, die schicksalhaft zu Tragik und Verzweiflung führen muß. Doch der Vielfalt der allgemeinen Einstellungen zum Leben liegt letztlich der Ödipuskomplex zugrunde, der dem Kind nicht erspart werden kann, ganz gleich, welches die Gesellschaft, die Kultur und die Umgebung, in der es aufwächst, sein mögen.

Dieses Charakteristikum allein, die Notwendigkeit des Ödipuskonflikts in der menschlichen Entwicklung rechtfertigt es, dem Homo sapiens einen tragischen Aspekt beizumessen, den keine der anderen biologischen Arten mit ihm teilt.

Die Bedürfnisse anderer höherer Spezies können leicht befriedigt werden. Es ist verhältnismäßig leicht, in einem Hund oder einem Affen ein gleichbleibendes Niveau von Zufriedenheit aufrecht zu halten. Die Geschichte der Menschheit jedoch ist durch eine mehr oder weniger konstante Erregung von Unzufriedenheit gekennzeichnet. Im Leben der Individuen manifestiert sich diese Unzufriedenheit durch Konflikte in zwei Bereichen, in denen sie vom Standpunkt der Evolution aus am wenigsten erwartet würde; im Verhältnis des Menschen zu seinem eigenen Körper und im Verhältnis der beiden Geschlechter zueinander.

In *Goethes* „Faust“ beklagt sich Wagner bei Mephistopheles, daß er stets ein Gefühl der Beschämung empfinde, denn „alt und jung“ bestürme ihn mit Problemen, die kein Mensch bisher gelöst habe, so zum Beispiel mit der Frage („Faust“ II, 2):

> Wie Seel' und Leben so schön zusammenpassen,
> So fest sich halten, als um nie zu scheiden,
> Und doch den Tag sich immerfort verleiden.

Mephistopheles antwortet überraschenderweise, daß er eher fragen würde, warum Mann und Frau „sich so schlecht vertragen“. *Goethe* hatte völlig recht, wenn er im West-Östlichen Divan die Idee der Geschlechtlichkeit preist und Adam und Eva „Gottes zwei lieblichste Gedanken“ nennt. Homo sapiens begabt mit fortwährender Bereitschaft zur sexuellen Lust, einem Privileg, das den übrigen Säugetieren vorenthalten ist, und mit einem Körper ausgestattet, der differenzierter und einem vielfältigeren Lustspektrum zugänglich ist als irgendeine andere Art, schien für ein Dasein mit köstlichen und erlesenen Freuden bestimmt. Doch das Gegenteil geschah. Die meisten menschlichen Wesen, die je gelebt haben, sind nicht einmal in der Lage gewesen, ihren Hunger zu stillen, und die Satten werden von hypochondrischen psychosomatischen Symptomen gequält, welche sie womöglich noch unglücklicher machen als jene es sind, denen nicht einmal ein Existenzminimum gesichert ist. Die potentiale sexuelle Lust wurde mächtig durch Tabus eingeschränkt, und was zur größten Lust bestimmt war, wurde in Hemmungen und Konflikte umgewandelt.

Die Neigung zur Unzufriedenheit läßt sich auch in der Beziehung des Menschen zur Kultur beobachten. Kulturgebilde wie der Monotheismus und das Christentum, die einen als ungeheure evolutionäre Fortschritte beeindrucken und die Möglichkeit enthalten, die menschliche Existenz zu bereichern, wenden sich gegen den Menschen, und nur wenige sind es, die noch ihre Hoffnung in das Evangelium setzen. Eine neue Hoffnung keimte mit dem Beginn der Wissenschaft. Tatsächlich hat selten eine kulturelle Neuerung ihr Versprechen so gewissenhaft gehalten wie die Wissenschaft. Krankheiten, von denen man geglaubt hatte, sie seien unausrottbare Geißeln der Menschheit, verschwanden, und die Wissenschaft ermöglichte es dem Menschen, das Lebensnotwendige wie auch das raffinierteste Kulturprodukt im Übermaß und mit nur geringem physischem Kraftaufwand herzsutellen. Und wieder fühlt sich die Menschheit betrogen, und es gibt heute vielleicht mehr Menschen, die die Wissenschaft verfluchen, als solche, die sie preisen. Es sieht ganz danach aus, als ob alles, was die Menschheit schafft, sich gegen sie wenden, ihr zum Schaden gereichen und korrumpiert werden muß. Die Verheißungen des Glücks, des Entzückens und eines sorgenfreien Daseins werden in Quellen der Gefahr, der Sorge und der Angst verkehrt. Die Umwandlung der Hoffnung in Verzweiflung ist eine regelhafte historische Abfolge.

Eine neue Bewegung beginnt verheißungsvoll. Eine kleine Gruppe stellt sich in den Dienst ihrer Entwicklung und Verbreitung. Sie glaubt — allem Anschein nach zu Recht — an die entscheidenden Wohltaten, die diese Neuerung der Menschheit bringen wird. Doch in dem Maße, wie die Neuerung allgemein bekannt wird und sich ausbreitet, wird sie teils mißverstanden, teils falsch angewendet und teils mißbraucht. Am Ende erweist sie sich, auch wenn in theoretischer Hinsicht kein Grund hierfür gegeben sein soll, als unzureichend, die *condition humaine* zu bessern. Gewöhnlich werden Unvollkommenheiten und Schwächen in der Struktur der Neuerung für ihre Mangelhaftigkeit verantwortlich gemacht. Ich zweifle jedoch daran, daß dies wirklich so oft der Fall ist, wie behauptet wird, ja ob es in den meisten Fällen überhaupt so ist. Ist es nicht eher so, daß die hier erörterten Faktoren sich verbinden, die Neuerung zu korrumpieren? Offensichtlich ist noch kein Mittel gefunden worden, das der exzessiven Aggression und dem exzessiven Narzißmus — diese Charakteristika der Spezies Homo sapiens — entgegenwirken könnte. Wer hätte, als sich die Evangelien auszubreiten begannen, es für möglich gehalten, daß sie zur Ursache des blutigsten Krieges, der je ausgetragen wurde, werden könnten? Weite Gegenden wurden nahezu entvölkert, und dies nur wegen einer Meinungsverschiedenheit über die Bedeutung bestimmter Stellen in eben dieser Heiligen Schrift, die den Beginn des ewigen Friedens auf Erden verkündet hatte.

Als *Freud* (1926, S. 220) seinen Gesprächspartner fragte: „Aber haben Sie es je anders erfahren, als daß die Menschen alles verwirren und verzerren, was in ihre Hände fällt?" verwies er auf diese allgemeine Neigung des Menschen, die, wenn immer die Umstände er erlauben, das pervertiert, was ein Segen für ihn sein könnte.

Die Enttäuschung, die im Verlauf der Entwicklung von Neuerungen auftritt, scheint auch das Schicksal der Psychoanalyse zu sein. Als sie geschaffen wurde, sah es ganz danach aus, als wäre der Menschheit endlich eine großartige Waffe gegeben worden, um durch Einsicht Macht über jene Kräfte zu gewinnen, die unsere Kultur bedrohen. So nützlich sie sich bei der Linderung, ja sogar Heilung vieler Formen der Psychopathologie erwiesen hat, sie scheitert bei einem Versuch, eine Lösung der ernsten Probleme der Gegenwart zu finden, als unbrauchbar. Gewiß, ihr Entdecker hatte nie daran gedacht, daß die Psychoanalyse in diese Richtung wirken könnte, aber einige Psychoanalytiker, mich eingeschlossen, dachten, daß die neue Wissenschaft, wenn richtig angewendet, zu einer Technik führen müsse, mit deren Hilfe die Menschheit Gewalt über den Lauf ihrer Geschichte gewinnen könnte, statt von ihr umhergestoßen zu werden.

Doch der historische Augenblick, in dem wir gerade stehen, zeigt erneut, daß es kein Maß an Einsicht gibt, das den wildesten Eruptionen der Aggression, die wir zu erwarten haben, vorbeugen könnte.

Ich möchte noch kurz etwas aufgreifen, was inzwischen Gemeinplatz geworden ist. Eine völlig neue, nie dagewesene Situation ist innerhalb der letzten drei Jahrzehnte auf unserem Planeten entstanden. Als man im achtzehnten Jahrhundert immer schwerere Artilleriegeschütze erfand, gab *Montesquieu* (1689-1755) seiner Befürchtung Ausdruck, die Menschheit werde durch Waffen von solcher Wirksamkeit vernichtet werden. Viele andere Denker maßen der Rüstung ihrer Zeit solche Wirkungen bei. Doch es ist offensichtlich, daß Prophezeiungen dieser Art Phantasieprodukte ihrer Autoren waren. Die Horden der Hunnen wie auch Hitlers Kriegsmaschinerie reichten trotz ihres enormen destruktiven Potentials und der Bedrohung für große Bereiche der Kultur bei weitem nicht aus, um das Überleben der Menschheit zu gefährden.

Eines der bemerkenswerten Merkmale unserer Zeit jedoch ist es, daß die Menschheit, absolut verläßlicher Informationen zufolge, über die Macht verfügt, das Leben auf unserem Planeten auszulöschen. Es handelt sich dabei nicht etwa um eine potentielle Vernichtungskraft, sondern um derzeitig bestehende nukleare Waffenarsenale, deren Einsatz jederzeit diese Wirkung erzielen könnte. In der Vergangenheit war den Monarchen die Macht gegeben, ganze Armeen in Bewegung zu setzen, die unzähligen Menschen den Tod bringen konnten, doch wir selbst erleben zum ersten Male in der Geschichte, daß die Entscheidung eines einzigen Menschen oder bestenfalls die Entscheidung einer kleinen Gruppe von Menschen genügt, einen physikalischen Prozeß in Gang zu setzen, der die Möglichkeit eines Endes jedes menschlichen Lebens auf der Erde in sich birgt. Wird ein Mann oder eine Gruppe von Menschen, denen diese Macht anvertraut ist, fähig sein, der Versuchung zu widerstehen, sie zu gebrauchen? Die historische Erfahrung hat gelehrt, daß diejenigen, die im Besitz der Macht sind, der Versuchung sie zu gebrauchen oder zu mißbrauchen, kaum widerstehen können.

Andere schwerwiegende Gefahren, die die Menschheit gegenwärtig bedrohen, verblassen im Vergleich mit dieser einen, selbst wenn es wahr ist, daß sie, wenn unkontrolliert, den größeren Teil der Menschheit vernichten werden. Selbst wenn fünf Sechstel der Menschheit zugrunde gingen, so bestünde Hoffnung, daß nach zwei Jahrhunderten die Kontinente ausreichend bevölkert und die kulturelle Entwicklung wieder in vollem Gang sein würden. Ein nuklearer Krieg schließt diese Möglichkeit aus. Die Experten scheinen darin übereinzustimmen, daß die menschliche Spezies im Falle eines Nuklearkriegs, wenn sie eine solche Katastrophe überhaupt überleben könnte, in ihrer genetischen Konstruktion eine so schwere und irreparable Schädigung erfahren würde, daß sie allmählich — wie andere Arten vorher — von der Erdoberfläche verschwinden würde. Da sich zwei Weltmächte einander mit unversöhnlicher Feindschaft gegenüberstehen und sich im Besitz von nuklearen Waffen die Waage halten, wobei jede der beiden Mächte von sich behauptet, daß sie und nur sie allein in der Lage sei, die Menschheit mit allem, was das Leben lebenswert macht zu beglücken, muß man kein ausgesprochener Hypochonder sein, um zu mutmaßen, daß eine solche Anhäufung destruktiver Kräfte, wie sie bereits existiert, eines Tages zu einer Explosion führen muß.

Allen Lehren der Geschichte zum Trotz scheinen die meisten von der Idee geblendet zu sein, daß Krieg vermeidbar und der Mensch von Natur ein soziales Wesen ist. Ich habe den Eindruck, daß der Nachdruck, den man gegenwärtig auf die Gefahren der Umweltverschmutzung, der Bevölkerungsexplosion und dergleichen Faktoren legt, die Funktion hat, die Menschheit von der einen wirklichen Aufgabe abzulenken, der sie sich ausschließlich widmen sollte — der Vernichtung aller Nuklearwaffen. Die Vorstellung einer nuklearen Verwüstung scheint so entsetzlich, daß man lieber nicht daran denkt, sondern statt dessen neue Methoden vorschlägt, die den Massen Frieden und Wohlstand verheißen, während die dem Menschen innewohnende Unzulänglichkeit geleugnet wird. Die Überlegenheit des Menschen über alle anderen Arten wird mit Stolz verkündet, obgleich die Geschichte des Homo sapiens eindeutig beweist, daß er die ihm gestellten Aufgaben nicht zu lösen vermag. Jede andere biologische Art ist besser angepaßt als er, denn Anpassung bedeutet, die Möglichkeiten, die einem gegeben sind, bei der Konfrontation mit der Wirklichkeit maximal zu nutzen.

Wenn die Scholastik zu dem Schluß gelangt, daß der Mensch — infolge der Gabe der Vernunft, die ihn anderen Geschöpfen gegenüber überlegen sein läßt — weniger vollkommen ist als eben diese anderen Geschöpfe (*Willey* 1934, S. 32), so mag man hinzufügen, daß dieser Schluß auch von der Psychoanalyse bestätigt werden kann.

In seinem hervorragenden Buch „An Inquiry into Human Prospect" hat *Robert Heilbroner* auf ungewöhnlich eindringliche und prägnante Weise sowohl das Problem unserer Zeit beschrieben als auch verschiedene Möglichkeiten des zukünftigen Geschichtsverlaufs. Seine Prognose ist nicht weniger pessimistisch als die, welche ich zur Diskussion gestellt habe. Doch zu meiner größten Überraschung schließt Heilbronner seine Untersuchung folgendermaßen:

> „In diesem letzten Augenblick der Besinnung gedenkt man einer anderen Gestalt der griechischen Mythologie, der Gestalt des Atlas. Er trägt mit unendlicher Ausdauer die Last des Himmels auf seinen Händen. Wenn die Menschheit das Leben retten soll, muß sie den Willen zum Leben selbst aufrechterhalten und damit die Zukunft vor der finstren Verdammung der Gegenwart erretten. ... Das Beispiel des Atlas, der entschlossen seine Last trägt, gibt uns die Kraft, die wir brauchen. Wenn der Geist des Atlas in uns zu zaudern anfängt, so geht die Entschlossenheit, die Menschheit um jeden, wirklich jeden Preis zu bewahren, für immer verloren ... Wir wissen nicht mit Sicherheit, ob die Menschheit überleben wird, aber es ist ein Trost zu wissen, daß in uns Mut und Willen existieren, aus denen das Bild des Atlas entspringt."

Es ist höchst überraschend zu sehen, wie der realistische, sonst so illusionslose Sozialhistoriker am Ende seine Zuflucht in einem statischen Mythos der Antike nimmt. Über Atlas, den Anführer der Titanen, die eher die bösen Mächte symbolisieren, „wurde die exemplarische Strafe verhängt, das Himmelsgewölbe auf seinen Schultern zu tragen" (*Graves* 1, S. 41). Der Mythos des Atlas symbolisiert nicht Ausdauer und geduldige Arbeit für eine bessere Zukunft; er symbolisiert vielmehr den Menschen, der dazu verdammt ist, die Last existentiellen Horrors passiv zu ertragen.

Das Äquivalent zu dem Atlas-Mythos in der Welt, die der Antike folgte, ist das Bild des am Kreuze sterbenden Christus. Hier haben wir es mit einem dynamischen Mythos zu tun, da er in einer Augenblickssituation symbolhaft den vorausbestimmten Lauf der Welt darstellt.

Es ist ein eschatologisches Bild, daß in die Zukunft weist, nicht nur auf die Auferstehung Christi nach drei Tagen, sondern auch auf seine Wiederkehr. Die apokalyptische, auf die Zukunft gerichtete und nicht die statische Bildersprache des Atlas ist bezeichnend für das Denken und Fühlen der westlichen Welt.

Erfüllt von einem Gefühl, vielleicht einer Vorahnung, daß irgend etwas in den menschlichen Verhältnissen von Grund auf falsch ist, hat das Christentum seit nahezu zweitausend Jahren auf *Sein* Kommen gewartet.

Und in der Tat, es ist möglich, daß Atlas in voraussehbarer Zukunft von seiner Last befreit wird.

Übersetzung durch Dr. Karl-Heinz Schmitz, Hamburg

Literatur

Alexander, P. (1955): Hamlet, Father and Son. Oxford: Clarendon Press

Ardrey, R. (1961): African Genesis. New York: Atheneum

Bettelheim, B. (1943): Individual and mass Behavior in Extreme Situations. In: Journal of Abnormal and Social Psychology 38, S. 417-452

Bolk, L. (1926): Das Probem der Menschwerdung. Jena: Fischer

Dubois, E. (1930): Die phylogenetische Großhirnzunahme: autonome Vervollkommnung der animalen Funktionen. Biologia generalis 6, S. 247-292

Freud, A. (1972): Comments on Aggression. In: Int. Jour. Psychoanal. 53, S. 163-171

Freud, S. (1960): Letters of Sigmund Freud. Edited by E. and L. Freud. New York, Basic Books — [Briefe 1873-1939. Ausgewählt und herausgegeben von Ernst und Lucie Freud. Frankfurt a.M., S. Fischer Verlag 1968, zweite, erweiterte Auflage]
— (1900): Die Traumdeutung. Gesammelte Werke, II u. III. London-Frankfurt a.M.
— (1926): Die Frage der Laienanalyse. G.W., X, S. 207-286
— (1930): Das Unbehagen in der Kultur. G.W., XIV, S. 419-506
— (1937): Die endliche und die unendliche Analyse. G.W., XVI, S. 54ff.

Freud, S. und *Pfister, O.* (1963): Briefe 1909-1939. Frankfurt a.M., S. Fischer Verlag
— (1968): Psychoanalysis and Faith. London. Hogarth Press. S. 48

Handler, Ph. (Hg.) (1970): Biology and the Future of Man. New York, Oxford Press

Heilbronner, R.L. (1974): An Inquiry into the Human Prospect. New York, Norton

Hughes, E. (1956): Keir Hardie. London. Allen & Unwin.

Jacob, Fr., The Logic of Life. New York, Pantheon Books 1973 — [Die Logik des Lebenden. Frankfurt a.M., S. Fischer Verlag 1972]

Kant, I (1791): Über das Mißlingen aller philosophischen Versuche in der Theodizee. In: Immanuel Kants populären Schriften, hrsg. Ernst v. Aster, Deutsche Bibliothek in Berlin, S. 47-65
— (1784): Idee zu einer allgemeinen Geschichte in weltbürgerlicher Absicht. In: Immanuel Kants populären Schriften, hrsg. Ernst v. Aster, Deutsche Bibliothek in Berlin, S. 11-121

Keeton, W.T. (1967): Biological Science. New York, Norton 1972, zweite Auflage

Lantos, B. (1958/59): Die zwei genetischen Ursprünge der Aggression und ihre Beziehung zu Sublimierung und Neutralisierung, Psyche XII, S. 161-169
Conquest of peru. New York, Modern Library o.J.

Luria, S.E. (1973): Life the Unfinished Experiment. New York, Scribner

Meng, H. (1971): Leben als Begegnung. Stuttgart, Hippokrates

Meynert, Th. (1892): Sammlung von populär-wissenschaftlichen Vorträgen über den Bau und die Leistungen des Gehirns. Wien und Leipzig, Braumüller

Monod, J. (1970): Chance and Necessity. New York: Knopf, 1971 Zufall und Notwendigkeit. München, Piper 1971

Montagu, A. (1968): The New Litany of „Innate Depravity“ or Original Sin Revisited. In: Man and Aggression. Hg. von Ashley Montagu. London, Oxford, New York, Oxford University Press 1973, S. 3-18

Portmann, A. (1945): Die Ontogenese des Menschen als Problem der Evolutionsforschung. In: Zoologie aus vier Jahrzehnten. München, Piper 1967, S. 223-230
— (1962): Zerebralisation und Ontogenese. Ebd. S. 230-297
— (1964): Die Bedeutung des ersten Lebensjahres. Ebd. S. 297-311
— (1966): Ursprung und Entwicklung als Problem der Biologie, Eranos Jahrbuch 35, S. 411-437
— (1968): Der Mensch — ein Mängelwesen? In: Entläßt die Natur den Menschen? München, Piper 1970, S. 200-209

Prescott, W.H. (1843): History of the Conquest of Mexico and History of the Conquest of Peru. New York, Modern Library o.J.

Ranke-Grves, R.v. (1960): Griechische Mythologie, Reinbek, Rowohlt, Bde 113/114, 115/116

Richter, J.P. (1883): The Literary Works of Leonardo da Vinci. 2 Bde. London, New York, Toronto, Oxford University Press. Neu durchgesehene Ausgabe von I.A. Richter 1939
— [Leonardo da Vinci. Der Denker, Forscher und Poet. Nach den veröffentlichten Handschriften Auswahl, Übersetzung und Einleitung von Marie Herzfeldt. 3., umgearbeitete Auflage: Jena, Eugen Diederichs 1911]

Rochlin, Gr. (1973): Man's Aggression. Boston, Gambit

Rohracher, H. (1939): Die Arbeitsweise des Gehirns und die psychischen Vorgänge. München, Johann Ambrosius Barth, 1967

Rokitansky, C. (1869): Die Solidarität alles Tierlebens. Wien, K.K. Hof- und Staatsdruckerei

Sachs, H. (1933): Die Verspätung des Maschinenzeitalters, Imago 20, S. 78-94

Scholem, G. (1966): Martin Bubers Auffassung des Judentums. In: Eranos Jahrbuch 35, S. 9-55

Simmel, E. (1944): Self-preservation and the Death Instinct. In: Psa. Q. 13, S. 160-185

Simpson, G.G. (1949): The Meaning of Evolution. New Haven, Yale University Press (1967)

Stanier, R.T., Doudoroff, M., Adelberg, Ed.A. (1957): The Microbial World, Engelwood Cliffs, N.J. Prentice-Hall, 3. Auflage 1970

Tannahill, R. (1973): Food in History. New York, Stein & Day

Tillich, P. (1948): He Who Is the Christ. In: The Shaking of the Foundations. New York, Scribner 1948, S. 141-148 — [Er, der der Christus genannt ist. In: In der Tiefe ist Wahrheit. Religiöse Reden. Stuttgart, Evangelisches Verlagswerk 1952, S. 156-164]

Veblen, T. (1899): The Theory of the Leisure Class. The Modern Library, New York 1931

Versluys, J. (1939): Hirngröße und Hormongeschehen bei der Menschwerdung. Wien, Maudrich

Villee, C.A. (1967): Biology. Philadelphia, Saunders, 6. Auflage 1972

Willey, B. (1934): The Seventh Century. Garden City, N.Y.: Doubleday, Anchor Books, 1953

William G. Niederland

Klinische Aspekte der Kreativität*

Kreativität und die Quellen dessen, was man den „kreativen Prozeß" genannt hat, reichen so tief hinab, daß es der analytischen Exploration — wie anderen Forschungsmethoden — nicht gelungen ist, Charakter, Ursprünge und andere zur Psychologie dieses Prozesses gehörende Wesenselemente genügend zu erhellen. Trotz aller Bemühungen, seinen vollen Wesensgehalt zu ergründen, ist er noch immer ein Rätsel. In seinem Vorwort zu *Marie Bonapartes* Buch (1934, I,3) über *Edgar Allan Poe* sagt *Freud* (1933): „Solche Untersuchungen sollen nicht das Genie des Dichters erklären, aber sie zeigen, welche Motive es geweckt haben und welcher Stoff ihm vom Schicksal aufgetragen wurde."

In den mehr als dreißig Jahren, die seither vergangen sind, sind wir den Quellen und dem Gehalt künstlerischen Schöpfertums vielleicht doch ein wenig nähergekommen. Einige der Voraussetzungen und Bedingungen des kreativen Prozesses sind sehr eingehend analytisch untersucht worden (*Eissler, Greenacre, Kris, Münsterberger, Slochower, Sterba* etc.). Ebenso haben bestimmte Merkmale und spezifische Vorgänge Beachtung gefunden, die bei der Entstehung jener Gemütszustände beobachtet werden, in denen eine künstlerische Leistung vollbracht wird, und die als „Inspirations-" bzw. „Erarbeitungsphasen" der Kreativität beschrieben wurden *(Kris)*. Mit Blick auf derartige Überlegungen habe ich in meiner *Schliemann*-Studie (29) gezeigt, daß ein zweispuriger Ansatz dieser Art im Hinblick auf Kernfragen und Umfang etwas begrenzt erscheint, da er dazu verlockt, sich auf die dramatischeren Momente des Prozesses (d.h. „die schöpferische Eingebung", „die plötzliche Erleuchtung") zu konzentrieren, die den Beobachter durch ihr mitunter schlaglichtartiges und außergewöhnliches Auftreten innerhalb des Gesamtbildes faszinieren. Die verschwiegeneren Züge der Kreativität, etwa die Inkubationsperiode, latente Entwicklung und Vorstufen, vorbereitende Prozesse und andere innere Vorgänge scheinen durch eine zu starke Betonung der Zweiphasigkeit verdunkelt, die dem kreativen Akt zugeschrieben wurde. Das Erlebnis der „Inspiration" ist zweifellos ein wichtiges Phänomen des schöpferischen Geschehens, aber es ist Ausdruck einer Kulmination, eines spektakulären Aufflammens, nicht so sehr Ausdruck der zugrundeliegenden Dynamik und des tatsächlichen Verlaufs. Da die in diesem Zusammenhang verwendeten Bezeichnungen selbst eher Benennungen als Erklärungen

* Diese Arbeit ist die erweiterte Fassung eines Vortrags vor der Michigan Psychoanalytic Society in Detroit am 12. Juni 1966. — Ersch. in: „American Imago. A Psychoanalytic Journal For Culture, Science And The Arts", Bd. 24, 1967, S. 6-34; Psyche 1969, Heft 12, S. 900-928.

sind, können sie der Komplexität der Probleme, denen der Forscher gegenübersteht, oder der Vielfältigkeit der dynamischen Kräfte, aus denen der kreative Mensch vor oder während des kreativen Aktes schöpft, kaum gerecht werden. Es sei u.a. daran erinnert, daß *Kris* (1950, 1952) selbst darauf hingewiesen hat, „daß nicht jede künstlerische Schöpfung aus Inspiration stammt".

Wie dem auch sei — ich möchte im folgenden als Kliniker einige Beobachtungen berichten, die ich bei der Psychoanalyse schöpferischer Menschen machen konnte. Bei diesen Patienten handelte es sich um vier Maler, einen Schriftsteller, einen Musiker und einen bedeutenden Wissenschaftler: alle zeigten Psychopathologien verschiedenen Grades, die ihr persönliches, berufliches und soziales Leben mehr oder weniger stark beeinträchtigten und sie in analytische Behandlung führten. Da es sich nur um eine kleine Zahl handelt (sieben Personen), sollen in meinem gedrängten Bericht keine endgültigen Schlußfolgerungen gezogen werden. Ich werde mich auf die Erörterung einiger Züge beschränken, die diesen Menschen gemeinsam waren, deren Persönlichkeit, Alter, Vorgeschichte, Symptomatik und Lebensumstände im übrigen durchaus differierten.

Von den charakteristischen Merkmalen, die meinen künstlerisch oder anderweitig kreativen Patienten gemeinsam waren, möchte ich die folgenden hervorheben:

1. Bleibende, meist schwere Kränkung des infantilen Narzißmus

In den beobachteten Fällen rührte diese narzißtische Kränkung von einem angeborenen, äußerlich nicht sichtbaren körperlichen Defekt bzw. von einer physischen Mißbildung her, die aus einer oft schweren, in früher Kindheit durchgemachten Krankheit stammte. Ich fand, daß die bleibenden Folgen frühkindlicher Schädigung zu Deformationen der Ich-Entwicklung und zur Bildung und Aufrechterhaltung narzißtischer Störungen beitragen — unter Intensivierung bisexueller Konflikte, bemerkenswerter Ausgestaltung in der Phantasie und bleibender Verzerrung des Körper- und Selbstbildes. Die psychologischen Rückwirkungen — in mehreren Fällen von archaischer Färbung —, die ich in meinen vorausgegangenen Publikationen ausführlicher dargestellt habe (*Niederland*, 1964, 1965 a), überwogen bei weitem die tatsächlichen physischen Anomalien. Der von *Freud* (1923) beschriebene Ausnahmecharakter gehört zu dieser Gruppe. In der Tat waren die sieben analysierten Patienten solche „Ausnahmen" im Sinne *Freuds* und *Jacobsons* (1959).

2. Reiches Phantasieleben mit spezifischer Beziehung zur Kreativität

Durch die analytische Behandlung meiner kreativen Patienten, die unter äußerlich nicht sichtbaren Körperdefekten litten, war es möglich, Einsicht in die unbewußten, vor allem restaurativen Strebungen zu erhalten, von denen ihre Phantasien, Träume, Tagträume und innersten Wünsche durchdrungen waren. Die meist unbewußten Strebungen zielten im wesentlichen darauf ab, das ursprüngliche Stigma in eine Art „Auszeichnung" zu verwandeln; sie schienen die schöpferische Einbildungskraft zu beflügeln, deren Charakteristika ungewöhnliche Assoziationen während der analytischen Arbeit, stürmische Ausbrüche von Ärger und Wut in der Übertragung, Geheimhaltung ihres körperlichen Defekts und ständige Suche nach neuen Beziehungen von großer (restitutiver) Intensität waren. Der körperliche Defekt, genauer: seine unbewußte psychische Repräsentanz wirkte als ständiger unbewußter Stimulus. Die sich daraus ergebenden, außerordentlich beharrlichen Restaurationstendenzen liefen zeitweise auf komplizierte Formen des Kämpfens und Haderns mit dem Schicksal, dem Universum und Gott hinaus — ein intrapsychischer Kampf, der vor jedermann verborgen gehalten werden mußte und erst in längerer Analyse voll zutage trat. Alle meine Patienten rangen mit intensiven aggressiven Tendenzen, die zu meistern ihnen bis zu einem gewissen Grade gelang, wenn sie sie auch nicht vollständig sublimierten. Ihre Objektbeziehungen waren durchweg prekärer Art. In ihrer Gefühlswelt überwog gewöhnlich die Aggression[1], die sich durch Ausbrüche von Ärger, Episoden depressiv gestörter Untätigkeit, die mit Anwandlungen geradezu hektischer Produktivität abwechselten, und ähnliches manifestierte.

3. Besondere Bedingungen und Auswirkungen der narzißtischen Dauerstörung

Die Verheimlichung, Unheilbarkeit und der Ort der körperlichen Schädigung trugen nicht nur zu gesteigerten Körpersensationen und gesteigerter sensorischer Ansprechbarkeit in dem von *Grennacre* (1957, 1958) geschilderten Sinne bei; sie erzeugten auch ein quälendes Gefühl, von den Mitmenschen verschieden zu sein, und Geburts- und Wiedergeburtsphantasien, die von ständiger Suche nach den Umständen der Entstehung, der Herkunft und der Reversibilität der Mißbildung begleitet waren, durch die sich die Patienten als von der Umwelt abgesondert empfanden. Diese Bemühungen um Erklärung und Heilung hörten niemals auf — zumindest nicht in der Phantasie —, da natürlich alle reparativen Anstrengungen angesichts der durch eine unabänderliche Körperverbildung bedingten narzißtischen Störung vergeblich blieben. Die analytische Durchforschung der prekären Objektbeziehungen ergab, daß sie vorwiegend den Charakter von Pseudo-Objektbeziehungen trugen, d.h.: das Objekt war entweder Teil des eigenen Körpers oder ein solches, von dem eine Wiederherstellung des gestörten Körperbildes und seine magische Vervollständigung bzw. Heilung erwartet wurde.

Ähnliche Restitutionsaspekte der Kreativität werden auch in Fällen von Objektverlust deutlich. Das Rätsel des Todes, der plötzliche Verlust eines mehr oder weni-

1. Meine klinischen Beobachtungen scheinen zu bestätigen, was ein zeitgenössischer Kunstkritiker über den Maler *Jackson Pollock* sagte: „Er war ein tief deprimierter Mann, äußerlich ruhig und zurückhaltend ... Auf dem Grunde seiner Depression ... konnte man stets seine potentielle Wut ahnen."

ger ambivalent geliebten Objekts, etwa der Tod von Vater oder Mutter oder eines Geschwisters in der Kindheit, scheinen mächtige Anreize für Phantasien und Strebungen reparativer Art zu setzen. *Jackels* (1966) klinische Beobachtungen über das Auftreten des Wunsches nach einem Kinde bei plötzlicher Unterbrechung einer analytischen Behandlung bestätigen entsprechende Ergebnisse auf dem Gebiete angewandter analytischer Studien. Wie *Eissler* (1963) berichtet, teilte ihm *Marie Bonaparte* mit, daß es *Freud* gelang, seinen ersten Traum, den berühmten *Irma-Traum* vom 23. Juli 1895, zu deuten, als ihm eröffnet wurde, daß sein 80jähriger Vater an einer tödlichen Krankheit litt. *Pollock* und sein Chicagoer Forschungsteam haben kürzlich nachgewiesen (1966), daß eine der späteren Entdeckungen *Freuds*, die Strukturtheorie und analytische Ich-Psychologie, auf den Tod seiner Tochter *Sophie* und seine erste Krebsoperation folgte. Aufgrund seiner tiefschürfenden *Goethe*-Studien schließt *Eissler* (1963), daß der erste Anstoß zur Niederschrift des „Wilhelm Meister" die Nachricht war, daß *Goethes* Vater im Sterben lag. Meine eigenen psychobiographischen Untersuchungen über *Schliemanns* Kreativität (1965 b) erbrachten, daß der große Wendepunkt in der Laufbahn des Forschers, nämlich sein Umsatteln vom Geschäft zur Archäologie, wenige Wochen nach dem Tode einer älteren Kusine, eines Muttersatzes eintrat — ein Ereignis, das ihn in eine tiefe Depression stürzte. Ferner vollbrachte *Schliemann* seine erste große archäologische Tat, die Entdeckung der Lage des antiken Troja, im Jahre 1870, dem Todesjahr seines Vaters. Ein solcher Wendepunkt findet sich auch in der künstlerischen Laufbahn *Rembrandts*: nach einem Jahrzehnt des Wohlstandes und Erfolges als modischer Porträtist wandelten sich durch eine Reihe persönlicher Mißgeschicke, die mit dem Tode seiner ersten Frau im Jahre 1642 begann, Zielsetzung und Charakter seiner Arbeit. Er wandte sich ab von der Welt der Reichen und Vornehmen, verlegte den Fokus seines künstlerischen Schaffens auf das Seelische und begann, sich auf die Darstellung des spirituellen Lebens des Menschen zu konzentrieren. Die Folge war, daß Aufträge selten wurden; er machte Bankrott, und im Jahre 1656 mußten sein Haus und seine persönliche Kunstsammlung versteigert werden. Er starb 1669, verarmt und fast vergessen, im Alter von 63 Jahren. Musikkenner wissen um Vertiefung und Verinnerlichung der Werke *Mozarts* nach dem Tode seines Vaters, wie sie in seinem G-Moll-Quintett zum Ausdruck kommt. Das Lebenswerk *Johann Sebastian Bachs*, der beide Eltern als Kind verlor, ist von Tod, Todesahnung und deren Ungeschehenmachen — Auferstehung — durchdrungen. Auf dem Gebiet der bildenden Kunst sei *Henri Rousseau* angeführt: erst nach 1888, dem Todesjahr seiner Frau, wurde „Le Douanier" zu dem großen Maler, dessen eigenartige, naiv-melancholische Gemälde und Farbkompositionen uns noch heute in manchem rätselhaft erscheinen. *Conrad Ferdinand Meyers* erste literarische Schriften stammen aus seinem 16. Lebensjahr, kurz nach dem Tode seines Vaters; als Thema wählte er historische Vatergestalten — Kaiser Heinrich IV., König Friedrich II., Tarquinius Superbus, später Jürg Jenatsch, Pescara usw.

Aber kehren wir zu meinen klinischen Beobachtungen über die reparativen Tendenzen der Kreativität zurück. Das folgende wörtliche Protokoll der assoziativen, verbalen Produktionen eines Künstler-Patienten während einer analytischen Stunde mag einige der obengenannten Zusammenhänge illustrieren.

> Der Patient hatte die analytische Sitzung mit einer Bemerkung über den kürzlich verstorbenen Bildhauer *Giacometti* begonnen und mit einiger Bitterkeit dessen Ausspruch: „Erfolg haben bedeutet für einen Künstler, daß er versagt hat" erwähnt. Auf meine Frage betreffs des merklichen Affekts, mit dem *Giacomettis* Bemerkung berichtet wurde, sagte der für gewöhnlich verschlossene Patient mit starkem Gefühl und Anzeichen steigender Erregung:
>
> „Ich liebe *Giacometti* nicht, aber in diesem Punkt hat er recht. Das Ziel ist so viel mehr, als man erreichen kann. Sobald ein Bild fertig ist, fühlt man, daß man versagt hat. Dann kommt stets das quälende Gefühl, daß ich nicht erreiche, was ich erhofft hatte. Dieses Gefühl stellt sich immer dann ein, wenn ich ein Bild beendet habe ... Einer der schwierigsten Augenblicke für einen Maler kommt dann, wenn ein Bild fertig ist, weil er eben dann empfindet, daß er niemals fertig ist, niemals ... Jedes Bild, das ich jemals gemalt habe, wirkt auf mich unvollständig. Wenn ich es mir ansehe, nachdem ich glaubte, es sei fertig, finde ich es unvollständig ... Bei einem Bild sehe ich, daß ich den Raum hätte vergrößern müssen, bei einem anderen hätten die Farben intensiver sein sollen, bei wieder einem anderen wäre diese oder jene Lücke auszufüllen gewesen. Aber dann hätte ich das Ganze noch einmal machen und ganz von vorn anfangen müssen ..."

Dieser Maler hatte seit seiner Geburt eine verborgene (äußerlich nicht sichtbare) körperliche Mißbildung. Ein Schriftsteller, bei dem nach einer in der Kindheit durchgemachten Rachitis relativ geringfügige Mißbildungen an Schädel und Brustkorb zurückgeblieben waren, sprach von dem Dilemma, fertige Texte wieder und wieder schreiben zu müssen, mit fast denselben Klagen und in der gleichen düsteren Stimmung. Ich könnte weitere einschlägige Beispiele aus der angewandten Analyse anführen, aber ich glaube, es ist ohnehin klar, worauf es hier ankommt. Die kreativen Strebungen dieser Menschen stellen, so meine ich, die künstlerische Externalisierung ihrer unermüdlichen, aber vergeblichen Bemühungen um die Lösung eines Konfliktes dar, der eben wegen seiner konkreten Natur, Dauer und Besetzung sowohl ungelöst als auch unlösbar bleiben muß, zumindest unter den bei dieser zugegebenermaßen kleinen Gruppe kreativer Persönlichkeiten obwaltenden besonderen Umständen. Ein Zustand rastloser Unzufriedenheit mit Neigung zu depressiver oder subdepressiver Verstimmung und vagen Schuldgefühlen schien bei den meisten die vorherrschende Gemütslage stets dann zu sein, wenn sie ihre kreative Arbeit beendet hatten, die im Grunde eine reparative war. Für sie blieb die künstlerische Leistung in einem sehr realen Sinne unvollendet, da sie naturgemäß niemals zur unbewußt ersehnten Beseitigung des ursprünglichen Defekts am eigenen Körper führte.

In diesem Zusammenhang möchte ich *Giacomettis* Bemerkung: „Erfolg haben bedeutet für einen Künstler, daß er versagt hat" etwas weiterführen, indem ich sie zum Konzept des Körperbildes (und seiner zentralen Bedeutung für das Verständnis wesentlicher Aspekte des Wachstums der individuellen Persönlichkeitsstruktur) in Beziehung setze. Im Jahre 1923 schrieb *Freud: „Das Ich ist vor allem ein körperliches!"*

Unsere gebräuchlichen akademischen Bezeichnungen — Körperbild, Körpergefühl, Selbstbild, Körper-Ich etc. — zeigen in ihrer blassen Deskriptivität und trockenen Sachlichkeit vielleicht am deutlichsten unsere beklagenswerte Schwäche in der Erforschung dessen an, was als das subjektive Erleben des eigenen Körper-Ichs bezeichnet werden kann, nämlich die Summe all jener hochgradig persönlichen, alles durchdringenden, stets gegenwärtigen Erlebnisse, die sich aus der lebenslangen Interaktion der postural-kinästhetischen, dimensional-physischen Ich-Funktionen mit denen, die als Sensorium, die Wahrnehmung, Affektivität und Erkenntnisfähigkeit ausmachen, herleiten. Der Einfluß dieser kombinierten Elemente in ihrer ständigen Interaktion und dynamischen Wechselbeziehung kann mit einer Art vis-a-tergo verglichen werden, die beim erwachsenen Menschen den im ganzen stabilen und kohärenten Hintergrund bildet, der für den Gesamtbereich der persönlichen Ich-Funktionen und für die Entwicklung befriedigender Objektbeziehungen im späteren Leben unerläßlich ist. Obgleich mit der tatsächlichen Körpergestaltung nicht einfach identisch, ist das subjektive Erleben des Körper-Ichs unter normalen Bedingungen so, daß es sich der tatsächlichen Körperstruktur in Umriß und Gestalt annähert. Bei Patienten mit permanenten, von Kindheit an bestehenden Mängeln ist dieses Erleben des eigenen Körpers nicht nur andersartig und schärfer als bei anderen Menschen; die psychosomatischen Körperempfindungen bewirken auch — auf dem Wege über Projektion und Externalisierung — jene erhöhte Sensibilität und affektive Reaktivität, die die Wahrnehmung des inneren und äußeren Milieus entscheidend beeinflußt. Sie führt dazu, daß das betreffende Individuum die Welt um und in sich anders erlebt, auf Reize intensiver reagiert und dergleichen mehr. Schon *Greenacre* (1957) hat auf die größere persönliche Empfindsamkeit und Reizbarkeit des Künstlers hingewiesen und auf „die Stärke seiner eigenen Körperempfindungen", deren Impetus ein ‚erstes Crescendo in der phallisch-ödipalen Phase" erreicht. Sie verbindet dies mit späteren leidenschaftlichen Inspirationserlebnissen und der Entwicklung tiefer religiöser und persönlicher Gefühle, etwa der Hinneigung zu Gott, Religion, Kunst, Natur und Universum, die sie unter dem Begriff der „collective alternates" zusammenfaßt. Sie führt ferner aus, daß ein Kind, das eine starke potentielle Kreativität besitzt, sich andersartig und fremd fühlt und unausweichlich ein isoliertes, einsames Kind ist. Wie ich fand, verhält es sich ebenso beim Kind, das einen physischen Defekt aufweist. Man könnte hinzufügen, daß der erwachsene Künstler sich ebenfalls oft als ein abgesonderter Mensch fühlt — „einsam wie ein Henker", wie *Raffael Michelangelo* genannt haben soll.

Während ich im allgemeinen mit *Greenacres* Anschauungen übereinstimme, bin ich nicht so sicher bezüglich ihrer Ansicht, daß die erhöhte Sensibilität des Künstlers gegenüber seiner Innen- und Außenwelt und seine intensive Empfindungsfähigkeit angeborene Eigenschaften sind. Obwohl ich eine Prädisposition zu solchen spezifischen Eigenschaften nicht völlig ausschließen möchte, sei ausdrücklich betont, daß zumindest bei den von mir analysierten Patienten eben diese Charakteristika auf bestimmte sensorische Einflüsse und subjektiv gesteigerte Körperempfindungen zurückgeführt werden konnten, wie sie aus der Diskrepanz zwischen der wirklichen Gestalt, den tatsächlichen Eigenschaften des Körpers und dem phantasierten, oft schwer entstellten psychischen Körperbild[2] resultierte. In der Tat bildet das subjektiv als fehlerhaft und entstellt erlebte Körperbild — ein unvermeidliches Ereignis bei körperlichen Mißbildungen mit ihrer ungleichen Verteilung von Körperbesetzungen — ein den erogenen Zonen vergleichbares, libidinös wie aggressiv besetztes Reservoir, und die daraus hervorgehenden Reize scheinen den kreativen Prozeß in Gang zu setzen. Bei mehreren meiner Patienten hatte ich den Eindruck, daß ihre Kreativität das wichtigste Hilfsmittel bei dem Versuch darstellte, das schadhafte Körperbild auszubessern und damit ihre seelischen Konflikte zu lösen. Da die Bemühungen, die im Grunde der Wiederherstellung des Körper-Ichs dienen, in derartigen Fällen zum Scheitern verurteilt sind — in *Giacomettis* Worten bedeutet ja sogar der Erfolg ein Scheitern —, können sich solche gänzlich unbewußten Wiederherstellungsbemühungen auf lange Zeitspannen ausdehnen oder auch zu fieberhaften Ausbrüchen einer hektischen, nicht selten hypomanisch gefärbten schöpferischen Tätigkeit steigern.

Meine Patienten waren im allgemeinen keine zufriedenen oder umgänglichen Menschen. Sie waren Individuen von übergroßer Empfindlichkeit und intensiver Reizbarkeit; sie litten an hypochondrischen Ängsten, wie wir sie bei überbesetzten oder ungleichmäßig besetzten Ich-Zuständen vorfinden. Die Art ihres Selbsterlebens blieb lange Zeit ein streng gehütetes Geheimnis. Wurde es nach längerer Analyse schließlich aufgedeckt, so enthüllte sich die Entfremdung ihres subjektiven Selbsterlebens und ihre Suche nach einer neuen (reparativen) Körper-Imago. Analytisch ausgedrückt, kann dies als unbewußter Wunsch nach Wiedergeburt durch einen magischen, in das künstlerische Schaffen hineinprojizierten Wiederherstellungsprozeß verstanden werden.

Was die ungleiche Verteilung der Körperbesetzung angeht, so konnten im wesentlichen zwei Arten der Fehlverteilung beobachtet werden: Es bestand eine generelle Uneinheitlichkeit in der Verteilung der Körperbesetzung, verbunden mit Empfindungen von physischem Unbehagen, unvollkommenen und unvollständigen Körperkonturen, Gefühlen der Leere, wechselndem Muskeltonus etc. Neben diesen allgemeinen und vagen körperlichen Mißempfindungen kathektischer Fehlverteilung bestanden mehr oder weniger umschriebene Gebiete fokaler Über- oder Unterbesetzung innerhalb des gestörten Gleichgewichts der gesamten Körperbesetzung. Eine genauere Untersuchung dieser Zonen brachte zutage, daß eine bestimmte Zone fokaler Überbesetzung im Körperschema existierte — lokalisiert entweder am Übergang des defekten („*schlechten*") Teils in den angrenzenden „*guten*" Teil der Körperoberfläche oder an peripheren Körperteilen. Im zweiten Fall handelte es sich um Kompensationsbereiche, die vom beschädigten Körperteil möglichst entfernt lagen. Bei einer Patientin zum Beispiel, einer bedeutenden Malerin, deren linker Arm infolge eines Geburtstraumas leicht deformiert war, waren dieser Arm und die naheliegenden Teile der Körperoberfläche in so hohem Maße *unterbesetzt*, daß sie von ihnen sagte, sie fühle, daß sie von kautschukähnlicher Beschaffenheit seien und quasi

2. *Kierkegaard* sprach häufig von dieser Diskrepanz als von „einem Mißverhältnis zwischen Seele und Körper". *Kierkegaard* war seit seiner frühen Kindheit ein Krüppel.

gar nicht existierten. Ihr rechter Arm (mit dem sie malte) und die Augen waren kompensatorisch *überbesetzt*. Bei einem anderen Künstler, dessen angeborene Deformierung des Halses, ein Torticollis, während der Adoleszenz erfolgreich operativ korrigiert worden war, tauchte die ursprüngliche Mißbildung — nach ihrer chirugischen Beseitigung — in halb wahnhaften Phantasien über periphere Körperteile und auf dem Wege der Externalisierung in vielen seiner Gemälde wieder auf. Während seiner späteren Analyse hatte dieser Patient zahlreiche Träume über mißgestaltete, bösartige Kreaturen, groteske, Wasserspeiern ähnelnde Ungeheuer etc., durch die er sich bedroht fühlte und die analytisch als Projektionen seiner eigenen Gefühle über die ursprüngliche Mißgestalt kenntlich gemacht werden konnten.

Mehrere meiner Patienten zeigten während der Perioden kreativer Aktivität deutliche Veränderungen ihrer subjektiven Körper-Ich-Empfindungen oder Wahrnehmungen. Patienten, die sich „klein", „unsicher", „geschrumpft", „hohl", „gummiartig", „zwerghaft" und „leer" gefühlt hatten, verloren diese Mißempfindungen während ihrer kreativen Tätigkeit, in deren Verlauf Gefühle, „ganz", „stark", „voll Kraft und Gesundheit" zu sein, sich einstellten. War die schöpferische Arbeit getan, kehrten die alten Gefühle von Unvollständigkeit und Schwäche gewöhnlich zurück. Hier wurden die restaurativen, wenn auch gänzlich unbewußten Bemühungen, durch kreative Tätigkeit den als Makel empfundenen Zustand zu beseitigen, recht deutlich. In der Analyse wurde dann klar, daß das Körperbild seinen stärksten und dauernden Einfluß im Bereich averbaler Kommunikationen ausübt: Durch fortgesetzte schöpferische Leistungen versuchten die Patienten, eine „Vollkommenheit" reparativ zu erschaffen, von der sie im geheimen glaubten, daß sie sie *vor* ihrer Deformierung besessen hätten — im wesentlichen also ein narzißtischer Wunsch, der in eine kreative (d.h. rekreative) Aktion umgesetzt wurde. In diesem Zusammenhang sei darauf hingewiesen, daß eine nicht unbeträchtliche Anzahl psychischer Traumen und Konflikte in der Kindheit oft mehr oder weniger spontan durch Bemeisterung gelöst wird. Hingegen führt ein frühkindlicher körperlicher Defekt gerade durch seine konkrete Natur, relative Unbeeinflußbarkeit, intensive Besetzung und narzißtische Dauerstörung dazu, als Konfliktbereich bestehen zu bleiben. Meine klinischen Beobachtungen bestätigen in diesem Sinne *Kohuts* (1966) Feststellung, daß „kreative Aktivität selbst zu den Umwandlungen des Narzißmus gerechnet zu werden verdient". Auch *Beres'* (1957, 1960) Arbeiten über die kommunikativen und imaginativen Prozesse bei Dichtern, Schriftstellern usw. sind für unser Verständnis dieser Probleme von Bedeutung.

Diese Punkte seien mit einigen weiteren klinischen Beispielen illustriert. Ich habe die reiche und blühende Phantasie erwähnt, die sich bei gewissen, durch frühkindliche Krankheit oder Geburtstraumen geschädigten Individuen entwickelt und sich zu floriden Wiedergeburtsvorstellungen ausweitet. Die Patientin mit der bleibenden Geburtsschädigung (Verkürzung) des linken Armes malte nicht nur zahllose Geburts- und Wiedergeburtsbilder, sie ließ sich auch im Deltagebiet eines Flusses nahe einer Lagune nieder, wo sie lebte, schrieb und malte. Sie malte sich selbst als einen verkrüppelten, zwerghaften Knaben — *als Knaben, nicht als Mädchen* —, der vor der St. Rochus-Kathedrale hingestreckt liegt und den Heiligen um Heilung seines

Körperdefekts anfleht (St. Rochus ist der Pest-Heilige des christlichen Mittelalters, und die Patientin sprach von ihrem linken Arm als von einer Pest). Der Maler mit dem angeborenen — später operativ beseitigten — Torticollis stellte die Mißbildung seines Halses als mächtigen Speer dar, eine tödliche Waffe von ausgesprochen phallischer und aggressiver Bedeutung mit fokaler Überbesetzung (Hals — Speer). Ein zweites Bild, vom gleichen Künstler gemalt, weist sowohl auf die Kastrationsmomente als auch auf die Veränderung der gesamten Körperbesetzung hin. (Der kopf- und armlose Torso ist aus *Stein*; der Patient fühlte und verhielt sich oft so, als sei er selbst aus *Stein*[3]. Wie ersichtlich, wird der Defekt mit einer Kastration gleichgesetzt, die die meisten Körperteile betrifft.

Das eindrucksvollste Beispiel von vermutlich lebensrettender Kreativität lieferte ein 25jähriger Mann, der, an den Folgen einer akuten Poliomyelitis leidend, mit nahezu vollständiger Lähmung von Beinen, Schultern und Armen vor einigen Jahren ins Krankenhaus eingeliefert wurde. Praktisch an allen vier Extremitäten gelähmt, wurde er mit Hilfe einer eisernen Lunge am Leben erhalten. Die verbliebenen Vitalfunktionen verringerten sich allmählich, und wegen der fortschreitenden Muskelatrophie, eines sich entwickelnden Decubitus und der zunehmenden Apathie des Patienten in der eisernen Lunge war die medizinische Prognose schlecht. Angesichts des sich rasch verschlechternden Allgemeinzustandes des Patienten konnte eine systematische Psychotherapie weder in Betracht gezogen noch versucht werden[4].

> Mich beschäftigen hier ausschließlich gewisse Veränderungen im Gesamtbefinden des Patienten, die unter recht auffallenden Umständen vor sich gingen. Bevor es zu den Veränderungen kam, von denen hier berichtet werden soll, hatte der Patient wiederholt geträumt, daß er tot im Sarg liege. In einem dieser Träume hatte sein Begräbnis bei heftigem Regen stattgefunden; er wurde in seinem Sarge — der vermutlich die eiserne Lunge symbolisierte — zum Friedhof gebracht, während große Wassermassen herabstürzten. In Übereinstimmung mit *Freuds* Ansicht, daß solche Träume einen Wunsch ausdrücken („Ich wünschte, es wäre nur ein Traum"), deutete ich die Träume, insbesondere den Wasser-Traum, dahin gehend, daß sie sich auf unbewußte Geburts- und Wiedergeburtsphantasien des Kranken bezögen.
>
> Kurze Zeit nach dem Auftreten dieser Träume wurde von dem Kollegen, der den Patienten behandelte, versuchsweise eine Mal-Therapie eingeleitet; d.h., dem Patienten wurde ein Bleistift in die Hand gedruckt (es waren noch Residualfunktionen des Handgelenks und der Finger vorhanden), und man gab ihm auf, alles, was er könne oder wolle, mit dem Bleistift auf ein Stück Papier zu kritzeln, zu zeichnen oder zu skizzieren. Ohne den Sinn dieses therapeutischen Eingreifens diskutieren zu wollen, genüge die Feststellung, daß es sich therapeutisch als ebenso wirksam erwies wie *Spitz*' Wiedereinführung einer mütterlichen Bezugsperson bei jenen Säuglingen, die sich im

3. Während des ersten Jahres der analytischen Behandlung sagte er oft, daß er völlig „gefühllos" sei, und gegenüber seinen Familienangehörigen, Freunden und mir als seinem Psychoanalytiker verhielt er sich auch wirklich so.

4. Ich bin Dr. *Alfred Corvin*, der den Patienten klinisch beobachtete, für die Erlaubnis, seine klinischen Daten und Befunde zu verwenden, sehr zu Dank verpflichtet; analytische Deutung und interpretierende Kommentare stammen von mir.

anaklitischen Depressionszustand befanden. Nachdem der Patient bei seinen ersten Versuchen einige zaghafte, dünne Linien und Kurven gekritzelt hatte, begann er in der Folge eine Reihe von *Wasser-Szenen* zu zeichnen, mit Booten, Leuchttürmen und weiten Wasserflächen. Der ganze Prozeß zog sich über eine Zeitspanne von annähernd zwei Monaten hin.

Von besonderem Interesse sind sein neuntes und zehntes Bild. Nach zunächst unsicherem Beginn skizzierte er die Bilder detaillierter, und sie scheinen für ihn eine Art wahrhaft restaurativen und therapeutischen Kunstschaffens gewesen zu sein. Das hervorstechende Merkmal der neunten Zeichnung war ein weit ausladendes *Erkerfenster*, das auf eine Seelandschaft hinausging. Während er dieses Bild zeichnete, hörte man den für gewöhnlich völlig schweigsamen Patienten laut das Wort „*Erkerfenster*" sagen — praktisch seine einzige verbale Äußerung während der ganzen künstlerischen Betätigung. (Wie bereits erwähnt, manifestiert sich der Einfluß des Körperbildes im wesentlichen in averbalen Kommunikationen.) Auf dem zehnten Bild ist der Ozean als weit offene, endlose Wasseroberfläche zu sehen. In der Folgezeit produzierte er eine Anzahl weiterer Wasserbilder, insgesamt sechs von mehr als zwanzig Zeichnungen, die der Patient anfertigte, während er sich noch in der eisernen Lunge befand.

Einige Wochen später konnte man ihn aus dem Lungenapparat herausnehmen, in dem er am Leben gehalten worden war. Nach einem weiteren Monat konnte er das Krankenhaus im Rollstuhl in sehr gebessertem Zustand verlassen und zu seiner Familie zurückkehren. Er nahm dann im Rollstuhl seine frühere Tätigkeit als Buchhalter wieder auf; den letzten Berichten zufolge hat er in den vergangenen Jahren weiterhin arbeiten und seine Stellung in befriedigender Weise ausfüllen können, natürlich stets im Rollstuhl. Von Interesse ist ferner, daß der Patient vor seiner Polio-Erkrankung sich niemals zeichnerisch oder sonstwie künstlerisch betätigt hatte.

Da der Patient nicht analysiert wurde und meine eigene Rolle auf die eines Beraters *par distance* beschränkt war, kann ich die Einzelheiten dieses partiellen, aber dennoch bemerkenswerten Genesungsprozesses nicht mitteilen, der unter den beschriebenen spezifischen Umständen durch „restaurative" Kreativität in Gang gesetzt wurde oder doch zumindest in psychodynamischer Verbindung dazu stand. Ich möchte jedoch auf die Träume über das Liegen im *Sarge* und das *Begräbnis im Regen* sowie auf die Zeichnungen des Erkerfensters und des Ozeans und der sonstigen Wasserszenen aufmerksam machen. Frühere Untersuchungen (*Niederland*, 1956) überdie Symbolik von Wasser, Meer, Flüssen und mit Wasser verknüpften Elementen in Phantasien, Träumen, künstlerischen und symbolischen Darstellungen hatten mich längst darüber belehrt, daß entscheidende, mit Schwangerschaft, Geburt und Wiedergeburt verbundene Strebungen im Unbewußten ihren symbolischen Ausdruck in solchen synoptischen Wasserszenen finden. Diese können aus regressiv-narzißtischen Phantasien hervorgegangen sein — möglicherweise erzeugt durch den Aufenthalt in der eisernen Lunge (dem „Sarg" des Traums, letztlich dem Mutterleib) —, die der Patient mit Hilfe eines restaurativen Externalisierungsprozesses durch seine kreative Produktivität zu transzendieren vermochte. Ferner möchte ich auf die symbolische Bedeutung des weit ausladenden *Erkerfensters* hinweisen, das der analytisch geschulte Beobachter leicht als eindeutigen Bezug auf Schwangerschaft und Geburt erkennt.

Wir wollen nun einen weiteren Faktor betrachten, der in diesem Fall direkt mit dem kreativ-restaurativen Prozeß verknüpft erscheint: die *Hand*. Daß die Hand oder der Arm andere Teile des Körpers symbolisch darstellen können — gewöhnlich mit phallischer Struktur —, ist aus der klinischen Psychoanalyse natürlich wohlbekannt. Ebenso bekannt ist die überragende Rolle der menschlichen Hand für die Bildung und die ersten Leistungen des kindlichen Körper-Ichs — *Hoffers* „Hand-Mund-Ich“ (*Hoffer*, 1949, 1950). Die Hand, die nach *Hoffer* beim Kinde anfänglich „mit dem Mund eng verbündet war, um innere Spannungen zu eliminieren“, bewahrt diese Funktion das ganze Leben hindurch. Bald erwirbt sie die Fähigkeit, zu berühren, zu halten, zu greifen und jeden Punkt innerhalb des Radius des ausgestreckten Arms zu erreichen. Innerhalb dieses Radius hat die menschliche Hand die einzigartige Fähigkeit, wie ein Vogel im Fluge zu funktionieren, nämlich jeden beliebigen Punkt innerhalb eines Umkreises zu erreichen, der nur durch die Länge des Armes und die Stellung der Finger begrenzt wird. Die Hand ist ferner Träger libidinöser und aggressiver Energien, wie dies durch ihre liebkosenden wie aggressiven Funktionen evident ist. Durch den einfachen Akt des Ausstreckens und Berührens eines Objekts entweder der Außenwelt oder des eigenen Körpers kann die Hand libidinöse und/oder aggressive Impulse auf jeden Punkt innerhalb der Reichweite des Armes übertragen. In Ausübung etwa ihrer aggressiven Funktion als Exekutivorgan des gestreckten Armes können sich Hand und Arm in einen veritablen Dreschflegel verwandeln, zum Beispiel beim Schlagen oder Ohrfeigen eines anderen Menschen. Hinsichtlich des bemerkenswerten Genesungsprozesses des an Poliomyelitis erkrankten Patienten, der dem Tode nahe war, bin ich daher geneigt anzunehmen, daß seine Hand zum „Sammler“ und „Vollstrecker“ aller ihm noch verbliebenen Körperbesetzungen wurde, die der kranke Mann in seinem Bemühen um Gesundung auf den kreativen Akt (das Zeichnen) konzentrierte und in seinen symbolischen Wasserszenen bildhaft zum Ausdruck brachte.

Abgesehen von den bereits erwähnten Attributen illustriert die menschliche Hand auch vorzüglich *Freuds* Amöben-Gleichnis. In diesem Sinne stellt sie den körperlichen Gegenpart dessen dar, was *Freud* über das Denken als Probehandeln mit kleinsten Besetzungsquantitäten und ihrer Abfuhr durch den psychischen Apparat sagte. Im alten Griechenland wurde die Hand als Verkörperung der „vollziehenden Gewalt“ des Menschen, als Lebensseele angesehen. Man glaubte, daß sie Zeugungskräfte besitze oder selbst ein Fortpflanzungsorgan sei. Im Talmud (Sota 36) wird bei Erörterung der Josephsgeschichte im Alten Testament (insbesondere der Unterdrückung von Josephs geschlechtlichem Verlangen nach Potiphars Weib) erwähnt, daß „Samen aus seinen Fingern kam“. Für die Hebräer drückt sich Gottes Liebeskraft ebenso wie die Macht zu zerstören in „seinem ausgestreckten Arm und der erhobenen Hand“ aus. Im alten Ägypten wurde die „Lebensflüssigkeit“, die zeugend und schöpferisch ist, in der Weise verbildlicht, daß sie verliehen wurde, indem die Hand entweder auf das Rückgrat gelegt wurde oder an ihm hinunterglitt (*Niederland*, 1965 b). Im kaiserlichen Rom grüßte man sich durch Erheben[5] der Hand, eine

5. Die phallische Symbolik der erhobenen Hand ist unschwer zu erkennen.

Sitte, die *salutare* genannt wurde, d.h. einander durch den Gebrauch der erhobenen Hand, *salus* (Gesundheit) zu bieten, wovon sich unsere heutigen Bezeichnungen „salve" und „save" (wie in „God save the King") herleiten. Hierher gehören wahrscheinlich auch gewisse mythische Vorstellungen über die Hand, zum Beispiel die, daß das Schicksal eines Menschen aus den Linien seiner Hand zu erkennen sei.

Ich glaube, wir haben nun einen Punkt erreicht, jenseits dessen klinischen Evidenz und unsere daraus gezogenen Schlußfolgerungen aufhören, als verläßliche Richtlinien für weitere, vorwiegend theoretische Überlegungen zu dienen. Natürlich könnte man aus dem klinischen Bereich allein noch viele weitere Beobachtungen anführen, etwa die von *Kris*, daß in Streßsituationen in einem kindlichen Milieu Kinder ihre Angst dadurch zu überwinden versuchen, daß sie zu einem gesteigerten Spiel der Phantasie und zum Malen ihre Zuflucht nehmen — von Interesse auch für die Streßsituation unseres Patienten in der eisernen Lunge —, oder *Linns* (1955) neurologische Forschungen, wonach in gewissen Frühstadien des Körper-Ichs eine experimentell nachweisbare Fusion der Hand-Gesichts-Brust-Empfindungen besteht. Diese „Trias" bildet nach *Linn* „das archaisch-primordiale Konglomerat der primitiven Selbstrepräsentanz".

Eine Untersuchung all dieser Daten unter dem Aspekt der analytischen Ich-Psychologie führt uns zu zwei weiteren Schlüsselfaktoren, die mit dem Problem der Kreativität verbunden sind: Wahrnehmung und Energie. Was die Wahrnehmung anlangt, so habe ich bereits *Greenacres* Hinweis auf die erhöhte Sensibilität des Künstlers und im Zusammenhang damit auch meine eigenen Beobachtungen erwähnt, daß diese Eigenschaften — zumindest bei den von mir studierten Patienten — nicht notwendigerweise als angeboren angesehen werden müssen. Einer meiner Patienten, ein Schriftsteller, nahm die Umwelt ganz anders wahr als ich: Als er beispielsweise von einem Straßenverkäufer eine Eistüte erstand und später in der Analyse darüber berichtete, sprach er von dem alten Mann, der ihm die Tüte verkauft hatte, von den Runzeln und Falten in seinem *Gesicht* und von der *Hand* des Mannes, die in den Behälter langte, um die süße, weiße Creme herauszuholen (die genannte Gleichsetzung von Gesicht, Hand und Brust scheint hier im kreativen Prozeß im buchstäblichen Sinne hervorzutreten). Schließlich, so berichtete der Schriftsteller, erinnerten ihn die Linien und Runzeln des Gesichts an die tiefen Furchen, die der Pflug des Bauern in den fruchtbaren und schmerzdurchwühlten Ackerboden zieht (man beachte den zugleich libidinösen und aggressiven Schluß). Dieser Patient hatte eine Trichterbrust, die auf eine frühkindliche Rachitis zurückzuführen war, von der er aber glaubte, daß sie durch die Nachlässigkeit seiner Mutter verursacht worden sei. Er haßte sie deshalb bewußt während seines ganzen Lebens, und dies war einer der Gründe, die ihn in die Analyse brachten.

Andere Patienten sprachen von den körperlichen Mißempfindungen, die an der Stelle oder in der Nähe ihrer Mißbildung auftraten. Sie beschrieben solche Mißempfindungen als „nagend", „schmerzhaft", „bedrückend", „störend", „quälend" oder mit analogen Bezeichnungen. Derartige Empfindungen riefen nicht nur lokalisiertes Unbehagen hervor, sondern auch Zustände von Ruhelosigkeit und Ärger, die sich gelegentlich bis zur Wut steigerten. Während solcher Phasen haßten die Patienten den Analytiker, der in der Übertragung die „schlechte" Mutter repräsentierte. Sie geißelten die Mutter als die vermeintliche Ursache der Mißbildung und überschütteten mich und meine therapeutischen Bemühungen mit ätzendem Hohn. Die sie quälenden Empfindungen und Störungen gaben während der Analyse zu ärgerlichen Ausbrüchen und Erregungszuständen, aber auch ungewöhnlichen Assoziationen im Sinne schöpferischer Gedankengänge Anlaß.

Niemand hat die Quellen der Wahrnehmung besser beschrieben als *Freud* in „Das Ich und das Es": „Der eigene Körper und vor allem die Oberfläche desselben ist ein Ort, von dem gleichzeitig äußere und innere Wahrnehmungen ausgehen können ... ein Bewußtwerden der Denkvorgänge durch Rückkehr zu den visuellen Resten (ist) möglich ... Das Denken in Bildern ist also nur ein sehr unvollkommenes Bewußtwerden. Es steht auch irgendwie den unbewußten Vorgängen näher als das Denken in Worten und ist unzweifelhaft onto- wie phylogenetisch älter als dieses." An dieser Stelle muß die häufig zitierte Äußerung von *Kris* über die „Regression im Dienste des Ichs" erwähnt werden. Obschon auf manche Situationen anwendbar, die dem Analytiker bekannt werden, und insbesondere auf die analytische Situation selbst, habe ich mich nicht völlig von ihrer Gültigkeit in bezug auf den kreativen Prozeß als solchen überzeugen können. Vielmehr schien bei den kreativen Patienten, die ich klinisch beobachtete, der Umfang der psychischen Leistungsfähigkeit quantitativ und qualitativ weiterreichend, so daß sie das gesamte Spektrum von den frühesten Modalitäten des Denkens, Fühlens, Erlebens, Wahrnehmens etc. bis zu den geistigen Funktionen höchster Ordnung umfaßte. Ich hatte den Eindruck, daß diese größere Spannweite bei meinen kreativen Patienten mit der Uneinheitlichkeit der Besetzungsverteilung libidinöser und aggressiver „Quanten" — sit venia verbo — zusammenhängt. Anstatt von einer „Regression im Dienste des Ichs" zu sprechen, bin ich daher eher geneigt, diesen Zustand in Beziehung zur gesamten Ich-Organisation zu setzen, die bei den zur Diskussion stehenden Personen sowohl deutliche „regressive" als auch „progressive" Züge aufwies und den Einfluß unablässiger Stimuli zur Wiederherstellung verlorengegangener (oder verloren geglaubter) Liebesgüter zeigten.

Was das Problem des Ursprungs und Charakters der in all diesen Prozessen wirksamen psychischen Energie angeht, glaube ich in Übereinstimmung mit anderen Analytikern, daß diese Fragen vorerst noch nicht beantwortet werden können. *Hartmanns* Formulierungen über Sublimierung, die Umwandlung von psychischer Energie, die konfliktfreie Sphäre des Ichs und dessen eigene „neutralisierte" Energie stellen zweifellos wichtige Beiträge dar, wenn ich auch als Kliniker gestehen muß, daß ich niemals einen kreativen Menschen gesehen habe, der nicht ernste, offenbar alles durchdringende Konflikte hatte[6]. Nicht selten findet die gesteigerte Selbst-

6. In seinem Aufsatz über „Creativity and sublimation" (American Imago XXIV, 1967) bestätigt *J. Stamm* meinen Eindruck, indem er die Rolle, primitiver, nicht-neutralisierter aggressiver Kräfte in der Kreativität" unterstreicht. *Stamm* spricht auch von der Bedeutung des Ich-Ideals für die künstlerische Aktivität. Die mit dieser Produktivität verbundenen *Unsterblichkeitsaspekte* habe ich an anderer Stelle behandelt (*Niederland*, 1965 a).

wahrnehmung, insbesondere des eigenen Körpers und seiner intensiven Reaktionen auf Stimuli, klinisch Ausdruck in hyochondrischen Befürchtungen und psychosomatischen Beschwerden, die den Beobachter — wie auch den Betroffenen selbst — auf einen geschwächten Gesundheitszustand schließen lassen. Die subjektive Empfindung, hilflos, „leer", mißgestaltet oder krank zu sein, kann zeitweise eine solche Intensität erreichen, daß Gefühle der Entkörperlichung oder der Desintegration des ganzen Körpers auftreten. Einige meiner Patienten äußerten solche Empfindungen und Ängste. Ich denke, daß man diese Zustände dem gestörten Gleichgewicht der Besetzungsverteilung zuzuschreiben hat, das es dem Individuum nicht erlaubt, seinen Körper als ein festgefügtes, zusammenhängendes und einheitliches Ganzes zu erleben. Eine anschauliche Schilderung eines solchen gestörten Zustandes findet sich in *Dostojewskijs* „Aufzeichnungen aus dem Kellerloch":

> „Ich bin ein kranker Mann ... Ich bin ein böser Mensch ... Ich bin kein anziehender Mann. Ich glaube, daß meine Leber krank ist. Allerdings weiß ich überhaupt nichts über meine Krankheit und weiß nicht sicher, was mir fehlt. Ich konsultiere deshalb keinen Doktor und habe es noch nie getan, obwohl ich vor der Medizin und den Ärzten Respekt habe."

Durchforscht man das Leben — und die Leiden — schöpferischer Persönlichkeiten, so wird man sich in zunehmendem Maße der erheblichen Energiequellen bewußt, die ihnen zur Verfügung stehen. Es hat den Anschein, als konzentrierten sich alle Energien auf den kreativen Prozeß, und als handelte es sich um eine Regression nicht so sehr im Dienste des Ichs als im Dienste der *Wiederherstellung* des Ichs, ja mitunter des *Überlebens* des Ichs. Was ich aus der Analyse meiner Künstler-Patienten hinsichtlich der Quellen und des Wandels der ihnen für ihre kreative Tätigkeit verfügbaren Energie gelernt habe, läßt mich zu *Freuds* Bemerkung über den Körper als die Quelle all dieser Vorgänge und zu einer früheren Beobachtung von ihm zurückkehren (1914), daß bei gewissen physischen Zuständen narzißtische Energie an den Ort der organischen Störung „fließt", wo der Reizzufluß „gebunden" wird. Diese Beobachtung scheint mit meiner Ansicht betreffs der ungleichen Verteilung der Körperbesetzung bei meinen Patienten und der fokalen Überbesetzung *in loco laesionis*, d.h. am oder nahe dem Ort der Mißbildung, in gutem Einklang zu stehen. Wie schon gesagt, begegnet man diesen fokalen Überbesetzungen auch in Körperregionen, die vom eigentlichen Läsionsgebiet entfernt sind. Das gestörte Besetzungs-Gleichgewicht innerhalb oder außerhalb des Läsionsbereichs kann so zur Quelle ständiger Reize libidinöser wie aggressiv-restaurativer Art werden. Einer der Wege, mit diesen permanenten Reizen fertig zu werden, ist in meiner Sicht die Kreativität. Obwohl *Freud* es in seiner Arbeit über den „Narzißmus" etwas anders ausdrückt, können wir seine Formulierungen für unser Verständnis dieser Vorgänge benutzen, insbesondere seine Bemerkung, daß im Fall körperlicher Krankheit Besetzungen auf das eigene Ich zurückgenommen und im Bemühen um Genesung „wieder ausgesandt werden". Auf diese Weise wird der Versuch unternommen, den beschädigten Körperkonturen oder -bereichen ihre ursprüngliche (d.h. idealisierte) Form zurückzugeben und gleichzeitig die abgezogene narzißtische Energie den Objektrepräsentanzen wieder zuzuwenden. Dies wird erreicht, wenn der Künstler, der in seinem lebenslangen Kampf oft so verzweifelt allein steht, die Empfindung hat, daß das, was er durch seine Dichtungen, seine Bilder oder Skulpturen zu sagen hat, für die Umwelt bedeutungsvoll geworden ist.

Ich behaupte also, daß bei diesem Vorgang des „Wiederaussendens" die allgemeinen Besetzungen wie die mit ihnen einhergehenden fokalen Überbesetzungen nebst all ihren aggressiven und libidinösen Komponenten auf das Kunstwerk als außerkörperliches Objekt, d.h. auf die Leinwand, den Marmorblock, das wissenschaftliche oder künstlerische Vorhaben, an denen die gerade entstehende kreative Arbeit sich vollzieht, projiziert werden. Ich glaube, den Beweis dafür nicht nur in der außergewöhnlichen Energiemenge gefunden zu haben, die in den kreativen Prozeß investiert wird, sondern auch in dem geschaffenen Werk selbst, das oft erkennbare Züge der überbesetzten Bereiche in Gestalt typischer oder atypischer Abkömmlinge des ursprünglichen Objekts aufweist.

Zusammenfassend sei gesagt, daß die Fehlverteilung der Körperbesetzung in toto, insbesondere die der fokalen Überbesetzung spezifischer Körperbereiche, bei den schöpferischen Leistungen bestimmter Individuen, bei denen im frühkindlichen Alter verursachte narzißtische Dauerstörungen nachweisbar sind, eine Rolle spielt. Die analytische Erforschung einer Gruppe kreativer Patienten, die unter langwährenden psychischen Folgen angeborener oder früherworbener körperlicher Defekte litten, ergab, daß die Nachwirkungen dieser Art narzißtischer Verletzung bestehen blieben. Hierbei muß die Vergeblichkeit fortgesetzter Bemühungen um die Behebung des Körperdefekts und die daraus resultierende weitere narzißtische Kränkung hervorgehoben werden. Sie führt zu aggressiv gefärbten intensiven Strebungen, das deformierte und gestörte Körperbild zu reparieren, seine Selbstrepräsentanz als einheitliches *Ganzes* wiederherzustellen und so ein positives, intaktes Selbstgefühl zurückzugewinnen. Meine Patienten erreichten dies, indem sie abgezogene libidinös-aggressive Energien in den kreativen Akt einbrachten, der sich im Laufe der analytischen Behandlung im wesentlichen als ein reparativer und re-kreativer Akt erwies. Es soll hier nicht behauptet werden, daß Kreativität stets mit den im Vorstehenden erörterten Bezügen verbunden ist. Als weitere Faktoren seien genannt: die bei allen meinen Patienten beobachtete gesteigerte Bisexualität, früher Objektverlust und damit verbundene restaurative Strebungen, bleibende Auswirkungen des fast unvermeidlich gestörten Gleichgewichts der Mutter-Kind-Beziehung bei Patienten mit angeborenen (oder früherworbenen) organischen Schäden — alle diese Elemente stellen Komponenten der künstlerischen Produktivität solcher Menschen dar. Da der Körper oder Teile desselben selbst Objekte sind, müssen Mißbildungen als eine Form von *Objektverlust sui generis* angesehen werden. In der Tat waren charakteristische Trauerreaktionen, der „Erkennungsschock" („recognition shock"), von dem ich an anderer Stelle gesprochen habe (*Niederland*, 1965 a), und andere klinische Manifestationen bei allen meinen schöpferisch tätigen Patienten festzustellen. Vom Standpunkt der Ich-Psychologie aus empfiehlt es sich, im Auge zu behalten, daß das Ich als vermittelnde und Problemlösungsinstanz hauptsächlich auf dem Wege über Abwehr- und verwandte Mechanismen wirkt; hingegen ist das Ich als kreative Instanz in der Lage, mit freieren und mobileren Mechanismen zu arbeiten, die den Trieben näherstehen und das Individuum instand setzen, in die tieferen Bereiche psychischen Wirkens einzudringen und aus ihnen im wesentlichen unversehrt emporzutauchen.

Wenn wir nun das Feld der klinischen Beobachtung verlassen und uns in historische Bezirke hinauswagen, mag es gestattet sein, einige dieser Prozesse in einem größeren Rahmen zu betrachten. Folgende Fragen wären zu stellen: Da es keine Kunst ohne Künstler gibt — welche Rolle spielen das Körperbild und seine Wandlungen bei der Entwicklung primitiver künstlerischer Produktivität oder überhaupt in der Geschichte der frühen Kulturen? Klarer ausgedrückt: kommt dem Körperbild gewisser mißgestalteter Individuen, beispielsweise dem des Krüppels, des Zwerges, des Lahmen, möglicherweise eine besondere Stellung in der langen Reihe künstlerischer, kultureller und kreativ bedeutungsvoller Leistungen zu, wie sie im Laufe der Jahrtausende historisch in Erscheinung traten? Betrachtet man gewisse primitive Schöpfungen im Lichte unserer Studien, oder genauer: betrachtet man jene primitiven, in Stein gemeißelten Zeichnungen oder die von paläolithischen und neolithischen Künstlern aus Knochen oder Ton geformten Figuren und Statuetten, die so oft körperliche Mißbildungen, rachitische Deformierungen und ähnliche aus Krankheit oder Verletzung resultierende körperliche Anomalien zeigen, so kann man nicht umhin, sich zu fragen, ob nicht eine gewisse Verknüpfung zwischen jenen rohen künstlerischen Produktionen der Vorzeit und dem abnormen Körperbild der namenlosen primitiven Künstler bestand, die sie schufen. Niemals ist eine angemessene Erklärung für diese Massen in Stein gehauener Buckliger, mißgestalteter Zwerge (oder Kinder?), Krüppel mit verkrümmtem Rückgrat und grotesk mißgebildeter Körper gefunden worden, die Prähistoriker zumeist als Kultgegenstände irgendwelcher Art, als Talismane zur Abwendung von Unglück oder dergleichen bezeichnen. Selbst wenn dies der Zweck der rätselhaften Statuetten war — wie steht es mit den vorgeschichtlichen Meistern und Gestaltern, die sie formten? Ist es nicht einleuchtend anzunehmen, daß im Verlauf der Frühgeschichte des Menschen es eben die körperlich weniger aktiven, etwa die Verletzten, die Lahmen oder sonstwie kranken Mitglieder der Gruppe waren, die in der Höhle zurückgelassen werden mußten, während die physisch tauglichen Männer auf die Jagd gingen und die wohl allzeit schwangeren und allzeit nährenden Frauen der Höhlenbewohner mit der Pflege des Nachwuchses beschäftigt waren? Wäre es also so, daß aus der Schar jener Verletzten, Mißgestalteten oder Kranken, die zurückgelassen wurden, die ersten Bildhauer und Künstler der Gruppe hervorgingen, d.h. jene, die rohe Gestalten entsprechend dem subjektiven Erleben ihres eigenen Körpers zu schnitzen und zu meißeln begannen: primitive künstlerische Versuche, die ursprünglich reparativer Art waren, und die durch unbewußte Identifikationsprozesse zusätzlichen Auftrieb erhielten?

Wie *Muensterberger* und andere gezeigt haben, bestehen gute Gründe für die Annahme, daß der Neid des Mannes und die daraus gegebene Rivalität mit der Frau wegen ihrer Fähigkeit, Leben hervorzubringen, zum Teil oder auch gänzlich für seine größeren Fähigkeiten auf dem Gebiet künstlerischer und wissenschaftlicher Schöpfung verantwortlich sind. Wenn das Leben im weiblichen Körper seinen Anfang nimmt, ist es dann nicht einleuchtend, wie Anfänge der Kunst mit der magischen und aggressiven Identifizierung primitiver Männer mit dem allzeit schwangeren, allzeit gebärenden Weib in Beziehung zu setzen — *Männer, die wegen ihrer körperlichen Untauglichkeit oder ihrer Abneigung gegen die Jagd gezwungen waren, zurückzubleiben, und zwar in unmittelbarer, gedrängter und ständiger Nähe der nährenden oder schwangeren Mütter in der Höhle?* Wie bereits erwähnt, ist eins der bleibenden Merkmale einer körperlichen Mißbildung eben die erhöhte bisexuelle Neigung, d.h. die Tendenz zur Identifikation mit dem Weiblichen. Infolge unseres spärlichen Wissens in bezug auf die „klinischen" Aspekte frühzeitlicher künstlerischer Schöpfungen, die mit auffallender Häufigkeit verkrüppelte, mißgestaltete oder schwangere Individuen zeigen, befinden wir uns in unerschlossenem Territorium. Nichtsdestoweniger könnten die wenigen verfügbaren Marksteine, einschließlich der in dieser Arbeit aufgezeigten, einen neuen Anreiz zu weiteren Forschungen auf dem Gebiet der Geschichte, der Vorgeschichte und der Archäologie bieten. Führt der verborgene Weg, den der kreative Prozeß durch Jahrtausende gegangen ist, von ursprünglich narzißtischer Verletzung mit ihren psychologischen Rückwirkungen und den daraus resultierenden Wandlungen der Körperbesetzung zu unablässigen restitutiven Anstrengungen und ihrer Kulmination in der künstlerischen Tat? Die bemerkenswerte Lebendigkeit, die dem Realismus der Körperformen jener vorzeitlichen künstlerischen Objekte innewohnt, scheint mit einer erhöhten Empfänglichkeit für den Einfluß gewisser psycho-physischer Zustände verwandt zu sein (oder ihr zu entstammen?), jener überbesetzten Aufmerksamkeit nicht unähnlich, der man bei Künstler-Patienten begegnet, die unter körperlichen Mißbildungen leiden. Wenn zeitgenössische Historiker und Prähistoriker die Schöpfungen jener primitiven Künstler vorwiegend als religiöse Kultgegenstände betrachten und in ihnen einen Versuch erblicken, bestimmte körperliche Zustände (durch Gestaltung und getreue Neu-Erschaffung — re-creation — der gleichen Zustände) zu beeinflussen, dann kommen ihre Ansichten unseren eigenen bezüglich der Bedeutung magischer restaurativer Prozesse *in concretu et arte* recht nahe.

Insbesondere Archäologen scheinen durch das erstaunliche Können der primitiven Künstler oder Handwerker beeindruckt. Bei den Cro-Magnon-Menschen der mesolithischen Kultur und den Höhlenbewohnern der Aurignac-Periode arbeiteten diese Künstler in fast unzugänglichen Winkeln der Höhle, als ob sie des Schutzes vor Gefährdung durch potentielle Eindringliche (Menschen oder Tiere) bedurft hätten, denen gegenüber sie wegen ihrer körperlichen Schwäche hilflos gewesen wären. Obwohl einige der Höhlenzeichnungen Tiere in Bewegung zeigen, kann die große Mehrzahl der Tierbilder, entsprechend ihren hervorstechenden „klinischen" Merkmalen, in zwei Gruppen eingeteilt werden: trächtige weibliche Tiere oder solche, die — wie sich aus ihren Stellungen ergibt — tote oder gefallene Tiere darstellen, die in das schützende Obdach gebracht wurden. Ferner gibt es eine beachtliche Anzahl schwangerer Frauen. Viele der weiblichen Figuren stellen verschiedene Aspekte der Schwangerschaft dar, wobei die Geschlechtsmerkmale stark überbetont, d.h. *überbesetzt* sind (vgl. Bild)! Hier kommt noch ein weiterer Aspekt hinzu: die Hände körperlich untauglicher, für die Jagd ungeeigneter Männer wurden vom Gebrauch der

Waffen befreit und konnten als Instrumente im Dienste anderweitiger Funktionen benutzt werden. Mit anderen Worten, *die Befreiung der Hand machte ihren Gebrauch für verfeinerte menschliche Handlungen möglich.* Die visuelle Funktion, ebenfalls von ihrer fixierten Bindung an Jagd, Mord, Beute und Angriff befreit, konnte gleichermaßen restaurativen und potentiell kreativen Bemühungen dienstbar gemacht werden.

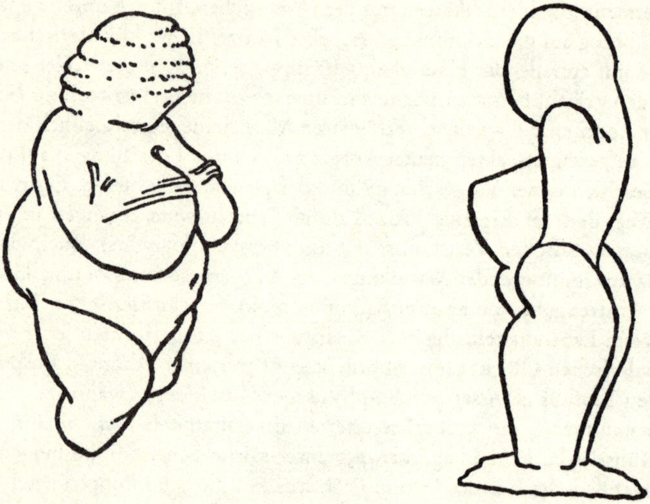

Aus: *R. Linton* „The Tree of Culture". New York (Knopf) 1956, S. 142. Die Kunst der Steinzeit liefert den Beweis für die Bedeutung der Besetzung: Geschlechts- und mütterliche Merkmale werden betont, d.h. überbesetzt, während die Gesichter der Figürchen unausgefüllt (unterbesetzt) sind. (Aurignac-Periode)

Analytisch gesprochen wäre die künstlerische Produktivität also *une méthode de retrouvaille de l'objet perdu*, wobei das Objekt Teil des Körpers des Subjekts selbst oder ein Objekt der äußeren Welt ist. In einem bemerkenswerten Passus, den ich in einem Brief *Schliemanns* fand (*Niederland*, 1965 b), schreibt der „Vater" der modernen Archäologie, damit beschäftigt, aus einer Anzahl von Kandidatinnen eine geeignete griechische Gattin auszuwählen: „In Griechenland ... sind die Mädchen so schön wie die Pyramiden." Hier wird die Gleichsetzung lebendiger weiblicher Schönheit mit der majestätischen Schönheit der im Grabe ruhenden Vergangenheit, die für *Schliemann* eine besondere Bedeutung hatte, mit frappanter Eindeutigkeit ausgesprochen. *Schliemanns* Mutter, Sophie, war kurz nach ihrer letzten Schwangerschaft gestorben, als er neun Jahre alt war. Seine ihm am nächsten stehende Kusine, die ebenfalls Sophie hieß und einen frühen Muttersatz für ihn darstellte, starb wenige Wochen, bevor er seine erstaunliche archäologische Laufbahn einschlug, die ihn zum Entdecker des antiken Troja und zum ersten Vorkämpfer der Erforschung einer bis dahin unbekannten Kultur — der Welt der seit langem ausgestorbenen mykenisch-minoischen Völker — werden ließ. Der Weg, den er bei seinen Ausgrabungen einschlug, kann den Analytiker nicht überraschen, wenn man die Art und Weise in Betracht zieht, in der er seine archäologische Arbeit leistete. Es war wesentlich für ihn, von seiner Frau, einer *mater rediviva*, begleitet und von den Epen *Homers* geführt zu werden, die ihm sein Vater während seiner Kindheit vorgelesen hatte. Der Name des griechischen Mädchens, das er heiratete, war *Sophie Engastromenos*, das heißt: Sophie, die Schwangere. Es war *Freud*, der Jahre später über *Schliemanns* außergewöhnliche Leistungen auf dem Gebiet der Archäologie an *Fliess (M. Bonaparte et al.*, 1954) schrieb: „Ich habe mir *Schliemanns Ilias* geschenkt und mich an seiner Kindheitsgeschichte erfreut. Der Mann war so glücklich, als er den Schatz des *Priamos* fand, denn Glück gibt es nur als Erfüllung eines Kindheitswunsches."

Nach *Homers* berühmter Beschreibung war der Schild des Achill, den der *lahme* Gott *Hephaistos* geschmiedet hatte, mit künstlerischen Darstellungen geschmückt, die an Schönheit, Kraft und Bewegung ohnegleichen waren. Eben die Beweglichkeit vieler dieser Szenen scheint mittels der Mechanismen des Ungeschehenmachens und der Umkehrung zum körperlichen Defekt ihres Schöpfers in Beziehung zu stehen: „Einen *Reigen* auch schlang der *hinkende Feuerbeherrscher* ... Blühende Jünglinge dort und vielgefeierte Jungfraun *tanzten den Ringeltanz* ... den *Tänzern* hingen goldene Dolche zur Seit' an silbernen Riemen. *Kreisend hüpften sie bald mit schöngemessenen Tritten leicht herum* ... Bald dann *hüpften sie wieder in Ordnungen gegeneinander* ..." *Homers* Beschreibung des künstlerischen Meisterstücks ist reich an ähnlichen Darstellungen erlesener Beweglichkeit, die von dem *„lahmen Feuerbeherrscher"* bewirkt wird, und „als er nun jedes Gerät vollbracht, nahm er und legt es gehäuft vor Achilleus' göttliche Mutter"[7] (Hervorhebungen vom Verfasser). *Homer* selbst war der Überlieferung nach blind; *Moses* litt an einer Sprachstörung; *Ödipus* hinkte, wie sein Name besagt.

Wenden wir uns nun von den prähistorischen Themen ab und den geschichtlichen Daten zu: *Ben Johnsons* und *Darwins* lebenslange Kränklichkeit, wobei die des ersteren möglicherweise auf eine frühkindliche Poliomyelitis zurückzuführen ist, *Talleyrands* und *Byrons* Lahmheit, *Keats', Chopins* und *Robert Louis Stevensons* Tuberkulose (und die Krankengeschichten vieler anderer kreativer Persönlichkeiten) sind allzu bekannt, als daß sie weitere Ausführungen bedürften.

Wenige Familien sind in der europäischen Genealogie ausführlicher behandelt worden, und zwar sowohl vom historischen als auch vom klinischen Standpunkt, als die Habsburger mit ihrem charakteristischen körperlichen Merkmal — der Habsburger Lippe. Unter ihnen gab es viele begabte Persönlichkeiten mit künstlerischen, musikalischen, mystischen und anderen kreativen Neigungen (*Karl V., Maximilian I., Philipp II., Rudolf II., Maria Theresia*) Der berühmte Feind der letzteren, *Friedrich d. Gr.*, litt an einer schweren Mißbildung des Penis. *Kristine von Schweden*, die „Minerva des Nordens" und Gönnerin von *Descartes*, hatte in ihrem ersten Lebensjahr eine leichte, aber bleibende Verletzung der linken Schulter erlitten. Ihre späteren königlichen Ge-

7. Zit. nach der Übertragung von *Johann Heinrich Voss*.

wänder mußten besonders zugeschnitten und angeordnet werden, um die ungleiche Höhe der beiden Schultern zu verbergen. Weniger bekannt ist *Heinrich Heines* Verletzung. Während er sich als Jüngling in Berlin aufhielt, wurde ihm mit dem Degen eine Verwundung in der Lendengegend zugefügt. Da diese Tatsache in den Standardbiographien selten erwähnt wird, obwohl ihre lebenslangen Nachwirkungen vom Dichter selbst in einem seiner Briefe, wenn auch nur nebenbei, berichtet werden, zitiere ich daraus: „Ich habe viertehalb Jahre in Berlin gelebt ..., wo ich von Krankheiten aller Art, unter andern von einem Degenstich in die Lenden heimgesucht worden bin, den mir ein gewisser Scheller aus Danzig beigebracht, dessen Namen ich nie vergessen werde, weil er der einzige Mensch ist, der es verstanden hat, mich aufs empfindlichste zu verwunden" (*Heine*, 1876).

Da *Heine* die Verletzung in der Inguinalgegend während seiner späten Adoleszenz zugefügt wurde, sei daran erinnert, daß die Adoleszenz dem Individuum „eine zweite Chance" gewähren kann — um *Eisslers* (1958) Worte zu gebrauchen —, indem sie „Kräfte, die in der Struktur gebunden waren", freisetzt. Die daraus resultierende Reorganisierung und Restrukturalisierung des Ichs kann zu Veränderungen von Besetzungen, neuen Identifikationen, erheblich geänderten Zielsetzungen etc. führen. Ich habe eine solche Entwicklung in meiner Studie über *Schliemann* beschrieben, der im Alter von 19 Jahren bei einem Schiffbruch beinahe umkam und unter den psychischen und physischen Folgen dieses Traumas sein Leben lang litt. Es könnte scheinen, als stünden einige der eben genannten Beobachtungen im Gegensatz zu dem, was zuvor über die Verborgenheit und das Geheimhalten der hier untersuchten körperlichen Defekte bzw. Anomalien gesagt wurde. Obwohl äußerlich nicht sichtbare Mißbildungen sich eher dazu eignen, verborgen und geheimgehalten zu werden, muß hinzugefügt werden, daß auch in Fällen äußerlich wahrnehmbarer Mängel häufig Abwehrmechanismen am Werke sind, insbesondere Verleugnung, Isolierung, Verschiebung, Umkehrung und Projektion. Mittels solcher Abwehrmechanismen kann das betreffende Individuum *bewußt* glauben, daß es einen durchaus normalen Körperbau besitze. *Greenacre* (1958) sprach von der kleinen Statur des Forschers *Stanley* als von „einer Tatsache, die man aus seiner Autobiographie kaum erfahren würde." Das gleiche gilt für *Rudolf Virchow*, den Begründer der modernen Pathologie, und für *Daniel Moritz Gottlieb Schreber*, den Schöpfer der Schreber-Gärten in Deutschland und Vorkämpfer der modernen Gymnastik.

Beethoven und *Schopenhauer*, der Maler *Menzel* und der Dichter *Leopardi* waren beträchtlich unter Durchschnittsgröße. *Schopenhauer* hatte überdies einen angeborenen Hörfehler, und *Leopardi* war von Kindheit an verkrüppelt. *Alexander Pope* hatte eine Verkrümmung des Rückgrats; er wurde nicht größer als 1,35 Meter. *Voltaire* war ein so kränkliches Kind, daß während seines ersten Lebensjahres niemand glaubte, er könne am Leben bleiben. Mit 21 Jahren beschrieb er sich selbst als „dünn, lang, fleischlos, ohne Hinterbacken". *Victor Hugo* war nach Aussage seiner Biographen ein zarter und kranker Knabe „mit einem riesigen Kopf, der für seinen Körper zu groß war; — er sah wie ein mißgestalteter Zwerg aus". Die Beschreibung erinnert an die Rachitis, unter der einer meiner kreativen Patienten während seiner Kindheit gelitten hatte. *Ernest Jones*, *rara avis* unter den Psychoanalytikern, der einen autobiographischen Bericht über seine Entwicklung gab, sagt in seinen posthum veröffentlichten *Free Associations* folgendes über sich aus: „Ich war mickerig und kränklich (in meinen frühen Tagen) ... mit ausgeprägter Rachitis und einer nicht sehr glücklichen Konstitution ... Ich wußte, daß ich gern Arzt werden wollte, solange ich zurückdenken kann."

Zwei der größten Soldaten der Weltgeschichte, *Prinz Eugen von Savoyen* und *Napoleon*, waren von kleiner Statur. Die schwedische Nobelpreisträgerin *Selma Lagerlöf* war durch eine Poliomyelitis in der Kindheit zum Krüppel geworden. *Michelangelo* war ein zartes und kränkliches Kind; mit 18 Jahren erlitt er bei einem Faustkampf mit einem Mitschüler einen Nasenbeinbruch, und sein Gesicht blieb für immer entstellt. *Hemingways* bemerkenswerte Geschichte multipler Verletzungen begann in seiner Schulzeit und umfaßt eine gebrochene Nase, ein ernstlich verletztes Auge und ein teilweise behindertes Bein. *Somerset Maugham* haßte seine kleine Gestalt so sehr, daß er sich ständig aufreckte und die Schulter straffte, um größer zu erscheinen. Die Tatsache, daß der Held von *Maughams* größtem Roman „Der Menschen Hörigkeit" einen Klumpfuß hat, ist für Inhalt und Handlung von stärkster Bedeutung.

Bei *Lincolns* hagerer und übergroßer Erscheinung scheint es sich um eine Manifestation des Marfan-Syndroms, einer seltenen Stoffwechselstörung, gehandelt zu haben, die durch Mißbildungen des Knochenbaus, übermäßiges Wachstum der Gliedmaßen, eingesunkenen Brustkorb und andere Unregelmäßigkeiten der Knochenstruktur gekennzeichnet ist. Die Unfälle, die *Talleyrand* in seiner frühen und *Toulouse-Lautrec* in seiner späten Kindheit zu Krüppeln machten, übten ihren schicksalhaften Einfluß auf Leben und schöpferische Fähigkeiten der Betroffenen aus. *Jean-Jacques Rousseau* litt anscheinend an einer angeborenen Mißbildung der Blase, die Harnverhaltung, Enuresis und eine bedenkliche klinische Symptomatologie während seines ganzen Lebens zur Folge hatte. *Georg Christoph Lichtenberg* und *Moses Mendelssohn*, Philosophen des 18. Jahrhunderts, waren bucklig. *Mozart* litt unter mancherlei Beschwerden. Von seinen sieben Geschwistern überlebten nur zwei, und seine Schwester schildert ihn als klein, dünn, mit blassem Gesicht, Ohren ohne Läppchen und einem Körper in ständiger und rastloser Bewegung. Sein Tod, durch viele Legenden verdunkelt, ist verschiedenen Ursachen zugeschrieben worden, die von der Tuberkulose bis zur Vergiftung reichen. *Kierkegaard* war verkrüppelt, und es besteht Grund zu der Annahme, daß auch *Kant* mißgestaltet war. *Johann Kepler*, ein frühgeborenes Kind, war von sehr zarter Gesundheit; im Alter von vier Jahren bekam er die Pocken und wurde fast blind, wodurch seine Sehkraft für immer beeinträchtigt blieb. Es ist ferner interessant festzuhalten, daß der berühmteste Philosoph der Geschichte, *Sokrates*, nach überlieferter Meinung mit einer Knollennase, untersetzter Statur und anderen entstellenden Merkmalen behaftet war. In *James A. Micheners* Meisterwerk „The Source" ist der Verfasser des ersten Psalms ein Flüchtling, der unter Mordanklage seht, ein Mann ohne Heim, mit einer häßlichen Narbe am Hals, der von seiner „Zeit der Qual, dem Wimmern des Lammes in der Nacht und dem schmerzgeplagten Ochsen" singt.

Die bisher akzeptierte analytische Erklärung, daß eine körperliche Behinderung oder Mißbildung gewöhnlich in vorbestehende konflikthafte Angst hineingearbeitet (oder „integriert") wird, ist nicht völlig überzeugend. Durch die Ergebnisse der vorliegenden Arbeit wird sie jedenfalls nicht bestätigt. Ich habe den Eindruck, daß unter bestimmten Bedingungen diese Faktoren von großer Bedeutung sind, und zwar hauptsächlich wegen der bleibenden Beeinflussung des subjektiven Körperbildes als unvermeidlicher Folge früher physischer Schädigung. Reparative und restaurative Aspekte fehlen in solchen Fällen nie. Wenn es wahr ist, daß der Künstler schafft, was er sieht und fühlt (*Zola* definierte Kunst einmal als „la nature vue par un tempérament"), dann muß das Erleben des eigenen Körper-Ichs zu einer der Quellen der Kommunikation des Künstlers mit anderen werden.

Von besonderem künstlerischem wie biographischem Interesse ist der „Fall" — sit venia verbo — des großen französischen Malers *Jacques Louis David*, einem der Gründer der neoklassizistischen Schule, Zeitgenosse von *Ludwig XVI.*, *Robespierre* und *Napoleon*, welch letzterer ihn zu einer Art „Kunstdiktator" in Frankreich erhob. Von den meisten Biographen und Kritikern wird *David* als eine der am wenigsten sympathischen Persönlichkeiten in der Geschichte der bildenden Kunst betrachtet, und in der Tat ist die Mehrzahl seiner glattflächigen, frostigen Gemälde mit ihren starren Figuren und ihrer gradlinigen Ausgestaltung („Der Schwur der Horazier", „Napoleon am St. Bernhard-Paß" usw.) kaum dazu angetan, wärmere Gefühle beim Beschauer zu erwecken. Dennoch war ich durch seine Darstellung von „Marats Tod" so beeindruckt, daß ich auch diesen Bezügen bei meinen psychobiographischen Forschungen weiter nachging und nunmehr glaube, der Frage der übertrieben symmetrischen, flächenhaften, *glatten* Gestaltung in den Bildern *Davids* nähergekommen zu sein: Der Künstler litt zeitlebens an einer tumorähnlichen Verunzierung der rechten Wange, die die natürliche Gesichtssymmetrie (und wahrscheinlich auch die Funktion der Fazialismuskulatur) erheblich störte. Es gibt ein Selbstbildnis *Davids* aus dem Jahre 1794, das diese Deformierung schattenhaft andeutet und zeigt, wie sehr er auf das Verborgenhalten des wohl als erheblichen Makel empfundenen Defekts bedacht war. Auch hier sei erneut betont, daß es m.E. nicht auf die Art oder Ausdehnung des Defekts per se ankommt, sondern auf das *Selbsterleben* des Künstlers und dessen (unbewußtes) Streben, das psychophysische Geschehen reparativ-bildnerisch transformiert in seinem Schaffen zu externalisieren. Die eigenartige Beseitigung jeder Unebenheit in den *Davidschen* Gemälden, die ausgesprochen flächenhafte Gestaltung und Ausglättung, ja „Verglasung" der vielen Figuren in seinen Kunstwerken, die man ihm von kunstkritischer Seite so oft entgegengehalten hat, bleiben ohne Bezug auf diese psychodynamischen, zutiefst im subjektiven Körpererlebnis wurzelnden Zusammenhänge unverständlich. Der Maler *Henri Rousseau* litt übrigens ebenfalls an einer Verformung im Kopfbereich, die er stets vor der Umwelt geheimzuhalten versuchte.

Obwohl über *Cervantes* Entwicklungsjahre wenig bekannt ist, steht doch fest, daß er als junger Soldat — lange bevor er seinen Don Quijote zu schreiben begann — während der Schlacht von Lepanto im Jahre 1571 schwer verwundet wurde. Er erhielt drei Schußverletzungen, zwei davon in die Brust, während durch die dritte seine linke Hand für immer verkrüppelt wurde — *„zum Ruhme der rechten"*, wie er später sagte. Diese treffende Feststellung enthüllt die scheinbar intuitive Einsicht des Genies in seine restaurativen Fähigkeiten in nuce. Hier wird die Reorganisierung von Körperbesetzung, die unter dem Einfluß traumatischer Ereignisse während der Adoleszenz (und wahrscheintlich auch später) erfolgen kann, ausdrücklich benannt. Es wurde bereits gezeigt, daß ein ähnlicher Verlauf bei *Heine* und anderen zu verzeichnen war. Die Tatsache, daß während *Cervantes'* späterer Jahre in der Gefangenschaft der örtliche Machthaber in Algier ihn „den lahmen Spanier" nannte, scheint auf das Vorhandensein weiterer körperlicher Schäden hinzudeuten, durch die auch andere Körperteile in Mitleidenschaft gezogen waren. In diesem Zusammenhang mag von Interesse sein, daß *Freud* in seinem Aufsatz über Narzißmus (1914) *Heine* zitiert: „Krankheit war wohl der letzte Grund/ Des ganzen Schöpferdrangs gewesen:/ Erschaffend konnte ich genesen./ Erschaffend wurde ich gesund."

In *Heines* Gedicht werden diese Worte der schaffenden Gottheit in den Mund gelegt. *Cervantes* erwähnt die Veränderung des Körpergefühls und seine andersartige Verteilung im Körper selbst und teilt uns diese Veränderung fast triumphierend mit, als ob er um sie als Quelle seiner schöpferischen Begabung wüßte.

Wenn es für den oberflächlichen Beobachter den Anschein haben sollte, als bestünden zwischen einigen der vorstehenden Ausführungen und *Adlers* Ansichten über „männlichen Protest" und „Minderwertigkeitskomplex" gewisse Beziehungen, kann ich nur sagen, daß diese deskriptiven Formulierungen kaum mit den in meinem Aufsatz dargelegten Modalitäten des unbewußt restaurativen Geschehens in Einklang stehen. *Alfred Adlers* Gesichtspunkte werden weder der Komplexität noch der unbewußten Qualität der hier gegebenen Prozesse gerecht. Das Problem, um das es geht, ist nicht das einer organischen Minderwertigkeit per se, sondern das der Struktur bzw. der Verformung des Körperbildes, der hierdurch beeinflußten Selbstrepräsentanz, des gestörten Besetzungs-Gleichgewichts, der irreversiblen Beeinträchtigung des Körper-Ichs und der damit verbundenen restitutiven Vorgänge und reparativen Strebungen. Diese Ansicht geht auch über *Kris'* Formulierungen hinaus (1952), der die Ich-Restitution bei gewissen Typen schizophrener Patienten hervorhob. In meiner Sicht wird das Streben nach „Ich-Restitution" zu einem wesentlichen Faktor der Kreativität bei Menschen, die frühzeitige und spezifische körperliche Schäden erlitten und dadurch eine narzißtische Dauerstörung davon getragen haben. Eine weitere Aufgabe für den Analytiker ist die Ergründung und Darstellung des *optimalen* Spielraums innerhalb der gesamten Ich-Organisation, worin dynamische, ökonomische und energetische Kräfte jenes noch zu präzisierende Stadium erreichen können, das für ihre Konvergenz auf den reparativ-kreativen Akt erforderlich zu sein scheint. Dieser optimale Spielraum scheint bei gewissen Individuen mit dem Ausmaß und der kathektischen Bedeutung ihrer narzißtischen Problematik zusammenzuhängen. Da nicht behauptet wird, daß bei sämtlichen kreativen Vorgängen dieser Weg eingeschlagen wird, bleibt abzuwarten, ob ähnliche oder andersgeartete Prozesse bei nicht-mißgebildeten Künstlern wirksam sind.

Im 20. Jahrhundert ist die Vorstellung, daß körperliche Veränderungen und künstlerische oder wissenschaftliche Kreativität miteinander in Beziehung stehen können, am nachdrücklichsten von *Thomas Mann* vertreten worden, der in vielen seiner Werke die These wiederholt, daß erhöhte Sensibilität und künstlerische Produktivität auf dem Wege über körperliche Krankheit erlangt werden können (*„Der Zauberberg"*, *„Dr. Faustus"* etc.). In seinem frühen Werk *„Königliche Hoheit"* läßt *Thomas Mann* einen Protagonisten, einen Dichter, unumwunden sagen: „Meine Gesundheit ist zart — ich darf nicht sagen ‚leider', denn ich bin überzeugt, *daß mein Ta-*

lent mit meiner Körperschwäche unzertrennlich zusammenhängt" (Hervorhebung vom Verfasser).

Damit rundet sich der Bogen; fast haben wir einen vollen Kreis beschrieben und kehren zu den klinischen Aspekten unseres Problems zurück. Da notwendigerweise alle unsere Beispiele aus biographischen, autobiographischen, geschichtlichen und literarischen Quellen fragmentarisch bleiben müssen und keine wirkliche Beweiskraft besitzen, scheint ihre Zusammenstellung mehr illustrativen als klärenden Wert zu haben. Wird sich die klinische Forschung für die Psychoanalyse, vielleicht in Verbindung mit Entwicklungsstudien im Längsschnitt und psychobiographischen Untersuchungen, letztlich für dies komplizierte Gebiet als fruchtbarer erweisen? Diese Frage kann jetzt noch nicht beantwortet werden. Trotzdem fällt es schwer, den Schluß zu vermeiden, daß die psychologische Bedeutung des Körperbildes oder, genauer gesagt, seiner Wandlungen und Veränderungen unter dem Einfluß gewisser, lebenslang anhaltender körperlicher Gegebenheiten einen wichtigen Faktor bei der Bildung, Bewahrung und Richtung restaurativ-kreativer Strebungen darstellt. Was *Freud* uns fast von Anbeginn der Psychoanalyse als Wissenschaft über die Bedeutung der erogenen Zonen für die psychosexuelle Entwicklung gelehrt hat, könnte fruchtbringend angewendet und auf die organischen Erlebniszonen in ihrer Beziehung zu Wachstumsprozessen im allgemeinen und auf die Erforschung der Kreativität im besonderen ausgedehnt werden.

Der Baum, in dessen Zweigen Pallas Athenes Eule haust, hat verschlungene, tiefverborgene Wurzeln.

(Übersetzung: Hilde Weller, Frankfurt/M.)

Literatur

Almansi, R.J. (1964): Ego-psychological implications of a religious symbol. The Psychoanalytic Study of Socienty Bd. 3.

Beres, D. (1957): Communication in psychoanalysis and in the creative process. J. Am. Psa. Assn., 5, 408-423.

— (1960): The psychoanalytic psychology of imagination. J. Am. Psa. Assn., 8, 252-269.

Bonaparte, M. (1949): The life and works of Edgar Allan Poe. Imago, London.

Eissler, K.R. (1958): Notes on problems of technique in the psychoanalysis of adolescents. Psychoanal. Study Child, Bd. 13, 223-254.

— (1963): Goethe. A psychoanalytic study. Detroit (Wayne State Univ. Press). 2 Bde.

Freud, S.: (1914): Zur Einführung des Narzißmus. Ges. Werke Bd. 10. Frankfurt (S. Fischer).

— (1923): Das Ich und das Es. Ges. Werke Bd. 13.

— (1915): Einige Charaktertypen aus der psychoanalytischen Arbeit. Ges. Werke Bd. 10.

— (1950): Aus den Anfängen der Psychoanalyse. Briefe an R. Fließ, Abhandlungen und Notizen 1887-1902. Frankfurt (S. Fischer).

Greenacre, P. (1957): The childhood of the artist. Psychoanal. Study Child, Bd. 12.

— (1958): The family romance of the artist. Psychoanal. Study Child, Bd. 13.

— (1964): A study of the nature of inspiration. J. Am. Psa. Assn., 12, 6-31.

Hartmann, H. (1950): Comments on the psychoanalytic theory of the ego. Study Child, 5, 74-96. — Bemerkungen zur psychoanalytischen Theorie des Ichs. Psyche, XVIII (1964/65), 330-353.
— (1951): Technical implications of ego psychology. Psychoanalytic Quarterly, 20, 31-43. — Die Bedeutung der Ich-Psychologie für die Technik der Psychoanalyse. Psyche, XXII (1968), 161-214.

Heine, H.: Vermischte Schriften, Bd. 13, S. 7. Hamburg (Hoffmann und Campe).

Jackel, M. (1966): Interruptions in analysis and the wish for a child. J. Am. Psa. Assn., 14, 4.

Jacobson, E. (1959): The exceptions — an elaboration of Freud's character study. Psa. Study Child, 14, 135-154.

Hoffer, W. (1949): Mouth, hand and ego integration. Psa . Study Child, 3/4, 49-56. — Mund, Hand und Ich-Integration. Psyche, XVIII (1964/65), 81-88.
— (1950): Development of the body ego. Psa. Study Child, 5, 18-23.

Kohut, H. (1966): Forms and transformations of narcissism. J. Am. Psa. Assn., 14, 243-272. — Formen und Umformungen des Narzißmus. Psyche, XX (1966), 561-587.

Kris, E. (1950): On preconscious mental processes. Psa. Quarterly, 19, 540-560.
— (1952): Explorations in art. New York (Int. Univ. Press).

Linn, L. (1955): Some developmental aspects of the body image. Internat. J. Psa., 36, 36-42.

Munsterberger, W. (1961): The creative process. Psychoanalytic Study of Society, Vol. II. New York, 1962.

Niederland, W.G. (1956): River symbolism. Psa. Quarterly, 25, 469-504.
— (1964): Some ontogenetic determinants in symbol formation. Psa. Study of Society, Vol. III.
— (1965): Narcissistic ego impairment in early physical malformation. Psa. Study Child, 20, 218-234.
— (1965): An Analytic Inquiry into the Life and Work of Heinrich Schliemann. In: Drives, affect, behavior, Vol. II. New York (Int. Univ. Press.) — Analytische Studie über das Leben und Werk Heinrich Schliemanns. Psyche, XVIII (1964/65), 563-590.

Onians, R.B. (1951) The origins of European thought Cambridge (Univ. Press).

Polock, G.H., et al. (1966): The process of hypothesis change in three early psychoanalytic concepts. Vorlesung auf der Jahrestagung der Amerikanischen Psychoanalyt. Vereinigung, Atlantic City.

Rose, G.J. (1963): Body ego and creative imagination. J. Am. Psa. Assn., 11, 775-789.

Sharpe, E.F. (1950): Collected papers on psychoanalysis. London (Hogarth Press).

Slochower, H. (1965): Symbolism and the creative process of art. Amer. Imago, 1-2.

Sterba, E. und *R.* (1954): Beethoven and his nephew. New York (Pantheon).

Waelder, R. (1965): Psychoanalytic avenues to art. New York (Intern. Univ. Press).

Hillel Klein und Ilany Kogan

Identifikationsprozesse und Verleugnung im Schatten des Nazismus*

I. Im Konzentrationslager

> „Es brennt, briderlech, brennt, unsere orme stetl nebech brennt und ihr steht asoy sich mit verlegte hend ..." –
> „Unsere Stadt brennt, Brüder, sie brennt, unsre arme kleine Stadt brennt. Und ihr steht da und schaut zu mit verschränkten Armen ..." (*Gebirtig*, 1937).

Die vorliegende Studie stellt einen Versuch dar, Identifikationsprozesse und Verleugnung während und nach dem Holocaust zu analysieren.

Identifikationsprozesse und Verleugnung spielten in dem komplexen Netz von Abwehrmechanismen gegen die grausame Wirklichkeit des Holocaust eine besonders wichtige Rolle. Wir werden Identifikationsprozesse und deren Funktion unter zwei Gesichtspunkten betrachten:

1. Identifikationsprozesse, die zur Trauer führten und dadurch den Prozeß der Reindividuation im Angesicht der Gefahr unterstützten.
2. Identifikationsprozesse, die mit der Unfähigkeit zu trauern einhergingen und zur Erfüllung von Todeswünschen führten.

Lassen Sie uns auf den ersten Gesichtspunkt näher eingehen: Der Prozeß der Identifikation mit (idealisierten) verlorenen Objekten in der Phantasie, bei dem Erinnerungsspuren aus der Kindheit, Bilder aus der Bibel, Worte aus Gedichten und Gebeten benutzt wurden, war ein Abwehrmechanismus im Dienste des psychischen Überlebens. Der Rückzug in die Welt der Phantasie, in der die Möglichkeit bestand, mit dem Ich-Ideal in Berührung zu bleiben, war ein Mittel, aus der zeitlosen, öden Wüste des Ghettos und des Konzentrationslagers in eine idealisierte Welt jenseits des Stacheldrahts zu fliehen. Oft wurde die Identifikation mit dem Kosmos, mit den Sternen und mit der Natur zum Fluchtweg aus dem psychologischen und physischen Stacheldraht des „anderen Planeten".

Die Identifikation mit verlorenen (idealisierten) Objekten im Handlungsvollzug fand ihren Ausdruck in der Fürsorge für andere Lagerinsassen und im Teilen mit ih-

* Vortrag auf dem 34. Int. psychoanalytischen Kongreß in Hamburg 1985. – Erstveröffentlichung: Klein, H. & Kogan, I. (1968): Identification processes and denial in the shadow of Nazism. In: Int. Psychoanal., 67: 45-52. © by T.T.S. Hayley, Ph.D., IJPA/IRPA, London.

nen. Manchmal waren handlungsbezogene Identifikationsprozesse ein Ausdruck des Triumphes über Todeswünsche.

Die Prozesse der Identifikation mit „guten" Elternrepräsentanzen in der Phantasie wie auch im Handeln unterschieden sich von dem gemeinhin bekannten Abwehrmechanismus der „Identifikation mit dem Aggressor", wie er von *A. Freud* (*Freud*, 1946) beschrieben wurde. Als Ausdruck starker libidinöser Bindungen einer Person an eine andere ermöglichten sie physisches und psychisches Überleben unter unerträglichen Lebensumständen. Deshalb sind wir nicht einverstanden, wenn der Begriff der „Identifikation mit dem Aggressor" als Merkmal des Überlebenden in seinem Kampf gegen narzißtische Kränkungen überstrapaziert wird. Aufgrund unserer Erfahrungen mit Analysen von Überlebenden und ihren Familien betrachten wir den Identifikationsprozeß mit „guten" Objektpräsentanten als die wichtigste Verteidigungsstrategie im Kampf um psychisches Überleben.

In der Identifikation mit Gruppenmythen finden wir jedoch Elemente der „Identifikation mit dem Aggressor" sowohl in der Phantasie als auch im Handlungsvollzug.

Beispielsweise findet sich dieser Mechanismus in dem heroischen, hoffnungslosen Kampf der Kämpfer des Warschauer Jüdischen Ghettos. Diese Juden identifizierten sich in ihrem aggressiven Vorgehen mit Heroen der Vergangenheit und verleugneten die Wichtigkeit des individuellen physischen Überlebens im Dienste der Realisierung eines Ich-Ideals und der Verschmelzung mit etwas Ewigem.

Identifikationsprozesse fanden ihren verbalen Ausdruck in der Sehnsucht nach Verschmelzung des Individuums und der Gruppe mit einem gütigen, liebenden und beschützenden Gott. Andererseits drückte sich die „Identifikation mit dem Aggressor" in der Phantasie im Wunsch nach Rache aus. Ein Beispiel dafür ist das Gedicht von *M. Gebirtig*: „Es wird kummen a Tog von Nekumme" — „Der Tag der Rache wird kommen." (*Gebirtig*, 1937). Mit diesem Lied verleugnet der Dichter seine eigene Angst und Furcht vor der Vernichtung, indem er für die Zukunft eine allumfassende Rache am Folterer ersehnt. Dadurch, daß sie in der Phantasie die Rache durchlebten, verleugneten viele nicht nur ihre eigene Hoffnungslosigkeit, sondern auch gleichzeitig die Allmacht des Aggressors.

In Bezug auf den zweiten Gesichtspunkt wurden Identifikationsprozesse, die mit der Unfähigkeit zu trauern einhergingen — so z.B. die Identifikation mit den Toten — ausgedrückt im sogenannten ‚Muselman-Stadium', einem Zustand zwischen Leben und Tod, oder im Selbstmord. Die Identifkation mit den Toten nahm während der Periode der Wiederanpassung und Wiedereingliederung in das Alltagsleben die Form pathologischer Trauer an und wurde zu einem der Hauptprobleme in der Therapie von Überlebenden.

Hier können wir die enge Verbindung zwischen Identifikationsprozessen und Verleugnung beobachten. Die weitgehend verbalisierten und entkörperlichten Gefühle von Angst, Depression, Trauer und Scham zeigten sich in der Therapie, wenn der Überlebende — als Patient — die pathologische Verleugnung überwand und Ich-Quellen entdeckte, die ihn Schmerz und schmerzliche Affekte in Verbindung mit der Selbstrepräsentation ertragen ließen. Dies ermöglichte, daß die Selbstrepräsentanz auch Verhaltensmodi der Identifikation mit „guten" Objektrepräsentanzen einschließen und der Patient es vermeiden konnte, von den schmerzlichen Affekten des Verlustes überwältigt zu werden.

Wenn andererseits gewaltsame, zerstörerische Impulse gegenüber den idealisierten, aber enttäuschenden toten Liebesobjekten völlig verleugnet wurden, was zur rigiden Abschirmung der Objekt-Repräsentanz von der Selbst-Repräsentanz führte, kam es zu Störungen im Umgang mit Aggression und mit dem Gefühl der Schuld gegenüber den Liebesobjekten, besonders in Situationen des Verlusts, der Trennung oder des Schuldigwerdens. Die verleugneten und verdrängten Impulse kehrten wieder und wurden als Depression erfahren (*Klein*, 1968).

Die Verleugnung einer chaotischen Realität, gestützt durch Aufrechterhalten von Prozessen der Erinnerung, der Phantasie und der Sprache, sowie durch Handlungen, war eine der Abwehrstrategien im täglichen Kampf ums Überleben.

Das Konzept der „durch die Phantasie aufrechterhaltenen Verleugnung" (*Klein*& *Kogan*, 1985) beinhaltet eine paradoxe Haltung gegenüber der Realität während des Holocaust. Die Welt der Phantasie im Schatten des Nazismus war der einzige Weg, die eigene Identifikation mit internalisierten „guten" Objekten zu verteidigen und an einen Ort zurückzukehren, wo wirkliches Leben möglich war. Diese Phantasiewelt diente als Brücke zwischen Vergangenheit und Zukunft.

Wir gehen von der Annahme aus, daß in der langen Periode der Traumatisierung durch den Holocaust die „durch die Phantasie aufrechterhaltene Verleugnung" als Verteidigung gegen traumatische Überstimulierung fungierte, als ein Versuch, zu der aggressionsgeladenen und hoffnungslosen „unwirklichen" Außenwelt Abstand zu gewinnen (*Klein*, 1973a). Die „durch die Phantasie aufrechterhaltene Verleugnung" schuf eine psychologische Situation, die sich von der tatsächlichen traumatischen Situation dadurch unterschied, daß sie eine Erfüllung des Wunsches nach Sicherheit und Lebensfreude darstellte.

„Verleugnung durch Worte" — Gedichte und Gebete, Singen von Liedern und Psalmen mit Freude und Kraft spendendem Inhalt, der zur Realität in eklatantem Widerspruch stand, war eine wiederkehrende Bewältigungsstrategie zur Überwindung von Angst und Depression. Dieser Mechanismus förderte den Prozeß der Identifikation mit Worten und Bildern, die bei den Überlebenden ein Gefühl der Hoffnung erzeugten. Die Hoffnung kann als ein ganzes Reservoir von Identifikationsprozessen im Sinne der Identifikation mit in die Zukunft projizierten, internalisierten guten Objekten und Phantasien betrachtet werden, wobei hier bedeutsame interpersonale Erfahrungen aus Vergangenheit und Gegenwart benutzt werden, während gleichzeitig andere Aspekte der Wirklichkeit, die zerstörerisch wirken könnten, verleugnet werden (*Klein*, 1973a).

Der Mechanismus der „Verleugnung im Handeln", der sich hauptsächlich in Freundschaften und Gruppenbildungen ausdrückte, half den Überlebenden, den Verlust ihrer Lieben zu verleugnen und eine neue Art von Familie aufzubauen, die den Charakter einer dauerhaft schützenden Bindung aufwies und in der den verschiedenen Mitgliedern in Phantasie und Realität verschiedene Rollen zugewiesen wurden. Die „Verleugnung im Handeln" und handlungsbezogene Identifikationsprozesse waren parallele Abläufe im Kampf um das psychische Überleben.

Zusammenfassend läßt sich also sagen, daß Verleugnungs- und Identifikationsprozesse im Angesicht der Gefahr, Teil des Versuchs des psychischen Apparates sind, an den bekannten und geliebten Teilen des Selbst festzuhalten. Sowohl die Verleugnung (gestützt durch Phantasien, Worte und Taten), als auch Identifikationsprozesse (in der Phantasie und im Handeln) sind notwendig für das Ertragen von Schmerz und schmerzlichen Affekten. Beide erleichtern Trauerprozesse und die Übernahme einer nicht-destruktiven Überlebensschuld, die es dem Einzelnen erlauben, seine Selbst- und Familienrepräsentanz zurückzugewinnen und unterstützen somit den Prozeß der Reindividuation.

II. Die Phase nach dem Konzentrationslager

Eines der Hauptprobleme des Überlebenden nach der Katastrophe des Holocaust war das Vermeiden von Trauer, das im Mechanismus der Verleugnung und in verschiedenen Identifikationsprozessen zum Ausdruck kam. „Der Pakt des schamerfüllten Schweigens" zwischen den Überlebenden und der Welt entsprang dem Bedürfnis der Überlebenden nach Vergessen und dem Bedürfnis der Welt nach Verleugnung.

Elie Wiesel schrieb: „Hätten wir zu reden begonnen, hätten wir nicht mehr aufhören können. Nach der ersten Träne hätten wir die Herzen der Menschen in einer Tränenflut ertränkt. Einst so unbesiegbar im Angesicht des Todes und des Feindes, fühlten wir uns nun von aller Hoffnung verlassen ... Wir waren verrückt vor Fassungslosigkeit. Die Menschen weigerten sich, uns zuzuhören, uns zu verstehen und Anteil zu nehmen. Zwischen uns und ihnen, zwischen denen, die das Schreckliche durchlitten und denen, die davon gelesen hatten oder die sich weigerten, etwas darüber zu lesen, war eine tiefe Kluft ...". (*Wiesel*, 1977).

Wir haben gelernt, daß die Bedürfnisse der Überlebenden nach Wiedergutmachung und nach Liebe oft ignoriert wurden von Gesellschaften, die diese — selbst von Schuld überwältigt — verleugneten, ihnen auswichen und aus dem Weg gingen. Die Überlebenden ihrerseits erfuhren, daß die Gesellschaft nicht in der Lage war, auf ihre Bedürfnisse nach Liebe, Erneuerung und Wiedergutmachung einzugehen (*Klein*, 1983).

Es gab zwei Arten von Identifikationsprozessen, die mit dem Mechanismus der Verleugnung, welcher Erinnerung und Trauer nicht zuließ, verbunden waren:

1. die Identifikation mit den „kreativen Eltern" auf dem Wege der Familiengründung.
2. die Identifikation der eigenen Nachkommen mit (oft idealisierten) verlorenen Objekten.

1. Die Gründung einer neuen Familie wurde von den Überlebenden als Bekräftigung des Lebens und als Verleugnung des Verlusts ihrer Familien gesehen. Diese Ver-

leugnung war mit zwanghaften Versuchen, den ursprünglichen Zustand wiederherzustellen, verbunden. Sie war ebenfalls verbunden mit Erneuerungsprozessen, wie z.B. dem der Geburt eines Kindes selbst dann, wenn die Eltern psychisch noch nicht reif für die Elternschaft waren; die mütterliche Fürsorge wiederum war darüberhinaus mit verschiedenen Formen der Identifikation mit früher erlebten Arten mütterlicher Zuwendung gekoppelt. Dies führte zu Ambivalenz, übertriebener Fürsorge und mangelndem Vertrauen in die Ich-Stärke der eigenen Kinder.

Viele Mütter unter den Überlebenden waren besessen von ihren Ängsten und Befürchtungen, ihre Kinder wären oder könnten vielleicht verletzt oder vernichtet werden. Bei der Analyse solcher Fälle entdecken wir, daß die Kinder als symbolische Repräsentanten für das zerstörte Selbst der Eltern benutzt worden sind.

2. Zwischen den Eltern aus der Generation der Überlebenden und deren nach dem Holocaust geborenen Kindern besteht eine Bindung ganz besonderer Art. Sei es durch gemeinsame Träume und Phantasien oder durch ein verwickeltes wechselseitiges Phantasiehandeln — es enstand die Illusion, daß die Eltern und ihre nach der Zeit der Verfolgung geborenen Kinder bereits vor der Geburt der letzteren zusammengewesen seien (*Klein*, 1973b). (So beschrieb z.B. das Kind einer Überlebenden sehr lebendig und intensiv das Leben der Familie seiner Mutter; die Straße, das Haus, in dem sie lebte, gerade so, als ob es in jener zugrundegegangenen Welt selbst lebte und handelte: „Ich habe eine bessere Erinnerung an die Straße und das Haus meiner Familie, als an die Straße und das Haus, wo ich jetzt lebe"). Doch vielleicht kann gerade durch diese besondere Bindung das Kind mittels Identifikation den Platz einer Mutter, eines Bruders, einer Schwester oder eines engen Freundes ausfüllen, die umkamen und die gequälten Eltern mit ihrem Leid, ihrem Fortleben und ihrer Schuld allein ließen. „Ich lebe durch meine Kinder, und durch sie rufe ich die Lieben, die ich verloren habe, ins Leben zurück": Dies ist ein Ausdruck des Identifikationsprozesses mit der verlorenen Welt, der in der Analyse der Kinder von Überlebenden als schwere Bürde nochmals durchlebt wird. Das Kind ist ein Symbol der Absicherung und Bestätigung des Überlebens, obwohl es gleichzeitig die Spuren des nicht betrauerten Verlustes trägt.

Ein weiteres Problem bei der Wiederanpassung und -eingliederung Überlebender ins Leben nach dem Holocaust war der Wiederaufbau der Selbst-Struktur mit dem Wiedererlangen des Über-Ich. Hier lassen sich Prozesse der Identifikation und der Verleugnung in ihrem Ablauf beobachten. Überlebende, die in Israel wohnen, sind immer wieder mit den Problemen des Überlebens, der Aggression und der Erinnerung an den Holocaust konfrontiert. Besonders seit dem Eichmann-Prozeß wird es unmöglich, das Geschehene dermaßen radikal zu verleugnen, wie politische Führer dies taten. Darüberhinaus verkompliziert das Zusammenleben mit so vielen Menschen, die alle dieselben tragischen Erfahrungen gemacht haben, und die alljährliche Wiederkehr des Gedenktages jeglichen Versuch, die Vergangenheit zu verleugnen und zu verdrängen.

Andererseits kann die reale Lebensgefahr in einem Land, das von feindlich gesinnten Nachbarn umgeben ist, feindselige Gefühle der Rache gegen jetzige Feinde reaktivieren. Die Aggression kann in politische Ideologie kanalisiert werden; sie kann in ein verstärktes inneres Zusammengehörigkeitsgefühl umgeleitet oder gegen einen äußeres Feind gewendet werden (*Klein*, 1968).

III. Trauerprozesse durch Identifikation in der Analyse des Kindes einer Überlebenden

Das Vermeiden von Trauer, das eines der Hauptprobleme der Überlebenden in der Zeit nach dem Holocaust war, wurde auf dem Wege der projektiven Identifizierung an die nächste Generation weitergegeben.

Wir möchten gerne zeigen, wie die zweite Generation die verleugnete Trauer ihrer Eltern durchlebt, indem sie sich mit deren „Überlebensmythos" identifiziert.

Das Konzept des „Überlebensmythos" (*Klein*, 1981) beschreibt einen in der Lebensgeschichte voranschreitenden Prozeß, in dem eine Person, die durch Holocaust-Erfahrungen traumatisiert wurde, persönliche Mythen oder Phantasien erschafft, die sich von anderen Formen der Neurose unterscheiden. Diese Mythen beinhalten Erinnerungen an die Vergangenheit und dienen dazu, eine traumatische Trennwand im Sinne von *E. Kris* (*Kris*, 1956) aufrechtzuerhalten, hinter der sich manchmal ein ungeheures Ausmaß an Ambivalenz und Feindseligkeit verbirgt, das durch Brutalisierung, Ängste oder eine persönliche Symptomatologie freigesetzt wird. Dieser Prozeß begann während des Holocaust und beeinflußte den Überlebenden auch weiterhin in den verschiedenen Phasen seines Lebenszyklus. Er beeinflußte die Wahrnehmung seines Körperbildes, seiner Objektbeziehungen, seine politischen Anschauungen und die Art und Weise, wie er mit Problemen seines Lebens umging.

Der „Überlebensmythos" ist die Realisierung der widerstreitenden Emotionen und unbewußten Wünsche in Bezug auf Leben und Sterben.

Eine klinisches Fallbeispiel soll zeigen, wie die mit diesem Mythos verbundenen Identifikationsprozesse die Nachkommen von Überlebenden bis in die dritte Generation hinein beeinflussen.

Gabrielle, eine attraktive Frau von ungefähr 35 Jahren, suchte Hilfe in der Analyse, da es ihr unmöglich war, in ihrem Leben und in ihren persönlichen Beziehungen irgendeine Art von Erfüllung oder Glück zu finden. Sie war seit 14 Jahren verheiratet, hatte zwei Töchter (damals 12 und 8 Jahre alt) und arbeitete als Technikerin in einem medizinischen Labor. Ihre unglückliche Ehe war am Rande des Scheiterns, und die Last, ein psychisch gestörtes Kind aufziehen zu müssen, lag schwer auf ihren Schultern. Bei ihrer kleinen Tochter wurden schon im Alter von 2 1/2 Jahren emotionale Störungen diagnostiziert.

Gabrielle wurde 1946 an der Grenze von Polen und Deutschland als Kind einer Mutter aus der Generation der Überlebenden und eines behinderten Vaters geboren. Drei Jahre lang zog die Familie in Polen von einem Ort zum anderen, bis sie schließlich nach Israel emigrierte, wo sie während der ersten Jahre unter sehr schwierigen Bedingungen lebte. Die Eltern, die arm und ungebildet waren, arbeiteten beide sehr hart für den Lebensunterhalt der Familie. Sie lebten miteinander in

Zwietracht, und es gelang ihnen nie, einander die Unterstützung und Freundschaft zu geben, die sie brauchten..

Gabrielles Mutter war die einzige Überlebende einer kinderreichen Familie (Gabrielle wußte nie, wie viele Brüder und Schwestern die Mutter gehabt hatte), die dem Holocaust zum Opfer fiel. Gabrielles Mutter, die damals ungefähr 17 Jahre alt war, gelang es, ihr eigenes Leben zu retten, indem sie durch die Wälder floh. Nach Kriegsende verließ sie den Wald — hinkend, untergewichtig und von einem schweren rheumatischen Fieber befallen, das sich nach Gabrielles Geburt zu einer Herzkrankheit entwickelte.

Am Beginn ihrer Analyse spricht Gabrielle nur sehr wenig von ihrer Mutter, erwähnt nur beiläufig deren Qualen während des Holocaust und die Geschichte ihrer Flucht durch die Wälder (ihren ersten „Überlebensmythos"). Diese Geschichte enthüllt die Begegnung der Mutter mit einem deutschen Offizier, der ihr an den Fuß trat und sie damit lebenslänglich zum Krüppel machte.

Gabrielle las während ihrer Pubertät sehr viel Literatur über den Holocaust, was bei ihr sadistische Phantasien über das, was ihrer Mutter bei dieser Begegnung zugestoßen war, aktivierte. Ihr Unbewußtes übersetzte den brutalen Akt des Fußtritts in einen Akt sexuellen Mißbrauchs, und sie stellte sich vor, ihre Mutter sei bei ihrer Flucht durch die Wälder von deutschen Soldaten vergewaltigt worden.

Gabrielle bringt ihre sadistischen Masturbationsphantasien mit dem in Zusammenhang, was sie „meine Nazizeit" nennt. Sie sieht sich selbst sexuell angezogen vom Mann des arischen Typus, den sie bald „blond, blauäugig, grausam und gewalttätig" beschreibt.

Der Wunsch, von mir während der Analyse vergewaltigt zu werden, drückt sich in der Übertragung aus: „Gewalt, vor allem intellektuelle Gewalt, zieht mich an. Ich möchte, daß Sie mich in irgendeiner Weise erschüttern, so daß ich mich wirklich ändern kann. Ich weiß, daß sie das können, Sie haben ja schon schmerzvolle Dinge in meinem Kopf gebracht."

Andererseits versucht sie immer wieder, mir eine Falle zu stellen und mich zu ihrem „Opfer" zu machen, indem sie wiederholt aggressive Forderungen an mich stellt, ich solle ihre Wünsche erfüllen (bzgl. Verschiebung der Behandlungstermine, Stunden von Zahlungen, mehr feed-back meinerseits in Bezug auf ihre Person). Wenn sie fühlt, daß ich auf eine ihrer Bitten eingehe, feiert sie ihren „kleinen Sieg" über mich. Hieran können wir sehen, in welcher Weise Gabrielle sich mit dem „Mythos des Überlebens" ihrer Mutter identifiziert.

Einerseits identifiziert sie sich mit der Rolle des Opfers, das sadistisch vergewaltigt und sexuell mißbraucht wird. Andererseits identifiziert sie sich mit dem brutalen, gewalttätigen Aggressor, der ihre eigenen sadistischen Phantasien aktiviert.

In der Gegenübertragung erfahre ich die schwierigen Aspekte einer sado-masochistischen Beziehung, in der ich die ganze Zeit zwischen der Rolle des Aggressors und der des Opfers wechsle. Der Prozeß der Identifikation mit dem zweiten „Überlebensmythos", der um unbewußte Wünsche in Verbindung mit Leben und Sterben kreist, wird während des dritten und vierten Jahres der Analyse offenbar. Wir gelangen zu einem Verständnis dieser Prozesse vermittels der Gefühle, die sie ihrem eigenen psychisch gestörten Kind gegenüber empfindet. Gabrielle erzählt mir, wie besorgt sie um ihr kleines Mädchen ist, deren Gedanken sich offenbar immerzu mit dem Tod beschäftigen und die in einer Phantasiewelt lebt, in der Todesangst sich ständig mit Todeswünschen mischt.

Zu Hause und in der Schule erzählt das Kind wunderliche Geschichten über eine dreiköpfige Familie (Vater, Mutter und ein kleines Mädchen), die in ihrer Kehle wohnt. Das kleine Mädchen ist ihrer Beschreibung nach gelähmt und sitzt immer im Rollstuhl. Es wird von der Mutter spazierengefahren, indem diese den Rollstuhl stets ein Stück weit vor sich her rollen läßt; der Stuhl kommt schließlich ohne das Kind zurück, das Kind ist herausgefallen und wurde überfahren. In ihrer Geschichte wird das kleine Mädchen ins Krankenhaus gebracht, wo keiner weiß, was mit ihm geschehen wird, ob es leben oder sterben wird. Dabei neigt Gabrielles Tochter zu der Vorstellung, daß das Mädchen sterben wird.

In der Analyse äußert Gabrielle ihre Angst in Bezug auf die ganz eigentümliche Bindung zwischen sich und ihrer Tochter: „Ich fühle, daß das Mädchen fühlt, was ich fühle, und in gewisser Weise liest sie meine Gedanken."

Ich bin mit der Tatsache bewußt, daß es vielleicht eine symbiotische Beziehung zwischen Gabrielle und ihrer Tochter gibt, und daß die Mutter durch das Kind unter Umständen Dinge zum Ausdruck bringt, deren sie sich selbst nicht bewußt ist. Es ist möglich, daß das Kind, indem es sich mit den aggressiven und destruktiven Anteilen seiner Mutter identifiziert, durch sein Verhalten und seine Geschichten Selbstmordtendenzen bekundet, die nicht eigentlich seine eigenen, sondern die der Mutter sind.

Zwei Befunde im Zusammenhang der Analyse tragen dazu bei, meine Hypothese zu bestätigen:

1. Eine lange Serie von Selbstmordträumen, durch die Gabrielle ihre Todesangst, gepaart mit Todeswünschen in Bezug auf ihre Tochter, seltener in Bezug auf ihre eigene Person, zum Ausdruck bringt. In ihren Träumen wird das Kind überfahren oder es ertrinkt. Gabrielle fühlt, daß sie das Kind zur Vorsicht ermahnt, weil es ihre eigenen geheimen Wünsche nach Verschwinden erfüllt.

In diesem Fall wird das Kind als ein Selbstobjekt benützt, und der Zweck der Symbiose ist es, das hohe Maß an Selbstzerstörung zu mindern, das für Gabrielle lebensgefährlich sein könnte. So haben Identifikationsprozesse des Kindes mit der Mutter im wahren Sinne des Wortes lebenswichtige Funktion für die Mutter.

2. Ein Prozeß der Identifikation (Verschmelzung) mit mir, der sich im Zusammenhang der Übertragung zeigt: Es stellt sich bei Gabrielle Verwirrung in Bezug auf ihre eigene Identität ein, und sie weiß nicht, wer sie ist und wer ich bin. Ein Beispiel dafür wäre etwa, wenn sie glaubt, mich in der Nachbarschaft in provokativer Kleidung herumlaufen gesehen zu haben und dann plötzlich erkennt, daß es sich um ihre eigenen Kleider handelte und daß sie selbst diese Kleider vor kurzem getragen hat.

Dieser Prozeß der Identitätsverwirrung, der während der Analyse ziemlich lange andauert, deutet auf die Möglichkeit hin, daß in einem frühen Stadium ihrer eigenen Entwicklung vielleicht ein ähnlicher Prozeß zwischen ihr und ihrer Mutter ablief.

Die Träume und Geschichten über den Holocaust, die in einem späteren Stadium der Analyse in Erscheinung treten, deuten nicht auf Traumata hin, die lebensgeschichtlich gesehen zu Gabrielles eigener Vergangenheit gehören; sie gehören vielmehr zu der ihrer Mutter. Es scheint, daß sie ganz in die Gefühle ihrer Mutter hineingezogen wurde und nicht in der Lage war, zwischen sich und der Mutter zu differenzieren.

Gabrielle beschreibt Situationen in ihrer Kindheit, wo die Identifikation mit der Mutter total war, wie z.B. als man in der Schule einmal von ihr verlangte, sie solle mit anderen Kindern zusammen in einer Dramenaufführung ein Lied singen. Als sie an der Reihe war, sang sie plötzlich ein jiddisches Lied ihrer Mutter „Es brennt, briderlech, es brennt", ohne zu wissen, weshalb sie das überhaupt tat.

Dies ist ebenfalls ein Beispiel für die oben bereits erwähnte eigentümliche Bindung, die zwischen Überlebenden und ihren Kindern besteht. Es scheint, daß Gabrielle durch ihre Träume, Phantasien und durch ihr Ausagieren in der Phantasie die Illusion aufrechterhielt, sie sei vor ihrer eigenen Geburt mit der Mutter zusammengewesen. Erst während der Analyse versteht Gabrielle, welchen Einfluß die Vergangenheit der Mutter auf sie selbst hatte.

Es scheint, daß die deprimierte und kranke Mutter in ihrem Ehemann keinen Menschen fand, mit dem sie ihren Kummer teilen konnte. Daher wandte sie sich ihrer Tochter zu, der sie Spuren ihrer eigenen Erfahrungen entweder durch Erzählen oder mimetisch, auf dem Wege des ‚Ausagierens', vermittelte. Gabrielle selbst bestätigt dies, als sie ihre Gefühle gegenüber ihrer Mutter schrittweise durcharbeitet: „Woher kommen meine düsteren Gefühle? Ich weiß, daß sie von meiner Mutter kommen. Nicht von ihrer Krankheit, sondern von dem, was sie im Krieg durchgemacht hat. Sie gab ihre Depression an mich weiter — ihr trauriges Gesicht hatte ich immer vor Augen, das Gefühl des Unglücklichseins, eine stille Verzweiflung."

Durch die völlige Identifikation mit ihrer Mutter gingen deren traumatische Vergangenheit und deren Schuldgefühl, weil sie überlebt hatte, auf Gabrielle über. Während der Analyse erinnert sich Gabrielle an eine andere Geschichte in Verbindung mit dem Überleben der Mutter, ihren zweiten „Überlebensmythos": „Mutter machte Schreckliches durch, sie ließ ihre ganze Familie zurück und lief davon. Ich bewundere ihren Wunsch zu überleben sehr; ich hätte keinen Lebenswillen mehr gehabt. Meine Mutter erzählte mir, daß sie zweimal versuchte, Selbstmord zu begehen, doch als sie das Seil um ihren Hals legte, sah sie das Gesicht ihrer eigenen Mutter, die zu ihr sagte — wenn du bis jetzt am Leben geblieben bist, mußt du für alle anderen weiterleben."

Hier können wir die Polarisierung der zwei Rollen der Mutter sehen: die „Mörderin", die sich schuldig fühlt, ihre Angehörigen, die sie nicht vor der Vernichtung zu retten vermochte, „ermordert" zu haben; die „Retterin" — die Mutter, die den Befehl zum Weiterleben und Überleben gab.

Die Identifikation mit der „Mörder"-Mutter äußert sich in der Analyse in wiederkehrenden Träumen vom Holocaust, in denen das Hauptthema die Flucht durch den Wald und die Rettung des eigenen Lebens ist, während die Patientin ihre zwei Töchter oder ihre Jüngste zurückläßt und der Gefahr der Vernichtung ausliefert.

Gabrielle offenbart ihr Schuldgefühl in Bezug auf ihr eigenes Unvermögen, die Mutter vor dem Holocaust — vor der Not ihrer Krankheit und Depression — zu bewahren. Sie fühlt sich schuldig, weil sie ihre kleine Tochter nicht vor dem Schicksal einer seelischen Störung bewahren konnte. Auf einer anderen Ebene fühlt sie sich schuldig, daß sie überhaupt überlebt hat, während so viele andere zugrunde gegangen sind.

Die Identifikation mit der „Mörder"-Mutter äußert sich auch im Motiv des Wählen-müssens zwischen zwei Kindern, von denen eines wird leben dürfen und das andere wird sterben müssen (dies in Verbindung mit Geschichten, die sie über dieses Thema gelesen hat und auch mit dem Film „Sophie's Choice"). Einerseits sehen wir darin ihre widerstreitenden Wünsche, bei ihrem gesunden Kind zu bleiben und sich des Problemkindes zu entledigen. Auf einer tieferen Ebene erkennen wir den Prozeß der Identifikation mit der doppelten Botschaft des „Überlebensmythos" der Mutter, der die Notwendigkeit des Überlebens und gleichzeitig die des Sterbens beinhaltet. Wie ihre Mutter wollte auch Gabrielle ihre kleine Tochter sowohl retten, als sie auch loswerden; wie ihre Mutter wollte sie das kleine Mädchen im eigenen Inneren sowohl heilen, als auch töten.

Hier können wir sehen, wie die völlige Verleugnung gewaltsamer destruktiver Impulse gegenüber dem idealisierten, aber enttäuschenden Liebesobjekt zu der Unfähigkeit führte, sich mit dem „guten" Anteil der Objektrepräsentanz zu identifizieren, so daß es zu Störungen im Trauerprozeß, wie auch beim Umgang mit Aggression und Schuld gegenüber diesem kam, die dann als Depression erfahren wurden.

In beiden Generationen finden wir unbewußt ablaufende Identifikationsprozesse und einen Mangel an Einfühlungsvermögen auf Seiten der Mutter, der daher rührt, daß sie ihrer Tochter gegenüber keine Selbst-Objekt-Differenzierung erreicht hat (*Auerhahn* und *Prelinger*, 1983).

Eines der Ziele der Therapie war es in diesem Fall, die Unterscheidung zwischen den Erfahrungen der Mutter und den bei der Patientin vorhandenen infantilen Phantasien über Zerstörung und Verlust zu ermöglichen. Die Objektrepräsentanz der Mutter als Mörderin und Retterin wandelt sich auf diese Weise und wird so für die Tochter weniger übermächtig und weniger gefährlich.

Als Ergebnis dieser Veranderung fuhlt sich Gabrielle weniger schuldig ihrem eigenen Kind gegenüber, und ihre selbstzerstörerischen Impulse werden schwächer. Die Tochter, die selbst in Behandlung gekommen ist, lebt in einer anderen Welt, kann ihren Zorn mehr verbal ausdrücken, und die Selbstmordgedanken verschwinden langsam.

Eines der Ziele der Therapie mit Kindern von Überlebenden ist es, diese von der Bürde der Vergangenheit zu befreien, indem man zwischen ihren eigenen Erfahrungen und denen ihrer Eltern unterscheidet und ihnen so beim Prozeß der Reindividuation hilft.

(Übersetzung von Andrea Gläser, Würzburg
Carina und Heinz Weiß, Würzburg, danken die Herausgeber herzlich für die Überarbeitung der psychoanalytischen Terminologie).

Literatur

Freud, A. (1946): The Ego and the Mechanism of Defence. New York: Int. Univ. Press, 1966. Trans. C. Baines.

Gebirtig, M. (1937): Meine Lieder.

Klein, H. (1968): Problems in the psychoterapeutic treatment of Israeli survivors of the Holocaust. In: Massive Psychic Trauma, ed. H. Krystal. New York: Int. Univ. Press, pp. 233-248.

Klein, H. (1973a): Delayed affects and after-effects of severe traumatisation. Isr. J. Psychiat. Relat. Sci., 10:118-125.

Klein, H. (1973b): Children of the Holocaust: mourning and bereavment. In: Child and his Family, ed. E.J. Anthony and C. Koupernik. New York: John Wiley, pp. 393-409.

Klein, H. (1981): Yale Symposium on the Holocaust Proceedings, September 1981.

Klein, H. (1983): The meaning of the Holocaust. Isr. J. Psychiat. Relat. Sci., 20:119-128.

Klein, H./Kogan, I. (1985): Some observations on denial and avoidance in Jewish Holocaust an Post-Holocaust experience. The International Symposium on Denial, Plenum Publishing Corporation, New York, 1985.

Kris, E. (1956): The personal myth: a problem in psychoanalytic technique. J. Amer. Psychoanal. Asso., 4:653-681. Reprinted in Selected Papers of Ernst Kris. New Haven: Yale University Press, 1975, pp. 301-340.

Wiesel, E. (1977): The Holocaust: three views. ADL Bull., Nov. 1977.

Eddy de Wind

Begegnung mit dem Tod*

Gleich nach der Befreiung wurde eine Fülle von Material über die Konzentrationslager veröffentlicht. In all diesen Publikationen hatten die Autoren die Absicht, die Wahrheit über die Konzentrationslager mitzuteilen, und die meisten dieser Veröffentlichungen wurden zu Anklagen gegen die Verfolger. Als die Jahre vergingen, gewannen die Autoren — oftmals selbst ehemalige Häftlinge — mehr Abstand von den Geschehnissen, und der objektive und wissenschaftliche Charakter des publizierten Materials nahm zu. Dann kam eine Periode, in welcher das Interesse an diesem Gegenstand abgenommen zu haben schien. Viele der ehemaligen Häftlinge hatten ihren Platz im Leben wiedergefunden und wollten sich nicht länger mit der Vergangenheit beschäftigen, weder als Untersucher noch als Studienobjekt.

In den letzten Jahren kann man aber eine Wandlung konstatieren. Es zeigte sich, daß die Beschwerden vieler ehemaliger Häftlinge nicht spontan verschwanden, sondern bestehen blieben oder sogar nach einer längeren latenten Periode wiederkehrten. Die medizinisch-psychiatrische Welt wird immer wieder mit diesen Erscheinungen konfrontiert. Das Interesse wurde von neuem lebendig, und die Zahl der Publikationen nahm zu. Auf dem psychoanalytischen Kongreß in Amsterdam, im Sommer 1965, stellte *Martin Wangh* auf einem Symposion über diese Tatsachen die wichtige Frage, warum nicht mehr Psychoanalytiker sich mit der analytischen Behandlung der ehemaligen Häftlinge beschäftigt hätten, bzw. warum sie so wenig über ihre Erfahrungen publiziert hätten.

Gewiß können wir verschiedene technische Fakten aufzählen, welche die Analyse bei diesen Patienten besonders erschweren — wir werden später darauf zurückkommen. Zweifelsohne spielt aber auch eine Rolle, daß es für den Analytiker manchmal zu schwierig war, nicht nur die infantilen Traumata des Patienten verstehen zu müssen, sondern auch, und sei es auch nur in der analytischen Situation, mit ihm ins KZ zu gehen.

Wohl gibt es eine ausgedehnte allgemein-psychiatrische Literatur über die Konzentrationslager in Deutschland, insbesondere unter dem Einfluß der Wiedergutmachungsgesetze und der damit zusammenhängenden Expertisen. Das Buch *W. v.*

* Vortrag, gehalten auf dem 25. Internationalen Psychoanalytischen Kongreß in Kopenhagen 1967 und ferner in Frankfurt, Amsterdam, Tel Aviv und verschiedenen Städten in den USA. — Die Reise nach Amerika wurde zu einem Teil durch ein Stipendium der Niederländischen Organisation für wissenschaftliche Forschung (Z.W.O.) finanziert. — Veröff. in: Psyche 1968, Heft 6, S. 423-441.

Baeyers: „Psychiatrie der Verfolgten" gibt wohl den umfassendsten Überblick. *V. Baeyer* und seine Mitarbeiter klassifizieren die verschiedenen Formen von Verfolgung folgendermaßen:
1. *Diffamierung:* Das bedeutet mehr oder weniger ernsthafte Diskriminierung und Verfolgung, oft resultierend in Flucht oder Emigration des Opfers, wobei aber wenigstens äußerlich die Gesetze gewahrt blieben.
2. *Ein vogelfreies Leben:* variierend von kurzen Zeiten von Unsicherheit bis zu langdauernden Perioden von Untertauchen unter sehr schlechten physischen Bedingungen, mit oftmals völliger sozialer Isolation.
3. *Ghetto oder Haft* in Zwangsarbeitslagern, im schlimmsten Falle von langer Dauer und unter fortwährender Bedrohung des Lebens durch Mißhandlung oder erschöpfende Zwangsarbeit.
4. Verschleppung in *Konzentrationslager* und Vernichtungslager, wo die Häftlinge längere Zeit unter extremer Belastung lebten, wo fortwährend Vergasung und andere Formen von Vernichtung stattfanden, wo Krankheiten wie Fleckfieber grassierten und die Häftlinge Bedrohungen ausgesetzt waren, die im normalen Leben nie auftreten.

Dies ist natürlich eine rohe Klassifikation. Logisch betrachtet kann man sagen, daß alle Häftlinge in den Konzentrationslagern demselben Schicksal unterworfen waren: Abgesehen von der verhältnismäßig kleinen Anzahl von „Kapos", „Blockältesten" und anderen Prominenten, litten sie alle Hunger, hatten sie alle extrem schwere Arbeit zu verrichten, waren sie alle schlechter Behandlung ausgesetzt und wurden sie von Zeit zu Zeit geschlagen. Dazu kam als speziell quälender Faktor die Ungewißheit. Kein Mensch konnte voraussehen, wie das enden würde, und wann das Ende käme.

Selbstverständlich fragt sich der Psychoanalytiker, der sich mit der allgemeinpsychoanalytischen Literatur beschäftigt, welche physischen Dynamismen den beschriebenen Phänomenen zugrunde liegen. Dabei muß man sich vor Augen halten, daß die Häftlinge makro-soziologisch zwar dasselbe Schicksal hatten, daß es aber mikro-soziologisch für die Individuen ganz verschiedene Verhältnisse gab. Vergleichen wir z.B. die Lage von zwei Ärzten: Der eine arbeitet in einer Stube, in welche täglich der Sanitäter des Gesundheitsdienstes, ein SS-Mann, zur Kontrolle kommt. Der kleinste Fehler kann für diesen Arzt den Tod bedeuten. Ein anderer Arzt arbeitet zufällig in einer anderen Stube, wohin der Sanitäter nicht kommt, und wo er nur dem Blockältesten verantwortlich ist, einem politischen Häftling mit ganz humanen Auffassungen. Aber trotz dieser Unterschiede und trotz der verschiedenartigen individuellen Reaktionsweisen könne wir einige allgemeingültige Reaktionsformen bei allen Häftlingen und ehemaligen Häftlingen finden. Sie können die Basis bilden für die psychoanalytischen Hypothesen.

Während eine große Menge klinischen Materials über unser Thema publiziert wurde, sind die psychoanalytischen Implikationen verhältnismäßig selten beschrieben worden. Es sollen einige Publikationen kurz referiert werden: Der Holländer *Cohen* (1952) beschreibt seine Beobachtungen in psychoanalytischen Termini. Er spricht von Depersonalisation, Trauer-Reaktionen, Schuldgefühlen und ähnlichem.

Was aber die psycho-dynamischen Verhältnisse anbelangt, so betrachtet er nur die Funktionen des Lebens- und des Todestriebes. *Bastiaans* (1957) geht auf die Beziehung zwischen Streß und psycho-somatischer Reaktion, bzw. auf die Möglichkeit, diese Reaktionen auf die infantile Neurose zurückzuführen, ein. *Häfner* hat in seinem Anteil an dem Buch von v. Baeyer (1964) einen wichtigen Beitrag geliefert. Diese Betrachtungen sind wohl allgemein bekannt, und ich brauche nicht weiter darüber zu referieren.

Eine rein psychoanalytische Darlegung will *Bettelheim* (1960) in seinem Buch „The Informed Heart" vorlegen. Gegen dieses Buch und die darin beschriebenen Psycho-Dynamismen habe ich aber einige Bedenken. Das Buch basiert auf seinen Erfahrungen in Buchenwald und Dachau während einer verhältnismäßig kurzen Periode im Jahre 1938. Es enthält zweifellos einige scharfe Beobachtungen. Die Deutungen sind jedoch zu subjektiv. So beschreibt *Bettelheim*, wie er sich dadurch im Konzentrationslager hat anpassen können, daß er gleich anfing, seine Mithäftlinge zu studieren, und wie es ihm auf diese Weise gelungen sei, seine Identität zu bewahren. So konnte er einer Identifizierung mit dem Angreifer vorbeugen, einem Mechanismus, den er in mehr oder weniger beschuldigenden Ausdrücken seinen Mithäftlingen vorwirft. Über die Vernichtungslager spricht er nur sehr kurz. Er hat keine Erfahrung damit und referiert auch kein Material. Er behauptet, daß diejenigen, die ins Vernichtungslager kamen, eine negative Auslese aus dem europäischen Judentum darstellten. Die anderen, die Positiven, hatten schon den Weg gefunden, sich der Verfolgung zu entziehen. So sei auch zu erklären, daß diese passiven Persönlichkeiten im Lager nicht revoltierten. Als Beispiel nennt er, daß einmal eine Gruppe von 400 Männern auf einem einsamen Landweg nur von einem einzigen SS-Mann überwacht wurde und trotzdem nicht revoltierte. Ich möchte auf *Bettelheims* Behauptungen näher eingehen, denn sie illustrieren den Unterschied zwischen den Traumata bei den Häftlingen in sogenannten „normalen" Konzentrationslagern, wie Buchenwald und Dachau, und der spezifischen Situation der Häftlinge in den Vernichtungslagern wie Auschwitz.

In seinem Abschnitt „Abwehrmechanismen" beschreibt *Bettelheim* die verschiedenen Arten von Verteidigung gegen die Situation im Lager. Aber das alles stimmt ganz und gar nicht mit dem uberein, was man in der psychoanalytischen Theorie unter Abwehrmechanismen versteht. Es sind mehr bewußte Selbsterhaltungsmanöver, wie die obengenannte Studie an den Mitgefangenen. Insoweit er Abwehrmechanismen beschreibt, die unbewußt stattfinden, wie die Identifizierung mit dem Angreifer, unterscheiden diese sich nicht von den Abwehrmechanismen, die wir im normalen Leben feststellen und die in der psychoanalytischen Neurosentheorie erfaßt sind. Die Häftlinge in Buchenwald wußten sehr gut, daß sie in großer Gefahr waren. Aber sie waren nicht im Prinzip zum Tode verurteilt, wie die Gefangenen im Vernichtungslager. Der Mann in Buchenwald sah täglich, wie Mithäftlinge entlassen wurden, und jeden Tag konnte auch er das Glück haben. Er hatte noch Kontakt mit seiner Familie durch Briefe und Pakete. So konnte er die Hoffnung noch aufrechterhalten. Was die Gefahr für das Leben anbelangte, war die Lage nicht entscheidend verschieden von der Lage eines Soldaten im Laufgraben: Jeden Tag sieht er seine Kameraden sterben, aber er lebt immer weiter in der Erwartung, daß ihn die nächste Kugel ebensowenig treffen werde wie die vorige. In einer solchen Lage werden Angst, Panik und Desintegration genügend durch die sogenannten normalen Abwehrmechanismen wie Verdrängung und Verleugnung kontrolliert.

Anders war die Situation in den Vernichtungslagern. Bei der Selektion, unmittelbar nach dem Verlassen des Zuges, sah der Häftling, wie der größte Teil des Transportes abseits aufgestellt wurde: die alten Männer, die Frauen und die Kinder. Auch dann noch hatte er oft die Illusion, diese Menschen würden eine Spezialbehandlung erhalten. Wenn er aber ein paar Minuten später im Lager angekommen war, erfuhr er von den älteren Häftlingen, daß seine Familie und seine Freunde gleich in die Gaskammer geschickt wurden, daß sie vielleicht in diesem Augenblick schon nicht mehr am Leben waren. Wenn der Wind aus einer bestimmten Richtung kam, konnte er buchstäblich den Brandgeruch riechen. Bald wurde es ihm klar, unter welchen Verhältnissen er zu leben hatte. Hunger und schwerste Arbeit zusammen würden ihn bald in einen Erschöpfungszustand bringen, den er nur wenige Wochen durchhalten könnte.

Wie ist es möglich, daß unter diesen Verhältnissen trotzdem einige Menschen längere Zeit gelebt haben, möglicherweise sogar so lange, daß sie noch rechtzeitig befreit werden konnten?

Natürlich gab es viele Faktoren, die unabhängig waren von der Persönlichkeit des Häftlings: Glücksumstände, so wie ich einen bei den Ärzten beschrieben habe, Faktoren, die nicht von persönlichen Anpassungsmöglichkeiten abhängen. Es ist aber sicher, daß daneben gewisse Veränderungen in der Persönlichkeit der Häftlinge stattfinden mußten, die es ermöglichten, das Unerträgliche zu ertragen. Um sie analysieren zu können, müssen wir zuerst die Besonderheiten dieser Konfrontation mit dem Tode betrachten.

In der Publikation von *Sandler* (1967) aus der Londoner Hampstead-Klinik werden verschiedene Erweiterungen der ursprünglichen Traumalehre besprochen. Andauernde Traumata haben einen tiefen Einfluß auf die Persönlichkeit, denn ihr Einfluß ist kumulativ, und das Kind, besonders das sehr junge Kind, ist ihnen gegenüber hilflos, wenn das Trauma in Abwesenheit der Mutter stattfindet. Später entwickelt sich in der Persönlichkeit des Kindes die „basic security", eine innere Sicherheit, wodurch es sich im Leben, was auch geschieht, nie ganz hilflos fühlt. Es weiß, daß das Leben immer eine Antwort gibt, auf jede Situation, jedes Problem, dem es gegenübersteht. Die Antwort kann ehrlich und gerecht sein oder ungerecht — aber irgendwelche Antwort wird immer kommen.

Die Erfahrungen im Lager stimmten jedoch nicht mit irgendwelcher innerlicher Erwartung überein, auch nicht mit der schlimmsten. *Frijda* beschreibt dies folgenderweise: „Die Erfahrungen im Konzentrationslager waren kognitiv nicht zu verdauen, da sie in kein System paßten." Wie war es dann für einen Menschen möglich, unter solchen Verhältnissen zu leben, ohne völlig zu desintegrieren oder gegen den Stacheldraht zu laufen, was Elektrokution oder Abschießung bedeutet hätte?

Menninger klassifizierte alle psychopathologischen Phänomene als Versuch einer Anpassung auf einem andern Niveau, aber alle mit dem Zweck, die Persönlichkeit gegen Desintegration, gegen das Chaos zu schützen. Sogar das Wahnsystem eines Schizophrenen ist eine Art von Verteidigung gegen die absolute Desintegration. Ich werde versuchen, von diesem Gesichtspunkt aus zu beschreiben, was in dem mit den Verhältnissen des Vernichtungslagers konfrontierten Häftling geschah.

In der neuen psychoanalytischen Zeitschrift *Forum* beschreiben *Klaus Hoppe* (1966) und seine Gesprächspartner verschiedene Dynamismen in den Überlebenden. Er spricht in erster Linie von der Regression auf die prä-ödipale Phase infolge der schrecklichen Erfahrungen im Lager, eine Regression, welche die therapeutische Regression bei der Behandlung nach dem Kriege sehr erschwert. In zweiter Linie beschreibt er die neurotische Prädisposition, welche die Anpassung vielleicht erleichtert hat. An dritter Stelle behandelt er die schweren Schuldgefühle bei den Überlebenden, die zurückgeführt werden können auf infantile Schuldgefühle, verursacht durch Todeswünsche gegen infantile Objekte. Auch spricht er von Veränderungen im Körperschema, die unter dem Druck der fortwährenden Präokkupation mit der eigenen Gesundheit und Kraft — notwendig, um im Lager überleben zu können — eintreten. Ein weiterer Faktor ist die Vernichtung des Ichs, des Ich-Ideals, verbunden mit Neutralisation der Aggression. Diese Aggression kann gegen das Selbst gerichtet werden (resultierend in einer chronischen reaktiven Depression) oder gegen die äußere Welt, als eine Versklavung an den Haß (resultierend in einer chronischen reaktiven Aggression). Der letzte Punkt behandelt die Unterschiede, die sich aus den verschiedenen sozialen und kulturellen Hintergründen der Opfer und den Schwierigkeiten bei der Wiederanpassung nach dem Kriege durch die reaktivierten oralen Wünschen ergeben.

Es scheint mir wichtig, auf die Regression näher einzugehen. In ihrer Arbeit „Die Anpassungsfunktion der Regression“ (1967) beschreibt *E.C.M. Frijling-Schreuder*, wie das Kind normalerweise unter dem Einfluß von Streß und Ermüdung regrediert, und daß diese Regression zweckvoll sei zur Sammlung von neuen Kräften für neue Progression. So kann regressives Verhalten oftmals eine bessere Form an Anpassung bedeuten als aktive Teilnahme. Für unser Gebiet besonders wichtig ist folgender Satz aus der genannten Arbeit: „Für junge Kinder kann die aktive Teilnahme eine Identifizierung mit dem Angreifer bedeuten, und die dahinter verborgene Angst kann Anlaß zum Versagen geben.“

Mir scheint, daß dies genauso für den Häftling im Konzentrationslager gilt. Auch da kann die Regression eine Anpassung sein, die wirksamer ist als die Identifizierung mit dem Angreifer. Zweifelsohne gab die resignierte Lebenshaltung auf die Dauer eine bessere Lebenschance, als selber die Rolle eines SS-Mannes zu spielen. Eine solche Rolle würde früher oder später die Aufmerksamkeit des Bewachers erweckt, dessen Aggression aktiviert haben, was das Ende des Häftlings bedeutet hätte. Sicher gibt es aber gewisse kleine Züge, welche die Häftlinge von den SS-Männern übernahmen, bewußt oder unbewußt. Es waren dann aber mehr passive Haltungen, die imitiert wurden, und nicht die Grausamkeit oder die heroischen Ich-Ideale des Aggressors.

Nehmen wir z.B. den Arzt, der jeden Tag die Zahl der Kranken zu melden hatte. Er erzählte mir, wie er sogleich lernte, schneidig die Hacken zusammenzuschlagen, wenn der SS-Mann eintrat. Bestimmt war der SS-Mann dann immer zufrieden mit ihm, und es entstanden keine Schwierigkeiten.

So haben auch diejenigen, die sehr schnell auf militärische Kommandos reagierten oder z.B. ganz perfekt ihre Betten bauen konnten, seltener die Aufmerksamkeit auf sich gezogen, indem sie sich ganz in Übereinstimmung mit der Regel des Gehorsams benahmen, denen die SS-Männer selbst zu gehorchen hatten. — Es ist aber klar, daß in solchen Haltungen eine bedeutende Regression auf eine infantile Unterwerfung stattfindet.

In ihrer Arbeit „Einige Gedanken über Anpassung und Konformismen" schreibt *J. Lampl-de Groot* (1966), an *Heinz Hartmann* anknüpfend, über drei Typen von Anpassung: 1. Eine Veränderung im Individuum durch passives Akzeptieren der Wünsche seiner Umgebung; 2. Eine Veränderung der Umgebung durch aktive Beeinflussung; 3. Wahl einer neuen Umgebung.

Im Konzentrationslager war nur passive Anpassung möglich. Dies konnte geschehen durch Konformismus, wie zum Beispiel Befolgen der militärischen Kommandos. *Lampl-de Groot* schreibt jedoch, daß passive Anpassung auch ein schöpferischer Vorgang sein kann. Das Schöpferische bezieht sich dann aber nicht auf die Außenwelt, sondern auf die eigene Persönlichkeit durch Reaktivierung latenter innerlicher Möglichkeiten. Im Lager waren diese zweifellos von regressiver Art, vergleichbar mit den kreativen Möglichkeiten des Künstlers. Hier möchte ich hinzufügen, daß in gewisser Hinsicht das Durchhalten im Lager mehr eine Kunst war, als das Resultat einer intelligenten Anpassung, wie *Bettelheim* sie beschreibt.

Die Regression im Lager fand auf verschiedenen Ebenen der Persönlichkeit statt. In der Belletristik sind insbesondere die Triebregressionen ausführlich beschrieben worden. Ich möchte hier die Ich-Reaktionen mehr im einzelnen betrachten, um zu zeigen, was für eine Veränderung sich im ganzen Komplex der Ich-Funktionen vollzog.

Ein ehemaliger Häftling erzählt über seine Erfahrungen in den ersten Tagen im Lager: Er erinnert sich gut, wie er an der Eisenbahnstation in der Reihe von jungen Menschen gestanden hat. Etwas später befand er sich in einem Hof zwischen zwei Baracken. Er entsinnt sich, wir er dort nackt stand und seine Nummer auf den Arm tätowiert bekam. Dann erzählten ihm die Gefangenen, die schon lange im Lager waren, von den Gaskammern, den Arbeitskommandos usw. Obwohl er anderthalb Jahre in diesem Lager blieb, weiß er nicht mehr mit Bestimmtheit zu sagen, zwischen welchen zwei Baracken dies geschah. Nach den ersten Momenten der Ankunft kann er sich an gar nichts mehr erinnern. Er hat das Gefühl, er sei gleich nach dem Krankenbau geschickt und dort zur Arbeit eingeteilt worden. Aber das kann nicht wahr sein, weil ein jeder mehrere Tage in Quarantäne zu bleiben hatte. Was in seinem Gedächtnis dann wieder auftaucht, ist dies: wie er im dritten Stock des Krankenbaues im Bett lag. Er war Pfleger geworden und also in verhältnismäßig gute Lebensumstände gekommen. Es war dunkel im Zimmer, und er sah die kleinen Lichter draußen am Stacheldraht. Es gab weiße und rote Lichter. Von Zeit zu Zeit sah er die Scheinwerfer über den Draht huschen, und dann dachte er plötzlich: Ich bin in einem Zirkus. Es gab ihm das Gefühl von Glück. Von diesem Augenblick an ist seine Erinnerung lückenlos; er hatte einen gewissen Grad von Anpassung an die Verhältnisse im Vernichtungslager erreicht. Dieses Phänomen vom Vergessen der allerersten Eindrücke kann in fast allen Beschreibungen von Überlebenden gefunden werden. Es war eine Schock-Phase, in der eine tiefe Regression der ganzen Persönlichkeit stattfand. Für eine kurze Periode lebten die Häftlinge in einer Art Traumzustand und funktionierten nach dem Primär-Prozeß, der vom normalen Zustand des Bewußtseins stärker abweicht als die von *Cohen* und anderen Autoren beschriebene Depersonalisation. Es erinnert uns an den Zustand negativer Halluzination, in welcher nicht nur die affektive Bedeutung, sondern auch die ganze Wahrnehmung der äußeren Welt geleugnet wird. Trotzdem konnten während dieses ganzen Prozesses mehr oder weniger adäquate motorische Reaktionen auf die äußere Realität aufrechterhalten werden.

Andrew Peto (1964) beschreibt ähnliche Denkformen bei Borderline- und schizophrenen Patienten. Dies erinnert an die archaischen Formen von Leugnung, mit denen das kleine Kind sich gegen Aspekte der Realität wehrt, durch die es frustriert wird. *Freud* (1917) führte den Begriff der „negativen Halluzination" ein. Im Jahre 1952 schrieb *Willi Hoffer*: „Vielleicht ist die negative Halluzination nichts anderes als der Effekt einer Energieverschiebung, wodurch der äußere Reiz genau im Gleichgewicht gehalten wird." *Freud* nennt diese Formen von Verleugnung „Vorstadien von Abwehrmechanismen". In der Analyse von Borderline-Patienten finden wir oft regressive Phänomene, wobei der Patient den Analytiker in sozusagen halluzinatorischer Weise erlebt, nicht *als ob* er das infantile Objekt wäre, sondern als das infantile Objekt. *Little* nennt dies „delusional transference", wahnhafte Übertragung.

Peto beschreibt, wie bei Borderline-Patienten auf Phasen von negativer Halluzination, in denen der frustrierende Analytiker weghalluziniert wird, oftmals eine fragmentarische Rückkehr der äußeren Welt folgt. In diesem Zustand würden manchmal infantile Objekte auf halluzinatorische Weise an die Person des Analytikers angeknüpft. Die Fragmente repräsentieren Stücke einer sich neu bildenden Realität. Auf diese Art versuche der Patient, anstelle der Wirklichkeit, die er durch seine tiefgehende Verleugnung verloren hatte, eine neue zu finden. Solche archaischen Denkformen erinnern an die Beziehung des Kindes zu seinem „transitional object", oder die primitiver Völker zu ihrem Totem-Tier. Auch dort wird unter dem Einfluß von Frustrationsgefühlen die Wirklichkeit geleugnet. Nach diesem Prozeß können sogar, wie im Kinderspiel, mehrere Realitäten nebeneinander bestehen.

In einem Artikel über „Schock-Denken und Schock-Phantasien in äußerster Todesgefahr" (1930) beschreibt *Oskar Pfister* das Erleben eines abstürzenden Bergsteigers. Nach den ersten Sekunden des Falles schwindet die Angst, und Gedankenfetzen schießen durch den Geist, ohne den geringsten logischen Zusammenhang und ohne Zusammenhang mit dem aktuellen Geschehen. Es erscheinen Erinnerungen aus der Jugend, die zwar eine gewisse Analogie zu der aktuellen Gefahr haben, wobei der Betreffende aber gerettet wurde. Es handelt sich hierbei um tröstendes Wunschdenken, um die Illusion: „So wie ich damals gerettet wurde, wird es auch jetzt wieder geschehen." Einer von *Pfisters* Patienten hatte während des Fallens das Gefühl, in einem Hundekarren zu sitzen. Er wurde dadurch gerettet, daß er in eine tiefe Scheeschicht fiel. Später konnte er nicht verstehen, was der Hundekarren bedeutete. Er fragte seine Mutter und hörte, daß er in seinem zweiten Jahr durch einen großen Hund über einen Kilometer weit mitgeschleift worden war. Man hatte es als ein Wunder betrachtet, daß er am Leben geblieben war.

Dies alles erinnert an gewisse Typen von Examensträumen. In anderen Beispielen werden mehr körperliche Gefühle auf halluzinatorische Weise erzeugt. Überlebende von Unfällen beschreiben, wie sie himmlische Musik hörten, sich in salmfarbenen Booten dahingleiten fühlten usw. *Pfister* vereinigt alle diese Phänomene unter der Rubrik „autistisches regressives Denken: eine Art primärer Funktion, wie im Traum". Wie aber der Traum die Funktion hat, den Schlaf zu schützen, so schützt das Schock-Denken das Bewußtsein. Es schützt die Opfer vor dem Chaos, während ihre Fähigkeit zu motorischen Reaktionen erhalten bleibt.

Analogen Phänomenen begegnet man im Lager. Dies ist leicht zu verstehen, müssen doch auch dort enorme Affektquantitäten kontrolliert werden, und darf auch dort das Bewußtsein nicht verloren gehen. Man muß imstande bleiben, mehr oder weniger adäquant zu reagieren.

Bisweilen geht der Prozeß der Regression zu weit. Dann bleibt nur ein sogenanntes psycho-motorisches Ich übrig. Wenn dieser Zustand auftritt, folgt das Ende bald. Die notwendigsten Reaktionen, jede Art von Warnung und anpassungsfähiger Aktivität, ist verloren gegangen. Ich sah junge Menschen in wenigen Tagen in einen Zustand totaler Apathie verfallen. Ein holländischer Arzt wurde zufällig in die Ferse getreten. Er bekam eine leichte Entzündung, legte sich ins Bett und starb nach vier Tagen, ohne deutliche Krankheitssymptome zu zeigen. Dies kann man eine Art von Selbstmord nennen. Bei andern dauerte es länger, und des manifestierte sich körperliche Erschöpfung, begleitet von einem Zustand geistiger Apathie (das „Muselmannsyndrom"). Trotzdem gab es auch Häftlinge, bei denen nach einer Periode tiefster Regression eine progressive Entwicklung stattfand: eine Reorganisation der Persönlichkeit mit neuer libidinöser Besetzung derjenigen Teile der äußeren Welt, die für das Überleben nützlich sein konnte. Eine solche Anpassung kann man vergleichen mit der Art, in welcher das junge Kind in der ersten Entwicklung des Realitäts-Prinzips die äußere Welt entdeckt. Auch dort gibt es keine Erfahrung der Welt als Totalität und Kontinuität. Es existiert nur ein „Hier und Jetzt"; gestern und morgen sind gleich und ohne Realität.

Wenn ein Häftling seine tägliche Brotration gleich aufißt, obzwar eine Verteilung über 24 Stunden vernünftiger wäre, hat er dafür natürlich eine rationale Erklärung. Er sagt: „Das Brot könnte mir in der nächsten Minute gestohlen werden." Man könnte vielleicht auch sagen, er ißt gleich alles, weil er seinen Hunger nicht stillen kann. Zwar weiß der Häftling, daß es ein ‚Später' gibt, daß es auch eine andere Welt hinter dem Stacheldraht gibt, aber es interessiert ihn nicht. Das ‚Später' und die ‚andere Welt' sind nicht mehr libidinös besetzt.

Zusammenfassend können wir sagen, daß der Häftling in extremer Art im „Hier und Jetzt" lebt. Die Welt ist fragmentiert, und primäres Funktionieren spielt eine wichtige Rolle in seiner Denkart. Die Beziehung zwischen den aktuellen Geschehnissen und der Welt außerhalb des Lagers ist verschwommen. Aber auch das Ende, die Gaskammer, kann auf diese Weise zugleich eine Realität sein und doch keine Beziehung haben mit dem „Hier und Jetzt".

Bettelheims Frage: „Wie war es möglich, daß 400 Häftlinge auf einem einsamen Weg, von nur einem SS-Mann bewacht, ihn nicht töteten und sich den Partisanen anschlossen?" kann jetzt besser beantwortet werden. Vor allem muß man sich darüber klar werden, daß das Beispiel an sich falsch ist. Der Marsch der Häftlinge fand statt in einem innerhalb konzentrischer Kreise von Posten-Ketten liegenden Territorium. Die Häftlinge wären bei einem Fluchtversuch vermutlich sogleich in die Hände anderer SS-Männer gefallen. Und wäre es ihnen gelungen durchzukommen, würden sie in ihren Häftlingskleidern und mit ihren kahlgeschorenen Köpfen nie das Partisanengebiet erreicht haben, sondern in die Hände der polnischen Bevölkerung gefallen sein, die sie, sei es aus Antisemitismus, sei es aus Angst vor den Deutschen, wieder ausgeliefert hätten.

Für uns sind aber die psychologischen Implikationen wichtiger. Eine Gruppe von Häftlingen auf einem einsamen Weg mit nur einem einzigen Wach-Mann konnte sich in diesem Moment verhältnismäßig angstfrei und in Sicherheit fühlen. Jeder Häftling wußte, daß er in kurzer Zeit an seinem Arbeitsplatz den bekannten schweren Bedingungen begegnen würde. Aber solange er auf dem Weg war, zählte das nicht für ihn, im Gegenteil, er vermied jede Aktion, die ihn in Gefahr brachte, auch wenn diese Aktivität ihm eine kleine Chance gegeben hätte, sich zu retten. Er verhielt sich so ruhig wie möglich, er vermied jede Provokation, alles, was die Aufmerksamkeit auf ihn gezogen hätte. Er vermied es sogar, an die Zukunft zu denken, da dies bedeutet hätte, wieder von Angst erfaßt zu werden. Es war für den Häftling von äußerster Wichtigkeit, eine passive Haltung entwickeln, seine Aggression bemeistern zu können, ohne sie zu sehr gegen sich selbst zu richten. Er mußte aber auch vermeiden, seine Aggression gegen seine Mithäftlinge zu wenden, denn früher oder später würde das die Aufmerksamkeit auf ihn selbst lenken, und das würde eine Zunahme der Gefahr bedeuten.

Die Identifizierung mit dem Angreifer, die, wie *Bettelheim* behauptet, ein allgemeines Phänomen sei, war in Wirklichkeit nur eine der Moglichkeiten des Haftlings, mit seiner Aggression umzugehen. Viel öfter entwickelt er eine Haltung von passiver Abhängigkeit, wobei er sich erniedrigen und schlagen ließ.

Natürlich konnte ein solches Verhalten dem Häftling nur helfen, am Leben zu bleiben, solange er nicht eine Arbeit zu leisten hatte, die schwerer war, als die kleine Menge zugewiesener Kalorien es ihm erlaubte. Der erfahrene Häftling hatte aber auch gelernt, wie er seine Arbeit sabotieren konnte. Nach einiger Zeit wußte er sich den Schein zu geben, lange Perioden zu arbeiten, ohne in Wirklichkeit viel Kraft einzusetzen. Es ist bemerkenswert, wie automatische Aktivitäten, im normalen Leben äußerst langweilig, libidinös besetzt werden und so eine Art von Befriedigung liefern konnten, die eine Schwächung der eigenen — so gefährlichen — Aggression bewirkte.

Ein anderer wichtiger Faktor für die Chance des Überlebens war, ob der Häftling einige Kameraden hatte, auf die er sich verlassen konnte, die ihn in Momenten von Schwäche ermutigen und ihm halfen, dem jetzigen Leben einen positiven Wert zu geben.

Neben dem Problem von Arbeit, Ernährung und Kameradschaft, Stützung durch religiöse oder politische Überzeugung usw., bestand noch das Problem des Todes. Obwohl der Häftling im „Hier und Jetzt" lebte, war der Tod immer anwesend. Dies war eine nie völlig zu isolierende oder vom unmittelbaren Leben abspaltbare Aktualität. Darum mußte dem Tode gegenüber eine Haltung entwickelt werden, die den Gedanken zu sterben erträglich machte. Psychologisch betrachtet ist es sehr zweifelhaft, ob je ein Mensch sich den Tod als das absolute Nichts vorstellen kann. Bestimmt konnten die Häftlinge im Lager es nicht. Was bedeutete der Tod für sie? Es gab solche, für die er die absolute Sicherheit bedeutete, die Rückkehr in den Mutterschoß. Ein Häftling in Westerbork (dem holländischen Durchgangslager) hatte dort durch ein Fenster im Krematorium die Leichen brennen sehen. Später in Auschwitz erinnert er sich dessen. Aber er erinnert sich dessen nicht mit Grauen, sondern mit dem Gefühl: Wenn es soweit mit mir kommen wird, kann mir nichts Schlimmeres mehr passieren. Es versteht sich, daß darin ein Glaube an eine Existenz nach dem Tode verborgen liegt, und sei es in einem andern Aggregatzustand. Ich hörte einmal ein bemerkenswertes Beispiel von einem Patienten, der einen Selbstmordversuch unternahm, indem er im Winter sich zwischen den Eisschollen zu ertränken versuchte. Als der Analytiker ihn später fragte, was er dort zu finden erwartet hatte, antwortete der Patient, daß es dort so schön und warm sein würde.

Ein anderer Todesaspekt ist das Zum-Vater-Kommen. Zu Füßen des Gottes der Rache sitzend wird der Häftling hinuntersehen auf seinen ehemaligen Verfolger und sehen, wie *er* schließlich ein Opfer der Rache wird. Zweifellos bestehen Analogien zwischen den Konzentrationslager-Häftlingen und alten Leuten oder unheilbaren Patienten in der Art, wie sie den Tod sehen, so wie es von *K. Eissler* (1955) und von *Janice Norton* (1963) beschrieben worden ist. Es gibt ein Altersheim irgendwo in Holland, das den ermutigenden Namen „Durchgang" trägt. Die alten Leute sitzen vor dem Hause und rauchen ruhig ihre Pfeife, ohne sich um ihr Schicksal zu sorgen. Dieser Zustand wird zu vergleichen sein mit dem des Häftlings, welchem es gestattet war, am Sonntag eine halbe Stunde vor der Baracke in der Sonne zu sitzen.

Es ist evident, daß der Häftling, dessen geistiger Apparat den oben beschriebenen Veränderungen unterlegen war, bei seiner Wiedereingliederung in die normale Gesellschaft schwere Anpassungsdefekte zeigen mußte. Der Erfolg der Wiederanpassung war von verschiedenen Faktoren abhängig. Ein wichtiger Schritt geschah noch im Lager selber; nämlich durch die Art und Weise der Befreiung. In den letzten Monaten von 1944 ließ die Disziplin offenbar nach. Es gab keine Selektionen mehr, und die Gaskammern wurden abgebrochen. So wagten die Häftlinge wieder Hoffnung zu fassen und an eine Zukunft in einer neuen Welt zu denken. Das bedeutete die Rückkehr zum intellektuellen, sekundär-funktionierenden Denken. Aber wichtiger für den Erfolg der Wiederanpassung war das Schicksal des Häftlings nach der Befreiung. Es konnte eine Kernfrage sein, ob er doch irgendwelche Beziehungen vorfinden würde; auch ob er in sein eigenes Land zurückkehren konnte, war von größter Bedeutung. Aber wichtiger als die materiellen Umstände war das affektive Klima, dem er begegnete.

Hier gab es zwei Extreme, die beide schädlich waren. Einerseits konnte ein Häftling in eine absolut beschützende Umgebung kommen, etwa ein Displaced Persons Camp, wo er jahrelang ohne Arbeit und in völliger Abhängigkeit lebte und nicht lernen konnte, seine normale Aktivität wieder aufzunehmen. Andererseits waren jene Ex-Häftlinge, die gar keinem Verständnis begegneten und übergangslos den normalen Anforderungen des Lebens ausgesetzt waren, nicht imstande, diese Aufgabe zu erfüllen. Sie wurden bitter und feindselig und richteten die so lange unterdrückte Aggression gegen die „Nach-Befreiungs"-Welt. Das erklärt das von *Weinberg* aufgezeichnete bemerkenswerte Paradoxon bei der Wiederanpassung der Ex-Häftlinge in Israel. Diejenigen, die in den Heimen, wo sie ihre Emigration erwarteten, große Mühe verursachten, und die oft gegen ihre Abhängigkeit protestierten, waren später im Leben in der Gesellschaft meistens erfolgreich, während jene, die in der beschützenden Umgebung keine Schwierigkeiten machten, nachher im normalen Leben öfters versagten.

Im Gegensatz zu den unmittelbar auftretenden Wiederanpassungsschwierigkeiten möchte ich jetzt die Spätfolgen der Konzentrationslagerhaft beschreiben. Wie ist es möglich, daß Menschen, die im Anfang eine mehr oder weniger gute Anpassung gefunden hatten, oft fünfzehn Jahre nach Kriegsende Symptome entwickeln, die zweifellos mit den Lagererfahrungen zusammenhängen? In der enormen Literatur über dieses Thema können wir drei Hauptphänomene unterscheiden, die selbstverständlich auch in Mischungen auftreten:

1. Angst — nicht so sehr eine phobische Angst, sondern eine existentielle Angst, eine Präokkupation mit dem Tode.
2. Depression in einer Form, die viele Merkmale der endogenen Depression enthält.
3. Eine paranoid-sensitive Einstellung gegen die äußere Welt, oft in sozialer Isolierung resultierend.

V. Baeyer stellt „die Verunsicherung der menschlichen Beziehungen" in den Vordergrund. Ich möchte hinzügen, daß der Kern dieser Verunsicherung in der Regression des Ichs, der Abspaltung der Erfahrung der äußeren Welt, im Primärprozeßdenken und in der Neigung besteht, das Leben auf das „Hier und Jetzt" zu beschränken.

Im Augenblick der Befreiung sah der Häftling die Zukunft im Lichte seiner regressiven Sicherheitsphantasien. Eine neue Welt würde aufgebaut werden, eine Welt von Billigkeit und Recht. Wer in solchen unrealistischen Phantasien lebt, ist besonders verwundbar. Jedes Unrecht, jede Unfreundlichkeit, jede Frustation im Berufs- oder Familienleben bedroht ihn und zerstört seine Welt. Soziale Isolierung, masochistische und zeitweise paranoide Haltungen sind das Resultat.

Dieses Syndrom erinnert uns an die *pan-anxiety* mancher Borderline-Patienten und an die Isolierungstendenz, die man bisweilen bei analytischen Patienten in einer regressiven Phase finden kann, wenn frühinfantile Konflikte an die Oberfläche kommen, und wenn jeder Reifungsprozeß eine Bedrohung für die fiktive Sicherheit in der infantilen Welt der Analyse bedeutet.

So gesehen ist es verständlich, daß die Folgen des Konzentrationslagers so resistent sind. Regressive Phänomene können weder durch gute materielle Versorgung des Patienten, noch durch Konfrontation mit der Realität, also nicht auf rein rationale Weise behoben werden. Sie verlangen vielmehr eine spezielle Behandlungsart, die den Patienten langsam aus seiner Abhängigkeit holt und in die normale Welt stellt; oder aber eine Analyse, wobei man wie bei der Analyse von Borderline-Patienten oftmals zu Parameter-Techniken greifen muß. In den Publikationen der neuen amerikanischen analytischen Zeitschrift *Forum* beschreiben verschiedene Autoren, wie schwierig es war, den schmalen Pfad zwischen einer abstinenten analytischen Haltung und der Befriedigung der infantilen Wünsche solcher Patienten zu finden.

Wie können wir die latente Periode erklären, die lange Zwischenzeit, in welcher das Konzentrationslager-Syndrom verborgen blieb, ehe es ausbrach? Schon im Juni 1947 schrieb der holländische Analytiker *Tas*: „Ich kenne Leute, die aus Konzentrationslagern zurückgekommen sind, wo sie die schrecklichsten Erfahrungen hatten, die aber kein Wort darüber sprechen wollten oder konnten, und die jetzt in ein normales Leben mit ihrer Familie und ihrer Arbeit zurückgekehrt sind. Und doch kann man in diesen Fällen nicht von geistiger Gesundheit sprechen. Zweifellos sind große Quantitäten von Affekt und Aggressivität unterdrückt, aber sicher nicht assimiliert worden. Mit großer Wahrscheinlichkeit wird dies im Laufe der Zeit zu schweren psychischen Störungen führen." Nach zwanzig Jahren sind diese Worte vielfach bestätigt. Viele Häftlinge, die jahrelang auf äußerlich angepaßte Weise existierten, hatten in Wirklichkeit ein regressives Verhältnis zur äußeren Welt und hegten in sozialer, politischer und anderer Hinsicht Illusionen, die nie befriedigt werden konnten. Ein Zusammenbruch war nicht zu vermeiden. Ihre Lebenskurve kann verglichen werden mit derjenigen der Neurastheniker, die *Freud* in seiner Studie „Die am Erfolge scheitern" beschreibt. Auf typische Art ist bei diesen Menschen der Erfolg an die Befriedigung infantiler Bedürfnisse geknüpft.

Welche sind die aktuellen Faktoren, die zu dem Zusammenbruch, zu dem Spätfolgen führen?

Eitinger in seinem Buch „Überlebende des Konzentrationslagers" und *Lifton* in seiner Publikation über Hiroshima beschreiben die Schuldgefühle als die wichtigste Wurzel in der Genese der persistenten Depression bei den Überlebenden. Meiner Meinung nach wirken Schuldgefühle vor allem dann pathogen, wenn sie den Betreffenden an das erinnern, was er selbst erlebt hat. Im Jahre 1963 führten *Nathan*, *Eitinger* und *Winnik* eine vergleichende Studie mit zwei Gruppen Patienten durch, die in israelischen Kliniken hospitalisiert waren. Die Versuchspersonen der ersten Gruppe waren alle in Konzentrationslagern gewesen. Sie zeigten alle ein typisches klinisches Bild, ähnlich dem beschriebenen Konzentrationslager-Syndrom. Das klinische Bild war unabhängig von den prämorbiden Persönlichkeitszügen, aber in hohem Grade abhängig von den spezifischen Erfahrungen während des Krieges. Die Kontroll-Gruppe hatte eine mit der ersten Gruppe vollkommen vergleichbare Vorkriegs-Lebensgeschichte. Die Kranken kamen auch aus osteuropäischen Ländern, waren aber durch rechtzeitige Flucht nach Rußland nicht in Konzentrationslagern gewesen. Diese Menschen zeigten kein uniformes Krankheitsbild, sondern die verschiedensten allgemein-psychiatrischen Syndrome. Da die Versuchspersonen der Kontroll-Gruppe genauso viele Verwandten verloren hatten wie diejenigen, die im Konzentrationslager gewesen waren, folgerte man, daß der Tod von Angehörigen und die Schuldgefühle, die damit zusammenhingen, nur dann zu persistenter Depression und zu Trauerreaktionen führen, wenn die Überlebenden dieselben traumatischen Erlebnisse hatten wie die ermordeten Familienmitglieder. Wahrscheinlich ist das Bild der vergasten Verwandten und die damit zusammenhängenden Schuldgefühle nur dann so persistent, wenn es assoziiert wird mit den Erinnerungen an eigene Lagererfahrungen, an selbst erfahrene Bedrohungen, denen man entkommen ist.

Neben Schuldgefühlen sind viele andere Faktoren in Beziehung zu den Spätfolgen als pathogen beschrieben worden, so die Entwurzelung, die totale Isolierung vom normalen Leben und der absolute Bruch in der Lebenslinie. Es scheint mir aber, daß der spezifische Faktor dieses Lagerlebens die Notwendigkeit war, sich an die Gewißheit anzupassen, zum Tode verurteilt zu sein. Dies verursachte die Regression und den Rückgriff auf archaische Abwehrmechanismen.

In seinem Buch „Der Psychiater und der sterbende Patient" beschreibt *Eissler* (1955), daß der Mensch während seines ganzen Lebens nur eine unbestimmte Vorstellung vom Tode in sich trägt, die im allgemeinen unbewußt bleibt. Wir kennen alle das Abwehrsystem, das der Mensch gegen die Gewißheit, daß er einmal sterben muß, aufbaut. Die Abwehrmechanismen variieren von dummen Witzen bis zu ernsthaften hypochondrischen Wahnsystemen. Die moderne Gesellschaft neigt dazu, den Tod zu verleugnen, während andere Gemeinschaften, wie die buddhistische, das Sterben als einen integralen Teil des Lebens sehen. *Eissler* beschreibt, wie die moderne amerikanische Gesellschaft durch ein starkes Lebensbewußtsein im „Hier und Jetzt" und durch Verleugnung des Todes gekennzeichnet ist. Mit einigen Modifikationen könnte man das auch für die Konzentrationslager behaupten. Während der Mensch im normalen Leben die Vorstellung von seinem eigenen Tode mit den verschiedensten Verteidigungsmitteln unbewußt halten kann, hört dies auf, sobald er mit dem Tode, insbesondere dem eigenen Tode, als einer Realität konfrontiert wird. Wenn das geschieht, treten die beiden Abwehrformen auf, von denen ich gesprochen habe: die Ich-Regression und das mystische Erlebnis des Todes.

Eine der Arten, in welcher sich der Häftling mit der fortwährenden Anwesenheit des Todes auseinandersetzte, war ein makabrer Humor. Über dem Tor von Auschwitz stand das Motto: „Arbeit macht frei". Die Häftlinge vervollständigten dies zu:

„Arbeit macht frei
Krematorium drei".

Auf einem Bild des israelischen Künstler *Jehuda Bacon*, der in seinem elften Jahr in einem Lager war, sieht man einen rauchenden Schornstein und im Rauch den Kopf des soeben verbrannten Mannes[1]. Sowohl in dem Witz als auch in der Zeichnung

1. Wiedergegeben in dem Buch von *Inge Deutschkron*: „Denn ihrer war die Hölle." Köln

besteht der latente Inhalt aus dem Glauben, daß wohl der Körper verbrannt werden kann, die Seele aber befreit ist und weiterlebt.

Eissler (1955) unterscheidet zwei Formen von Angst vor dem Tode: 1. Die Angst, keine weitere Zukunft zu haben; 2. Die Angst vor der körperlichen Annihilierung. Dabei ist er der Meinung, er gäbe keinen Menschen, der nicht irgendwelchen Glauben an ein Weiterbestehen nach dem Tode habe. Ein Freund aus der Lagerzeit erzählte mir einst, daß er einer schrecklichen Operation ohne Anaesthesie unterworfen wurde. In dem Augenblick, als er das Bewußtsein verlor, dachte er: „Ist dies das absolute Ende? Jawohl. Vor einer Viertelstunde glaubte ich nicht an ein Leben nach dem Tode, warum sollte ich also jetzt daran glauben?“ Für einen Analytiker macht diese Verleugnung wohl das Gegenteil wahrscheinlich.

Ich kann keine alles umfassende Theorie über die Psychologie der Konzentrationslager und die Wiederanpassung vorlegen. Ich kann nur versuchen, als Zusammenfassung dessen, was ich dargelegt habe, noch einmal eine Hypothese zu formulieren. Der Neuangekommene im Lager wurde konfrontiert mit einer äußersten Gewißheit: „Das wird das Ende sein“. Zuerst geriet er in einen Zustand der Panik; er versuchte mittels einer Regression zu primitiven Ich-Funktionen und archaischen Abwehrformen sowohl affektiv als kognitiv die Realität zu leugnen. Das Wissen, ganz ohne Zukunft zu sein, ist unerträglich. Nach dieser ersten Phase fand er eine Anpassung auf einem Niveau, auf dem mittels extremer Beschränkung auf das „Hier und Jetzt“ und konsequenten Vermeidens aller Assoziationen zwischen dem, was jetzt passierte, und der Zukunft das Leben weitergeführt werden konnte. Aber wie er auch immer all seine aktuellen Aktivitäten vom Tode, mit dem er konfrontiert wird, abzuspalten versucht, ist diese Konfrontation so aufdringlich, daß er genötigt ist, diesem erwarteten Ende eine Bedeutung zuzuerkennen.

Freund schloß seine „Gedanken über Krieg und Tod“ mit den Worten: Si vis vitam, para mortem; wenn du leben willst, bereite dich auf den Tod. So wurde im Lager der Tod zu einer Tröstung: Mutterschoß oder Herrlichkeit des Vaters, Vorstellungen von Märtyrertum und solche von den noch größeren Leiden, in denen die Henker untergehen würden. Verschiedene Formen von religiösen Gedanken und auch wahnhafte Todes-Phantasien traten an die Stelle der Vorstellung vom Tode als dem absoluten Nichts, und zwar, wie ich glaube, sogar bei denjenigen, die sich zuvor noch ausdrücklich als Atheisten bezeichnet hatten.

Nach dem Krieg kehrte der ehemalige Häftling in eine Welt zurück, in der er nicht länger in passiver Abhängigkeit oder in einem absoluten „Hier und Jetzt“ leben konnte. Im normalen Leben ist alles, was wir tun, sowohl auf die Vergangenheit als auch auf die Zukunft bezogen. Während aber der sogenannte normale Mensch die Zukunft erleben kann, ohne das Bild des Todes vor Augen zu haben, ist dies für den ehemaligen Häftling nicht länger möglich. Für ihn ist der Tod eine so zwingende Realität geworden, daß er nicht wieder verdrängt werden kann. Daher neigen die ehemaligen Häftlinge so oft dazu, sich wieder in eine isolierte Existenz im „Hier und Jetzt“zurückzuziehen. Sie werden oft zur Beute überwältigender Angst, wenn

---

(Verlag f. Wiss. u. Politik).

sie genötigt sind, für die Zukunft zu denken oder zu arbeiten. Ich halte es durchaus für möglich, daß das zwangsmäßige Nachdenken über das Lager — das so oft als eine Art Wiederholungszwang bei den ehemaligen Häftlingen auftritt — und sogar die Angstträume vom Lager eine eigentliche tröstende Funktion haben.

Der ehemalige Häftling kann nicht an die Zukunft denken, ohne an den Tod zu denken, aber wenn er sich dessen entsinnt, was er gelitten hat, hat er auch das Gefühl, daß er trotz allem nicht gestorben, sondern durchgekommen ist. So hat die Erinnerung an seine schrecklichen Erfahrungen auch eine tröstende Funktion. Der Traum vom Lager hat insofern eine Ähnlichkeit mit dem Examenstraum[2].

Es versteht sich, daß die durch diese Konfrontation mit dem Tod provozierten Veränderungen in der Persönlichkeit sehr davon abhängig sind, in welcher Form die Konfrontation stattfand. Wir können uns dies vielleicht durch einen Vergleich der verschiedenen Typen von Unheilsdrohungen und die verschiedenen Reaktionen darauf klarmachen.

Lifton (1964) beschreibt die Reaktion auf die Hiroshima-Katastrophe folgendermaßen: „Die psychische Antwort auf eine Todesdrohung, aktuell oder symbolisch, ist entweder Erstarrung und Aufhören aller Bewegung, oder eine heftige kompensatorische Aktivität. Ersteres trat weitaus am häufigsten auf, aber auch das Letztere war nicht ganz abwesend. Das psychische Sich-Abschließen, das gleich, nachdem die Bombe gefallen war, stattfand, war eine vorübergehende Form symbolischen Todes, zu dem Zweck, die Drohung eines längerdauernden psychologischen Todes (Psychose), verursacht durch die überwältigende Evidenz des aktuellen physischen Todes, abzuwehren."

Die Todeserwartung im Lager ist nicht mit derjenigen der Soldaten in den Schützengräben zu vergleichen. Für diese war, wie gesagt, die Möglichkeit viel größer, mit den gewöhnlichen Abwehrmechanismen den Tod zu leugnen. Überdies war der Soldat in eine große Aktivität einbezogen und konnte seine Aggression abreagieren. Damit kompensierte er die drohende Depression beim Gedanken an sein mögliches Schicksal. Auch im Konzentrationslager konnte Kameradschaft bei der Anpassung helfen, aber für den Soldaten waren solche Faktoren wie Kameradschaft, Identifikation mit den Idealen, für die er kämpfte, Patriotismus usw. von viel wichtigerer Bedeutung.

Konfrontation mit dem Tode, kombiniert mit erzwungener passiver Abhängigkeit, ständige Erniedrigung und Rechtlosigkeit waren die Faktoren, die unabwendbar zu einer Regression der Ich-Funktionen führten. Dies war um so wirksamer, als

2. Ich bin gerne einverstanden mit *Eisslers* Meinung, daß die Entziehung von narzißtischer Besetzung zu einer Atrophie von Ich-Funktionen führt. Man muß sich aber vor Augen halten, daß es sich um die Verschiebung der libidinösen Besetzung auf diejenige primitiven Ich-Funktionen handelt, welche die Selbsthandhabung im „Hier und Jetzt" ermöglichen müssen. Zweifellos gibt es für den Häftling bedeutende narzißtische Befriedigungsmöglichkeiten. Wieviel bedeutet es z.B. für ihn, wenn er wiederum einen Tag dem übermächtigen Feind hat entkommen können! Bei dem Problem der Wiederbesetzung der atrophierten Funktionen und bei den Betrachtungen über den Traum muß man auch dies berücksichtigen.

jede aktive intellektuelle oder körperliche Abwehr gegen die Bedrohung unmöglich war.

Die für die Spätfolgen charakteristische chronische, existentielle Depression kann durch aktuelle Geschehnisse erneut provoziert werden. In Holland waren z.B. viele von denjenigen, die unter der deutschen Besetzung gelitten hatten, sehr deprimiert, als die holländische Kronprinzessin einen Deutschen heiratete. Dies bedeutete symbolisch für sie die Tatsache, daß man der Zukunft nie vertrauen könne, und jede Nachricht über einen Neo-Faschismus in Deutschland bedeutet für sie auch eine Reaktivierung des Traumas, da sie seit dem Kriegsende gehofft hatten, daß so etwas nie wieder geschehen könnte. Es versteht sich, daß Psychologen und Psychoanalytiker sich in erster Linie mit den menschlichen Reaktionen dem Leben gegenüber beschäftigen, aber wir dürfen die Reaktionen dem Tode gegenüber trotzdem nicht vernachlässigen.

Der Tod ist, wie *Sartre* schreibt, unser bester Freund, der einzige, auf den wir uns immer verlassen können. Ich glaube, daß es für einen Menschen vernünftig ist zu lernen, wie er sich mit dem Tod als einer Realität abfinden kann. Es ist aber selbstverständlich eine Krankheit, wenn er nicht imstande ist, an die Zukunft zu denken, ohne dabei immer das Bild des Todes vor Augen zu haben.

Ich hoffe, daß meine Bemerkungen zum Verständnis der Psychodynamik dieser Krankheit beigetragen haben möge, und daß daraus Schlußfolgerungen für die Therapie gezogen werden können.

Literatur

v. Baeyer, W., H. Häfner und *K.P. Kisker* (1964): Psychiatrie der Verfolgten. Berlin-Göttingen-Heidelberg (Springer).

Bastiaans, H. (1957): Psychosomatische gevolgen van onderdrukking en verzet. Amsterdam.

Bettelheim, B. (1960): The Informed Heart. Glencoe (Free Press).

Cohen, E.A. (1952): Het duitse concentratiecamp; een medische en psychologische studie. Paris, Amsterdam.

Eissler, K.R. (1955): The Psychiatrist and the Dying Patient. New York (International Universities Press).

Eitinger, L. (1964): Concentration Camp Survivors in Norway and Israel. Oslo (Universitetsforlaget).

Freud, S. (1915): Zeigemäßes über Krieg und Tod. Ges. Werke, Bd. X, Frankfurt (S. Fischer).

Frijling-Schreuder, E.C.M. (1967): Die Verwendung der Regression im Dienste der Anpassung. Psyche, XXI, 313. 323.

Hoppe, K.D. (1966): The Psychodynamics of Concentration Camp Victims. The Psychoanalytic Forum, 1, 76.

Lampl-de Groot, J. (1966): Some Thoughts on Adaptation and Conformism. In: Psychoanalysis — A General Psychology.

Lifton, R.J. (1963): On Death and Death Symbolism: The Hiroshima Disaster. Psychiatry.

Norton, J. (1963): Treatment of a Dying Patient. The Psa. Study of the Child, VIII. Behandlung einer sterbenden Patientin, Psyche, XXII (1968).

Peto, A. (1964): Variations of Archaic Thinking. The Psa. Study of the Child, XIX.

Pfister, . (1930): Schockdenken und Schockphantasien bei höchster Todesgefahr. Int. Z. Psychoanalyse.

Sandler, J. (1967): Trauma, Strain and Development. In: Psychic Trauma, ed. Sidney S. Furst. New York (Basic Books).

Tas, J. (1951): Psychical Disorders among Inmates of Concentration Camps and Repatriates. Psychoanal. Quart., 25, 679.

Autoren

Soweit möglich wurden bei der Abfassung der Biographien die persönlichen Wünsche der Autoren berücksichtigt.

K.R. Eissler wurde 1908 in Wien geboren. Er studierte Philosophie und Medizin, promovierte in beiden Fachrichtungen und absolvierte die Ausbildung zum Psychoanalytiker. 1938 emigrierte er in die USA, wo er bis 1940 im Billings-Hospital, Chicago beschäftigt war. Danach arbeitete er als Psychoanalytiker in New York.

Seine Publikationen beziehen sich auf Theorie, Technik und Geschichte der Psychoanalyse, wie auch auf die Psychologie des Genies.

Buchveröffentlichungen in Deutschland: ‚Sigmund Freud und die Wiener Universität', Bern/Stuttgart 1966 — ‚Der sterbende Patient. Zur Psychologie des Todes', Stuttgart 1978 — ‚Todestrieb, Ambivalenz, Narzißmus', München 1980 — ‚Goethe. Eine psychoanalytische Studie 1775-1786', Frankfurt a.M. 1983 und 1985.

Anschrift: Dr.Dr. K.R.Eissler, 300 Central Park West, New York 10024, USA

Hans Keilson, geboren 1909 in Freienwald/Oder, studierte in Berlin Medizin und absolvierte gleichzeitig eine Ausbildung als Sportlehrer an der Preußischen Hochschule für Leibesübungen. Mit 22 Jahren schrieb Keilson den Roman ‚Das Leben geht weiter. Eine Jugend in der Zwischenkriegszeit', der schon wenige Monate nach der Veröffentlichung auf die Verbotsliste gesetzt wurde. Als man 1934 über den jungen Mediziner und Schriftsteller Praxis- und Publikationsverbot verhängte, arbeitete er als Erzieher und Sportlehrer in jüdischen Institutionen.

1936 emigrierte Keilson nach Holland, wo er während der deutschen Besetzung als Arzt in der Widerstandsgruppe ‚Vrije Groepen Amsterdam' tätig war. Nach dem Krieg begründete er die holländisch-jüdische Waisenorganisation ‚Le Ezrat Ha Jeled', für die er bis 1970 arbeitete. Nach Erlangung des niederländischen Arztexamens und einer Ausbildung zum Nervenarzt und Psychoanalytiker (IPA) wurde er Mitarbeiter an der Kinderpsychiatrischen Universitätsklinik in Amsterdam.

Neben Romanpublikationen: ‚Komödie in Moll', Novelle 1947; ‚Der Tod des Widersachers' (auch in Holland, England und Amerika erschienen) und Gedichtveröffentlichungen in Zeitschriften und Zeitungen, u.a. deutschsprachige Gedichte in Holland unter dem Pseudonym Alexander Kailand in der holl. lit. Zeitschrift ‚De Gemeenschap', sowie unter dem Pseudonym B. Cooper ‚holländische Anthologien'; ‚Sprachwurzellos' 1986 — publizierte Keilson zahlreiche wissenschaftliche Fachartikel. 1979 erschien seine ausführliche Untersuchung ‚Sequentielle Traumatisierung bei Kindern. Descriptiv-klinische und quantifizierend-statistische follow-up Untersuchung zum Schicksal der jüdischen Kriegswaisen in den Niederlanden', Stuttgart (Enke).

Seit 1985 ist Keilson Präsident des PEN-Zentrums deutschsprachiger Autoren im Ausland. Auszeichnungen: Ramaer Medaille (holl. Vereinigung für Psychiatrie); Silberne Medaille der

Federation Internationale de la Resistance. — Der nunmehr 77jährige ist noch heute als Psychoanalytiker, Lehranalytiker und Psychiater tätig.

Anschrift: Dr. Hans Keilson, NWE Hilversumseweg 29, 1406 TC Bussum, Niederlande.

Judith S. Kestenberg, gebürtig aus Osteuropa, ist als Analytikerin in New York tätig. Sie nahm 1939 ihre Tätigkeit als Psychoanalytikerin auf. Seit 1959 bildete sie als Lehranalytikerin Kandidaten aus. Von 1963 an führte sie Langzeitstudien mit Kindern durch. Ihr Buch ‚Movement Patterns in Development' fand weite Verbreitung in therapeutischen Ausbildungszentren. Über lange Zeit klinischer Professor der Psychiatrie an der *Down State University*, Brooklyn, New York, war sie zugleich an der Gründung des ‚Child Development Research' beteiligt, einer Organisation, die sich der Vorbeugung von emotionalen Störungen bei Kindern widmen.

Im Jahre 1975 erschien ihre Aufsatzsammlung ‚Children and Parents. Psychoanalytic Studies in Development', New York (Jason Aronson). In den letzten Jahrzehnten galt ihr Interesse vor allem dem Schicksal der Verfolgten des Holocaust und ihren Nachkommen. 1973 erschien in der Zeitschrift Psyche ihre Arbeit ‚Psychoanalytische Beiträge zum Problem der Kinder der Überlebenden'.

Hillel Klein wurde 1923 in Krakau/Polen geboren. 1939 war er Sekretär der jüdischen Untergrundbewegung in Krakau. Während der deutschen Okkupation Polens lebte er im Ghetto seiner Heimatstadt und war im Konzentrationslager Plaschow und anderen Lagern interniert. Nach seiner Befreiung aus dem KZ Theresienstadt arbeitete er als Jugendleiter im D.P. Kinderdorf Intersdorf. 1946-52 studierte er in München Medizin und arbeitete danach am Physiologischen Institut der Universität Lund/Schweden.

1954 wanderte Klein in Israel ein und bildete sich in Jerusalem (Talbieh-Hospital) zum Psychiater aus. 1958-64 arbeite er als Oberarzt im Hadassah-Universitäts-Krankenhaus zu Jerusalem. Nach seiner Fortbildung in England (Tavistock- und Anna-Freud-Klinik) wurde Klein psychiatrischer Konsultant in St. Gallen/Schweiz. 1964-66 nahm er die Tätigkeit als Psychiater im Gesundheitsministerium, Jerusalem, auf. 1966-85 war Klein Medizinischer Direktor der Psychiatrischen Klinik Eitanim (Jerusalem).

Er dozierte ab 1972 an der Hebräischen Universität und erlangte 1976 eine Professur an der Medizinischen Fakultät. 1964-68 war Klein Vizepräsident der Israel Group Psychiatry Assoziation, 1977-78 Präsident der Israelischen Psychoanalytischen Gesellschaft. Im Jahre 1982 wurde Klein Professor der Abteilung für neuzeitliche jüdische Geschichte an der Hebräischen Universitat.

Auf vielen Auslandsreisen in USA, Spanien, England, Österreich, Schweiz und Deutschland hielt Klein wissenschaftliche Vorträge und leitete Seminare und Workshops in den Fachrichtungen Psychiatrie und Psychoanalyse.

Hillel Klein verstarb nach schwerer Krankheit am 14.12.1985 in Jerusalem.

Ilany Kogan, geb. 1946 in Bukarest/Rumänien wanderte 1957 nach Israel aus. Sie studierte Psychologie, Soziologie und Englische Literatur an den Universitäten Jerusalem und Tel Aviv und wurde 1972 M.A. in Klinischer Psychologie.

Ab 1973 arbeitete Kogan als Psychologin in der Psychiatrischen Klinik ‚Beer-Yaakov', Israel, in ‚The Veterans Administration Hospital', Palo Alto, California und im ‚Beit-Hashikum-Hospital', Nes Ziona, Israel.

Nach ihrer Ausbildung in Psychotherapie und Psychoanalyse in Tel Aviv und Jerusalem (I.P.A) war Kogan von 1978-1985 als psychotherapeutische Supervisorin im ‚Beer-Yaakov-

Hospital' tätig. Seit 1985 arbeitet sie im Psychotherapeutischen Institut (Medical-School) der Universität Tel Aviv.

Veröffentlichungen: ‚The struggle for feminity.' 1981, Diss. for Isr. Psychotherapy Institute; ‚Some observations on denial and avidance in Jewish Holocaust und Post-Holocaust experience'. The International Symposium on Denial. New York: Plenum, 1985 (zus. mit Hillel Klein); ‚Transmission of trauma from parent to child up to the third generation.', 1986, Diss. for Isr. Psychoanalytik Association.

Anschrift: Ilany Kogan, 2 Mohaliver St., Rehovot 76304, Israel

Karl Landauer, geboren 1887 in München, studierte in Freiburg, Berlin und München Medizin. 1912 ging er nach Wien, um sich bei Sigmund Freud in Psychoanalyse, bei Wagner-Jauregg in Psychiatrie und Neurologie ausbilden zu lassen. Im Oktober 1913 trat Landauer der Wiener Psychoanalytischen Gesellschaft bei.

Mit Ausbruch des 1. Weltkriegs wurde Landauer zum Armeedienst eingezogen, wo er als medizinischer Offizier an der West- und Ostfront tätig war. Während seiner Stationierung in Heilbronn/Neckar lernte er Karoline Kahn kennen, die er 1917 heiratete. Ab 1919 arbeitete Landauer zunächst in der Psychiatrischen Klinik in Frankfurt/Main, danach führte er als Psychoanalytiker eine private Praxis. Den Kontakt zu S. Freud hielt er durch einen Briefwechsel mit ihm, sowie durch regelmäßige Besuche in Wien zwischen 1920-1930 aufrecht. Zur gleichen Zeit nahm er auch mit der Berliner Gesellschaft für Psychoanalyse Verbindung auf.

Im Februar 1929 gründete Landauer zusammen mit H. Meng das Psychoanalytische Institut in Frankfurt/Main, in welchem auch Frieda Fromm-Reichmann, Erich Fromm und S.H. Foulkes tätig waren. 1933 mußten unter der Nazi-Herrschaft die Arbeiten dort eingestellt werden. Landauer floh mit seiner Familie nach Holland, wo er Praxis und Lehre der Psychoanalyse fortsetzte und in Amsterdam die holländische psychoanalytische Gesellschaft mitbegründete. Als man 1941 die jüdischen Mitglieder aus der holländischen Gesellschaft zum Austritt zwang, löste sich die gesamte Gruppe freiwillig auf. 1936 weilte Landauer zu Freuds 80. Geburtstag in Wien, um im Rahmen der Feierlichkeit einen Vortrag zu halten.

Im Juni 1943 brachten die Nazis die Familie Landauer in ein holländisches Durchgangslager. Landauer, seine Frau und eine seiner Töchter wurden 1944 nach Bergen-Belsen deponiert, wo er im Januar 1945 umkam.

In vielen wissenschaftlichen Arbeiten beschäftigte sich Landauer mit Theorie und Technik der Psychoanalyse. Wichtige Veröffentlichungen: ‚Spontanheilung einer Katatonie.' In: Int.Z.f.ärztl. Psa. 2, 1914, S. 441-459; ‚Passive Technik: Zur Analyse narzißtischer Erkrankungen.' In: Int.Z.f.Psa 10, 1924, S. 415-422; ‚Die kindliche Bewegungsunruhe. Das Schicksal der den Stammganglien unterstehenden triebhaften Bewegungen.' In: Int.Z.f.Psa + Imago 12, 1926, S. 379-390; ‚On Affects and Their Development.' In: Imago 22, 1936, S. 275-291.

William G. Niederland wurde 1904 in Schippenbeil/Preußen geboren. Gymnasial- und Studienzeit verbrachte er in Würzburg/Main, wo er 1929 zum Dr. med. promovierte. Nach Absolvierung eines praktischen Jahres in Berlin wurde er bereits 1932 leitender Arzt des Sanatoriums Schloß Reinburg in Gailingen/Baden. 1934 emigrierte Niederland nach Italien, wo er das med. Doktorexamen zum zweiten Male absolvierte. Nach seiner Tätigkeit als Schiffsarzt 1939/40 auf einem englischen Frachtschiff wurde er 1940 Dozent an der University of the Philippines in Manila. 1941 legte er in den USA das englische Staatsexamen ab.

Niederland, ehemaliger Vorsitzender der Psychoanalytic Association von New York und Clinical Professor Emeritus of Psychiatry an der State University von New York, Downstate

Medical Center, publizierte zahlreiche wissenschaftliche Artikel in amerikanischen und deutschen Fachzeitschriften. Als praktizierender Psychiater und Psychoanalytiker und während seiner langjährigen Tätigkeit als Vertauensarzt des Generalkonsulats der Bundesrepublik in New York widmete er sich v.a. den jüdischen Menschen, die das Naziregime überlebten. Der 1980 erschienene Dokumentband ‚Folgen der Verfolgung: Das Überlebenden-Syndrom', Frankfurt (Suhrkamp) legt Gutachten vor, die Niederland in Wiedergutmachungsprozessen erstattet hat.

Sein 1978 in Deutschland veröffentliches Werk ‚Der Fall Schreber. Das psychoanalytische Profil einer paranoiden Persönlichkeit', Frankfurt (Suhrkamp), gibt einen exzellenten Einblick in seine jahrzehntelange wissenschaftliche Beschäftigung mit der Kreativitäts- und Genieforschung. 1980 erhielt er für seine wissenschaftlichen Verdienste die Gold-Medaille der Mount Airy Psychiatric Foundation des amerikanischen Staates Colorado, ferner neben anderen Auszeichnungen 1983 die Annual Holocaust Memorial Award von der New York Society of Clinical Psychologists. Noch heute ist Niederland als Lehr- und Kontrollanalytiker in New York und New Jersey tätig.

Anschrift: Prof. Dr. W.G. Niederland, Glenwood Road, Englewood, New Jersey 07631, USA.

E. de Wind arbeitet als Psychiater und Psychoanalytiker in Amsterdam. In seiner Forschung und therapeutischen Arbeit widmet er sich vor allem der Untersuchung der Spätfolgen von Krieg und Verfolgung.

Veröffentlichungen zu diesem Thema finden sich in Zeitungen und Fachzeitschriften (‚Psyche' ‚psychosozial'). Auf holländisch erschien sein Buch „Endstation Auschwitz".

Bibliographischer Nachweis

Karl Landauer: Zur psychosexuellen Genese der Dummheit, in: Psyche 1970, Heft 6, S. 463-484.

Hans Keilson: Wohin die Sprache nicht reicht, in: Psyche 1984, Heft 10, S. 915-926

Judith S. Kestenberg: Die Kinder der Verfolgten, in: Arbeitshefte Kinderpsychoanalyse Nr. 2, S. 33-57; Hrsg. am wiss. Zentrum II, Gesamthochschule Kassel, Dez. 1982.

K.R. Eissler: Der Sündenfall des Menschen, in: Jahrbuch der Psychoanalyse, Bd. IX, S. 23-78, © 1976, Verlag Hans Huber, Bern.

William G. Niederland: Klinische Aspekte der Kreativität, in: Psyche 1969, Heft 12, S. 900-928

Hillel Klein und Ilany Kogan: Identification processes and denial in the shadow of Nazism, in: Int. Psychoanal., 67:45-52, © 1968 by T.T.S. Hayley, Ph.D., IJPA/IRPA, London.

Eddy de Wind: Begegnung mit dem Tod, in: Psyche 1968, Heft 6, S. 423-441.